跨文化视域下高校英语教学转型与创新

申慧丽 刘 鹏 杨 洁 著

中国书籍出版社

图书在版编目(CIP)数据

跨文化视域下高校英语教学转型与创新 / 申慧丽，刘鹏，杨洁著. -- 北京：中国书籍出版社, 2021.5
ISBN 978-7-5068-8489-1

Ⅰ. ①跨… Ⅱ. ①申… ②刘… ③杨… Ⅲ. ①英语 – 教学研究 – 高等学校 Ⅳ. ① H319.3

中国版本图书馆 CIP 数据核字（2021）第 096852 号

跨文化视域下高校英语教学转型与创新

申慧丽　刘　鹏　杨　洁　著

丛书策划	谭　鹏　武　斌
责任编辑	刘文利　成晓春
责任印制	孙马飞　马　芝
封面设计	东方美迪
出版发行	中国书籍出版社
地　　址	北京市丰台区三路居路 97 号（邮编：100073）
电　　话	（010）52257143（总编室）　（010）52257140（发行部）
电子邮箱	eo@chinabp.com.cn
经　　销	全国新华书店
印　　厂	三河市德贤弘印务有限公司
开　　本	710 毫米 × 1000 毫米　1/16
字　　数	309 千字
印　　张	17.25
版　　次	2023 年 1 月第 1 版
印　　次	2023 年 1 月第 1 次印刷
书　　号	ISBN 978-7-5068-8489-1
定　　价	98.00 元

版权所有　翻印必究

目 录

第一章 导 论 …………………………………………………… 1
  第一节 高校英语教学简述 ………………………………… 1
  第二节 跨文化教育理论综述 ……………………………… 19
  第三节 国内外跨文化教育现状 …………………………… 30

第二章 跨文化视域下高校英语教学转型与创新分析 ……… 39
  第一节 高校英语教学跨文化转型与创新的时代背景 …… 39
  第二节 高校英语教学跨文化转型与创新的内容与目标 … 43
  第三节 高校英语教学跨文化转型与创新的原则与策略 … 46
  第四节 影响高校英语教学跨文化转型与创新的因素 …… 51

第三章 跨文化视域下高校英语教学转型与创新实施路径 … 76
  第一节 高校英语听说教学 ………………………………… 76
  第二节 高校英语读写教学 ………………………………… 90
  第三节 高校英语翻译教学 ………………………………… 110
  第四节 高校英语词汇语法教学 …………………………… 115

第四章 跨文化视域下高校英语教学中的教师与教材 ……… 131
  第一节 高校英语教学中教师跨文化意识的培养 ………… 131
  第二节 高校英语教师跨文化教学能力构建 ……………… 147
  第三节 高校英语教学中教材的多维度开发 ……………… 153

第五章 跨文化视域下高校英语教学中的教学测试与评价 … 158
  第一节 教学测试与评价简述 ……………………………… 158
  第二节 高校英语教学跨文化转型中的测试与评价内容 … 172
  第三节 高校英语教学跨文化转型中的测试与评价方法 … 173

第六章 高校英语教学与思政教育 …………………………… 177
  第一节 高校英语思政教育的时代背景 …………………… 177
  第二节 高校英语思政教育的内涵解析 …………………… 179

第三节　跨文化交际与思政教育的融合模式……………………182
　　第四节　跨文化交际思政教育的培养目标……………………184
第七章　跨文化视域下网络技术与高校英语教学的融合……**194**
　　第一节　网络技术的特点与优势…………………………………194
　　第二节　高校英语网络教学的理论基础与发展现状……………198
　　第三节　翻转课堂模式与高校英语教学的融合…………………204
　　第四节　"互联网+"背景下微课在高校英语教学中的应用…215
　　第五节　基于慕课的混合式教学模式探析………………………218
第八章　教育信息化背景下的高校英语跨文化教学新发展………**226**
　　第一节　更新学习方式……………………………………………226
　　第二节　完善教学模式……………………………………………232
　　第三节　实施生态教育……………………………………………248
参考文献……………………………………………………………**262**

第一章 导 论

在我国高等教育教学中,高校英语教学有着重要的地位。随着人们对高校英语教学的重视,高校英语教学的要求也越来越高。高校英语教学的意义不仅在于传播英语知识,还承担着培养英语实用型人才的责任。本章对高校英语教学、跨文化教育理论、国内外跨文化教育现状展开研究。

第一节 高校英语教学简述

高校英语教学是我国高等教育的一门重要课程,这门课程的内容与社会需要、国家需要、学生需要有着紧密的关系。对于高校英语教学的内涵,可以从多个层面来理解与把握。

一、如何定义英语教学

教学贯穿于整个人类社会的生产与发展过程。作为一项活动,教学在原始社会就产生了,只不过原始社会将教学与生活本身视作一回事。但是,随着社会的不断发展,教学逐渐成为一个独立的形态存在,对人们的生产生活产生着重要的影响。由于角度不同,人们对教学概念的理解也不同,这里从常见的几个定义出发进行解释。

(1)教学即教授。从汉字词源学上分析,"教"与"教学"有着不同的解释,但是从我国教育活动中,人们往往习惯从教师的角度对教学的概念进行解释,即将教学理解为"教",因此"教学论"其实就等同于"教论"。

(2)教学即学生的学。有些学者从学生"学"的角度对教学进行界定,认为教学是学生基于教师的指导,对知识进行学习的过程,从而发展学生自身的技能,形成自身的品德。

(3)教学即教师的教与学生的学。即教师与学生将课程内容作为媒介,为了实现共同的目标,彼此共同参与到活动中。也就是说,教师不仅包含教,还包含学,教与学是同一过程的两个方面,彼此相辅相成、不可分割。教学的根本目的在于促进学生的进步和发展。因此,这一观点是对前面两个观点的超越。

(4)教学即教师教学生学。对于这一观点,其主要强调的是教师指导学生"学习",即教师"教学生学",而不是简单的"教师教与学生学"这一并列的概念。也就是说,这一观点强调教师要教会学生学习,重视学生学习方法的传授等,让学生学会自主学习。

二、高校英语教学的属性

(一)有目的、有计划的系统性活动

教学具有计划性、目的性,主要在于教师是为了让学生获得知识与技能,实现多层面的发挥作用。在教学活动中,教师需要按照教学任务与教学目的出发,将课程内容作为媒介,通过各种方法、手段引导学生进行交往与交流,促进学生的全面发展。

高校英语教学系统性主要体现在教育行政机构、教研部门和学校的教学管理者等制定者的工作中。高校英语教学的计划性指的是对英语基础知识的计划性教学,如高校英语语音、词汇、语法、写作、阅读等具体知识和技能的设计、课程的开设与传递。

(二)教师教与学生学的统一活动

通过第一部分对教学定义的介绍可知,无论从哪个角度而言,人们都不能否认教学活动是"教"与"学"的过程,且二者是相互制约、相互依赖的关系。在课堂中,教师的教离不开学生的学,学生的学也离不开教师的教,因此二者是同一过程的两个层面。正如王策三在《教学论稿》中所说:"所谓教学,乃是教师教、学生学的统一活动;在这一活动中,学生掌握自身需要的知识与技能,同时促进自己身心的发展。"

需要指明的是,高校英语教学并不是教与学的简单相加,而是教师指导学生学习的过程,是二者相统一、相结合的过程。要想保证教与学的统一,不能片面地强调只有教或者只有学,也不能片面地简单相加,而应该从学生自身的学习规律与身心发展特点出发,进行教与学的活动。从这一点来说,教师教学能否成功的关键是学生的学。

（三）以建构意义作为本质的活动

高校英语教学活动的目的在于促进学生的全面发展，实际上这一目的实现过程就是学生不断建构知识意义的过程，即学生对原有知识与经验进行重组，对新知识的意义加以建构的过程。在实际的学习中，学生只有将新旧知识的意义结合起来，才能真正地学好知识、掌握知识。

三、高校英语教学的现状分析

（一）受"应试教育"的制约严重

在传统教学模式中，应试教育是一个基本的目标，其主要目的是让学生成功通过考试。例如，在大学阶段，学生特别注重四六级考试成绩，因为在他们看来，通过四六级考试，就能够顺利毕业。但是，这样的考试就失去了英语教育的意义，也很难提升学生的英语实际应用能力。

（二）教材选择方面存在弊端

从很大程度而言，教材决定课程的教学内容与方法，因此无论对于什么课程来说，教材的选择与运用都非常重要，当然高校英语教学也不例外。

但是，在我国当前的高校英语教材上，内容多是注重文字与理论，忽视了实用性。虽然当前我们也引入了大量的国外教材，但是这些教材与我国的教学需要并不完全匹配。因此，我国的教材仍旧存在明显的弊端。

（三）师资水平参差不齐

在高校英语教学中，教师是重要的组成因素，起着重要的引导作用。教师水平高低，对学生英语学习的积极性有着直接的影响。但当前，很多学校的师资力量紧张，师资水平存在差异，导致高校英语教学成绩存在明显的师资不平衡的问题。同时，也存在部分教师安于现状，无法紧跟时代潮流设计更新课程内容的问题。

（四）信息化教学效率低下

在信息技术飞速发展和广泛覆盖的背景下，有学者提出将教育信息化与传统教学理念相融合,这一理念的提出为教育行业的未来发展拓展了新的领域。近年来很多研究人员在如何提升现代教育技术的实效性方面开展了众多研究工作,取得了一定的成果,但是问题仍然显著地摆在我们面前,具体表现在以下两个方面。

1. 学校方面

第一,现代教育技术的应用管理不足。学校领导是学校教学工作展开的主要影响因素,因此他们关系着现代技术在英语教学中的应用和实施。近年来我国现代教育技术发展快速,但是不可否认,很多学校领导还是将学生文化成绩的提升放在学校工作的重要位置上,有些学校领导为了实现学生的"高分数",甚至放弃了英语教学创新活动的开展。

第二,学校难以引进专业的信息化人才。传统的英语教学模式已经使得英语不再是曾经的香饽饽,这给英语教学的前进之路造成了不小的障碍。当前,在发展信息化教学的过程中,需要认真探讨出符合时代发展的教学模式,包括信息化教学的指导思想、信息化教学师资队伍、信息化教学方法等。但是,由于种种主观因素和客观因素,一些专业的信息化人才不愿意走上学校的教学岗位,这也就直接制约着英语教学的信息化发展进程。

第三,教师的现代教育技术应用能力不足。虽然大部分教师对现代教育技术在提升英语教学效果方面的作用充分肯定,但在教学实践过程中采用多媒体教学的教师只占据一部分,这可能在很大程度上是因为教师对现代教育技术的应用操作流程不熟悉或者迫于教学目标的压力等。如果教师不在英语教学中使用现在教育技术,便无法在教学新模式中汲取新的知识和技能,更无法开展高效的教学实践工作。

2. 学生方面

学生对信息技术的掌握,在很大程度上影响着他们的英语知识学习和运用的效率。教学是针对整个学生群体而言的,英语教学信息化的高效实施,需要每一位学生的积极参与和配合。在教师减少传统教学手段而增加现代教学手段的使用频率时,学生应该以一种欢迎的态度面对这种情况,这更有利于教师开展信息化教学工作。然而现实中,很多学生习惯了传统的面授教学方式,而不适应当前的各种教育技术。

四、高校英语教学的理论依据

毋庸置疑,英语教学的展开离不开合理、科学的理论的指导,如语言本质理论、语言学习理论、需求理论等,都是英语教学展开的理论依据。为此,本节主要针对英语教学的理论依据展开分析。

(一)语言本质理论

1. 言语行为理论

奥斯汀(Austin)的言语行为理论首次将语言研究从传统的句法研究层面分离开来。奥斯汀从语言实际情况出发,分析语言的真正意义。言语行为理论主要是为了回答语言是如何用之于"行",而不是用之于"指"的问题,体现了"言则行"的语言观。奥斯汀首先对两类话语进行了区分:表述句(言有所述)和施为句(言有所为)。在之后的研究中,奥斯汀发现两种分类有些不成熟,还不够完善,并且缺乏可以区别两类话语的语言特征。于是,奥斯汀提出了"言语行为三分说",即一个人在说话时,在很多情况下,会同时实施三种行为:以言指事行为、以言行事行为和以言成事行为。

(1)表述句和施为句

以言指事,判断句子是真还是假,这是表述句的目的。通常,表述句是用于陈述、报道或者描述某个事件或者事物的。例如:

桂林山水甲天下。
He plays basketball every Sunday.

以上两个例子中,第一个是描述某个事件或事物的话语;第二个是报道某一事件或事物的话语。两个句子都表达了一个或真或假的命题。

换句话说,不论它们所表达的意思是真还是假,它们所表达的命题均存在。但是,在特定语境中,表述句可能被认为是"隐性施为句"。

以言行事是施为句的目的。判断句子的真假并不是施为句表达的重点。施为句可以分为显性施为句和隐性施为句。其中,显性施为句指含有施为动词的语句,而隐性施为句则指不含有施为动词的语句。例如:

I promise I'll pay you in five days.
I'll pay you in five days.

这两个句子均属于承诺句。它们的不同点是:第一个句子通过动词 promise 实现了显性承诺;而第二个句子在缺少显性施为动词的情况下实施了隐性承诺。

总结来说,施为句主要有如下几个特点。

第一,主语是发话者。

第二,谓语用一般现在时第一人称单数。

第三,说话过程包含非言语行为的实施。

第四,句子为肯定句式。

隐性施为句的上述特征并不明显,但能通过添加显性特征内容进行验证。例如:

学院成立庆典现在正式开始!

通过添加显性施为动词,可以转换成显性施为句:

(我)(宣布)学院成立庆典现在正式开始!

通常,显性施为句与隐性施为句所实施的行为与效果是相同的。

(2)言语行为三分法

奥斯汀对于表述句与施为句区分的不严格以及其个人兴趣的扩展,很难坚持"施事话语"和"表述话语"之间的严格区分,于是提出了言语行为的三分说:以言指事行为、以言行事行为和以言成事行为。指"话语"这一行为本身即以言指事行为。指"话语"时实际实施的行为即以言行事行为。指"话语"所产生的后果或者取得的效果即以言成事行为。换句话说,发话者通过言语的表达,流露出真实的交际意图,一旦其真实意图被领会,就可能带来某种变化或者效果、影响等。

言语行为的特点是发话者通过说某句话或多句话,执行某个或多个行为,如陈述、道歉、命令、建议、提问和祝贺等行为。并且,这些行为的实现还可能给听者带来一些后果。因此,奥斯汀指出,发话者在说任何一句话的同时应完成三种行为:以言指事行为、以言行事行为和以言成事行为。例如:

我保证星期六带你去博物馆。

发话者发出"我保证星期六带你去博物馆"这一语言行为本身就是以言指事行为。以言指事本身并不构成言语交际,而是在实施以言指事行为的同时,也包含了以言行事行为,即许下了一个诺言"保证",甚至是以言成事行为,因为听话者相信发话者会兑现诺言,促使话语交际活动的成功。

在奥斯汀之前的实证哲学家都认为,句子只能用于对某种情况、某种事实加以描述与陈述,因此认为其只适用于正确或错误的价值,但是言语行为理论明确指出话语在现实中有着行事的能力,其不仅强调发话者的主体作用,也强调听话者的反应,因此其在英语教学中有着重要的意义。

对于教师来说,言语行为理论的核心在于以言行事或以言成事,即强调语言需要在具体的实践中得以应用才更有意义,语言研究也应该侧重于具体的运用,而不仅仅是对词汇、语法等的研究。这一理论对于高校英语教学而言是非常重要的,也给予了教师一定的启示,即在高校英语教学中,可以将言语行为理论融入其中,转变教师的角色,使他们从主导者转向参与者与组织者,让学生能够积极地参与到学习之中。同时,言语行为理论也要求教师在讲课中应该保证体裁与题材的广泛性,内容要与时代要求相符,并融入跨文化交际的知识与内容,这样才能让学生在语言知识与文化知识上得到全方面的进步与发展。

对于学生来说,言语行为理论对于他们的第二语言学习非常重要,因为英语作为一门语言,实践性很强,高校英语教学主要在培养学生实践能力方面与其需求不谋而合。以言语行为理论作为指导,学生可以积极地参与到实践中,在实践中不断提升自身的语言能力与文化能力,调动他们学习语言的积极性与主动性。

2. 会话分析理论

了解会话含义,首先需要弄清楚什么是含义。从狭义上说,含义就是"会话含义",从广义角度而言,含义是各种隐含意义的总称。含义分为规约含义与会话含义。格赖斯认为,规约含义是对话语含义与某一特定结构间关系进行的强调,其往往基于话语的推导特性产生。

会话含义主要包含一般会话含义与特殊会话含义两类。前者指发话者在对合作原则某项准则遵守的基础上,其话语中所隐含的某一意义。例如:

(语境:A 和 B 是同学,正商量出去购物。)

A: I am out of money.

B: There is an ATM over there.

在 A 与 B 的对话中,A 提到自己没钱,而 B 回答取款机的地址,表面上看没有关系,但是从语境角度来考量,可以判定出 B 的意思是让 A 去取款机取钱。

特殊会话含义指在交际过程中,交际一方明显或者有意对合作原则中的某项原则进行违背,从而让对方自己推导出具体的含义。因此,这就要求对方有一定的语用基础。

提到会话含义,就必然提到合作原则,其是会话含义最好的解释。合作原则包括下面四条准则。

其一,量准则,指在交际中,发话者所提供的信息应该与交际所需相符,不多不少。

其二,质准则,指保证话语的真实性。

其三,关系准则,指发话者所提供的的信息必须与交际内容相关。

其四,方式准则,指发话者所讲的话要清楚明白。

(二)语言学习理论

1. 认知主义学习理论

认知主义学习理论认为,学习个体本身会对环境产生这样或那样的作用,大脑的活动过程能够向具体的信息加工过程转化。布鲁纳、苛勒、加涅和奥苏贝尔等是认知主义学习理论的主要代表人物。

人要在社会上生存,必然要与周围环境互相交换信息,作为认知主体的人也会与同类发生信息交换。人是信息的寻求者、形成者和传递者,从一定意义上来讲,人的认识过程也就是信息加工的过程。

认知学习理论的基本观点为,人的认识是在外界刺激和人内部心理过程的相互作用下才形成的,而不是仅通过外界刺激就能形成。依据这个理论观点,学习过程可以理解为学生从自己的兴趣、需要出发,将所学知识与已有经验利用起来对外界刺激提供的信息进行主动加工的过程。

从认知学习理论的基本观点来看,教师不能简单将知识灌输给学生,而要将学生的学习动机激发出来,对学生的学习兴趣进行培养,使学生能够将已有的认知结构和所要学的内容联系起来。学生的学习不再是被动消极的,而是主动选择与加工外界刺激提供的信息。

认知主义学习理论认为,影响学生学习的因素中,学生自身已有的认知结构具有非常重大的影响,在教学中应将教学内容结构直观地展示给学生,让学生对各单元教学内容之间的相互关系有深入的了解。

2. 建构主义学习理论

建构主义学习理论认为个体与外部环境的交互作用使得知识得以产生,人们会从自己的已有经验出发来理解客观事物,每个人对知识都有自己的理解和判断。维果斯基、皮亚杰等是建构主义学习理论的主要代表人物。

建构主义学习理论认为,学生是在一定情境下,通过自己的主观参与,同时借助他人的帮助,通过意义建构的方式获得知识的,而不是通过教师传授得到知识的。

建构主义教学理论则要求教师在学生主动建构意义、获取知识的过程中起到帮助和促进的作用,而不是给学生简单灌输和传授知识。因此在教学过程中,教师首先要转变教育思想,改革教学模式。学生是在一定的学习环境下获取知识的,学生在获取知识的过程中需要主观努力,也需要他人帮助,而且也离不开相互协作的活动。建构主义学习理论要求有利于学生获取知识的学习环境应具备情境创设、协作、会话、意义建构等基本属性或要素。下面具体分析这四个基本要素。

学习环境中必须要有对学生意义建构有利的情境。在建构主义学习环境下，教师要基于对教学目标的分析与对学生建构意义的情境创设问题的考虑而设计教学过程，并在教学设计中把握好情境创设这个关键环节。

在学生的整个学习过程中都离不开协作，如学生搜集与分析学习资料、提出和验证假设、评价学习成果及最终建构意义等都需要不同形式的协作。

在协作过程中，会话这个环节是不可或缺的。学习小组要完成学习任务，必须先通过会话来商讨学习的策略。学习小组成员之间协作学习的过程也是相互不断会话的过程，在这个过程中，学生的学习资源包括智慧资源都是共享的。

学习过程的最终目标就是意义建构。建构的意义指的是事物的本质、原理以及事物与事物之间的内在联系。帮助学生在学习中建构意义，就是帮助学生深刻理解学习内容反映的事物的本质、原理及其与其他事物之间的内在联系。

3. 第二语言习得理论

除了对第一语言习得的关注，心理语言学对第二语言习得也非常注重。所谓第二语言习得，即人们的第二语言的形成与发展的过程，其与第二语言学习有所不同，各有侧重。

作为一门独立的学科，二语习得理论真正形成于20世纪70年代。该理论的主要代表人物是美国南加州大学语言学系的教授克拉申（S.Krashen）。克拉申是在总结自己和他人经验的基础上提出的这一理论。

二语习得理论于20世纪六七十年代形成，主要对二语习得的过程与本质进行研究，描述学生如何对第二语言进行获取与解释。对于这一理论的研究，学者克拉申（Krashen）做出了巨大贡献，并提出五大假设。

（1）习得—学得假说

所谓习得，指学生不自觉地、无意识地对语言进行学习的过程。所谓学得，即学生自觉地、有意识地对语言进行学习的过程。"习得"与"学得"的区别如表1-1所示。

表 1-1　语言的习得与学得的不同

	习得	学得
输入	自然输入	刻意地获得语言知识
侧重	语言的流畅性	语言的准确性
形式	与儿童的第一语言习得类似	重视文法知识的学习
内容	知识是无形的	知识是有形的
学习过程	无意识的、自然的	有意识的、正式的

（资料来源：何广铿，2011）

（2）自然顺序假说

克拉申提出的这一假说主要强调语言结构的习得是需要一定的顺序，即根据特定的顺序来习得语法规则与结构。当然，这也在第二语言习得中适用。例如，克拉申常引用的词素习得顺序如图 1-1 所示。

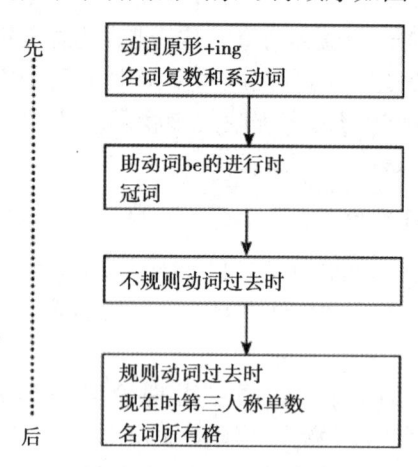

先　动词原形+ing
　　名词复数和系动词
　　　　↓
　　助动词 be 的进行时
　　冠词
　　　　↓
　　不规则动词过去时
　　　　↓
　　规则动词过去时
　　现在时第三人称单数
后　名词所有格

图 1-1　词素习得顺序图

（资料来源：何广铿，2011）

由图 1-1 可知，将英语作为第二语言习得过程中，人们对进行时的掌握是最早的，对过去时的掌握是比较晚的，对名词复数的掌握是比较早的，对名词所有格的掌握是比较晚的。

（3）监控假说

克拉申的监控假说区分了习得与学得的作用。前者主要用于输出语言，对自己的语感加以培养，在交际中能够有效运用语言。后者主要用于对语言进行监控，从而检测出是否运用了恰当的语言。

同时，克拉申认为学得的监控是有限的，受一些条件的影响和制约，具体归纳为如下三点。

第一,需要时间的充裕。
第二,需要关注语言形式,而不是语言意义。
第三,需要了解和把握语言规则。
在这些条件的制约下,克拉申将对学生的监控情况划分为三种。
第一,监控不足的学生。
第二,监控适中的学生。
第三,监控过度的学生。

（4）输入假说

克拉申的输入假设和斯温(Swain)的输出假设是从两个不同的方面来讨论语言习得的观点,都有其合理成分,都对外语教学有一定的启示。输入假说的内容主要有以下几点。

其一,与习得有着紧密关系而非学得。
其二,掌握现有的语言规则是前提条件。
其三,i+1模式会自动融入理解中。
其四,语言能力是自然形成而得教育。

（5）情感过滤假说

"情感过滤"是一种内在的处理系统,它在潜意识上以心理学家们称之为"情感"的因素阻止学习者对语言的吸收,它是阻止学习者完全消化其在学习中所获得的综合输入内容的一种心理障碍。

克拉申的情感过滤假说是指在第二语言习得中,将情感纳入进去。也就是说,自尊心、动机等情感因素会对第二语言习得产生重要影响。

克拉申把他的二语习得理论主要归纳为两条:习得比学习更重要;为了习得第二语言,两个条件是必须的——可理解的输入(i+1)和较低的情感过滤。

（三）需求分析理论

需求分析理论对英语学习策略具有重要的指导意义。学习策略的选择只有以需求分析为基础,才能提高其有效性。因此,本节就对需求分析理论进行概述,主要内容涉及需求分析的内涵、对象、内容、启示几个层面。

1. 需求分析理论概述

需求分析有广义与狭义之分。广义的需求分析是指学习者除了自身的学习需求,还需要考虑单位、组织者、社会等其他方面的需求。狭义的需求分析则仅涉及学习者个人自身的学习需求。

威多森(Widdowson,1979)指出,需求是指对学生的课后所设置的学习要求,这是一种以目标为导向的需求。①

英国语言学教授贝里克(Berwick,1989)指出,需求是指在学习或工作之外,学生想要获得的个人目标需求。②

学者陈冰冰认为,"需求分析是通过访谈、内省、观察、问卷等方式对学习者的学习需求进行的调研,这种方法已经广泛应用于教育、经贸、服务、制造等行业中。"

在语言教育领域中,最早出现的需求分析是针对专门用途英语展开的。在专门用途英语的学习中,学习者的学习需求主要表现在为了达到某些目标所需要的语言知识、语言技能而展开学习。后来,随着高校英语教学的深入发展,"需求"的应用范围越来越广泛,涉及语言、教材、情感等方面的人的需求、愿望、动机等。

2. 需求分析的对象

需求分析的对象包括以下四个方面。

第一,学习者。这主要包括学生以及其他有学习需求的学习者。

第二,观察者。这方面主要包括教师、教学管理人员、助教、语言项目的相关领导等。

第三,需求分析专家。这主要是指专业人员或者具有丰富经验的大纲设计教师等。

第四,资源组。这方面指的是能够提供学习者信息的人,如家长、监护者、经济赞助人等。

3. 需求分析的内容

一直以来,众多学者对需求分析展开了研究,不同学者对这方面的研究存在不同视角,自然所得出的成果也存在差异。同样,对于需求分析的内容,不同学者也提出了不同的看法。

(1)哈钦森和沃特斯的观点

学者哈钦森和沃特斯(Hutchinson & Waters,1987)认为,需求分析包括目标需求、学习需求两个方面。其中,目标需求指的是学习者在目标情景中所能掌握的可以顺利使用的知识、技能。另外,这两位学者又进一

---

① Widdowson, H.G. EST in theory and practice[A]. *Explorations in Applied Linguistics*[C]. In H.G. Widdowson (ed.). London: Oxford University Press, 1979: 326.

② Berwick, R. Need assessment in language programming: from theory to practice[A]. *The Second Language Curriculum*[C]. In R.K. Johnson (ed.). Cambridge: Cambridge University Press, 1989: 55.

步将目标需求分为必备需求、所缺需求和所想需求。学习需求指的是学生为了掌握所需要掌握的知识内容所进行的一切准备活动。

（2）布朗的观点

学者布朗（Brown,2001）认为,学习需求在内容上可以分为以下三大类,他认为这种分类方式可以有效缩小需求分析的调查范围。

①形式需求与语言需求。

②语言内容的需求和学习过程的需求。

③主观需求和客观需求。

（3）伯顿和梅里尔的观点

伯顿（J.K.Burton）和梅里尔（Merrill）认为需求分析涉及如下六大层面。

①预期需求,即将来的需求。

②表达需求,即个体将感到的需求进行表达的需求。一般来说,这可以采用多种形式,可以是座谈,可以是面谈,还可以是观察等,便于对方提取信息,从而对表达需求予以确定。

③标准需求,即学习者个体与群体的现状与既定目标间存在的某些差距。

④感到的需求,即个体感受到的需求。

⑤相比需求,即通过对比找到个体之间的差距,或者同类群体之间的差距。

⑥批判性实践的需求,即一般不会轻易发生,如果发生那么必然会导致某些严重的结果的一种需求。

（4）布林德利的观点

布林德利（Brindley,1989）认为需求主要包含如下两大层面。

①主观需求,即学习者学习语言的情感、对语言学习的认知层面的需求,包含对语言学习的态度、是否持有自信心等。

②客观需求,即学习者性别、年龄、背景、婚姻状况、当前的语言水平、当前从事的职业等各方面的信息。

4. 需求分析理论对英语教学的启示

需求分析理论对英语教学的启示主要体现在以下几个方面。

（1）突出英语重难点

高校英语教学往往是在教学目标的指导下展开的,所以需要明确教学的重点与难点,如此才能有针对性地展开教学。可见,教学重难点是为整体教学目标提供服务的。

需求分析有助于确定教学中的重难点问题。通过实践,国内大学生对于听力学习、阅读学习以及口语学习都存在困难,因此在对教学目标进行规划时,可以将其视作重难点。而目标的多样性也决定了重难点也是多种多样的。

当我们把英语教学目标从认知向非认知扩展的时候,需要重点和难点的相应扩展,当我们把教学重心从认知向非认知转移的时候,也需要重点和难点的转移。

(2)提升教学设计的效果

通过需求分析,可以对教学设计的必要性与可能性进行充分的论证,使教师与学生集中精力,对教与学中的重难点问题加以解决,从而不断提升教与学的质量和效率。

具体来说,通过需求分析,教师可以对"差距"资料进行准确的把握,基于此来设计教学目标,同时需求分析可以作为教学目标、教学策略等设定的依据。

因此,需求分析对于高校英语教学而言是十分重要的,甚至决定着高校英语教学的成败,需要教育者加以关注。

五、高校英语教学的基本原则

作为通用型语言,英语的作用不言而喻。但是在具体的高校英语教学中,存在着种种弊端,因此这就要求高校英语教学应该坚持一定的原则。高校英语教学原则是从高校英语教学的任务与目的出发,基于教学理论的指导,经过长期实践总结出来的教学经验。这些教学原则是教师对教材进行处理、选用科学的教学方法、提升自身教学质量的指南针。

(一)思想性原则

英语教学要从学生的实际出发,根据学生身心发展的特点和学生的认知规律,紧贴学生生活选取教学材料、设计教学活动。教学材料和教学活动不仅要有利于学生学习语言知识,形成语言技能,还要有利于学生健康性格和健全心理的形成与发展。

思想性原则还要求教师要把文化意识渗透在开展爱国主义教育和增强世界意识之中,在帮助了解外国文化的精华和中外文化的异同的同时,还要有利于引导学生提高文化鉴别能力,树立民族自尊心、自信心和自豪感,促进学生形成正确的人生观和价值观。

（二）可行性原则

英语教学中的教学设计是为课堂教学所做的系统规划,要真正成为现实,必须具备两个可行性条件:一是符合主客观条件,二是具有可操作性。

符合主客观条件是教师实施教学设计的重要条件,主观条件是指教师应考虑学生的年龄特点、已有知识基础及生活经验;教师只有遵循学生的认知规律,尊重学生身心发展的特点,立足学生的生活经验和学习基础,在综合分析的基础上进行教学设计,才能增加设计的针对性,更具有实效性。如果教学设计背离了学生的年龄特点,超出了学生的认知能力范围和脱离了生活实际,是不可行的。

客观条件是指教师进行教学设计需要考虑教学设备、地区差异等因素。教师首先要了解学校所处的地域环境和教学条件、学生的学习能力等客观因素,了解学校能够提供什么样的教学设施。教学的环境和条件、学生的学习能力是教师进行教学设计的重要参考。如果教师不考虑教学的客观条件,只凭自己的主观设计,不考虑地域学生的差异,把目标拔得太高,教学设计也是无法落实的。

具有可操作性是教学设计应用价值的基本体现。教学设计的出发点是为指导教学实践准备,应能指导具体的教学实践,而不是理想化地设计作品。教师的教学设计要在教学实践中接受检验,去验证设计的理念是否正确,方法是否恰当,学习效果是否令人满意,这样才能达到教学设计指导教学的作用。

（三）趣味性原则

英语教学的目标是要培养学生综合运用语言的能力和学习英语的兴趣。英语教学不仅要符合学生的知识、认知和心理发展水平,还要充分考虑学生的兴趣、爱好、愿望等学习需求,紧密联系学生的实际生活,设计生动活泼、形式多样、趣味性强的学习活动,创设愉快的语言运用情境,引导学生积极参与,提高学生的学习兴趣,加强其学习动机。例如,根据不同学习阶段学生的年龄特征,设计不同的任务型教学,创设不同的情境,采用不同形式的教学媒体,使课堂教学生动活泼。

（四）系统性原则

英语教学的设计是一项系统工程,系统中的各要素相当于子系统,既相对独立,又相互依存、相互制约,组成一个有机的整体。教学设计各子系统的排列具有程序性的特点,即各子系统有序地成等级结构排列,而且前一子系统制约、影响着后一子系统,而后一子系统依存并制约着前一子系统。一个规范的教学一般由教材分析、学情分析开始,根据分析结果,确定教学目标。

从形式上看,教材分析、学情分析和教学目标是相对独立的,但又是相互依存的。学情制约着教学目标,教学目标的制订建立在学情分析的基础上,彼此之间存在着内在的逻辑关系,它们之间的逻辑性是保证前后各要素相互衔接的前提。在这种逻辑的基础上,一旦教学目标明确了,教学重点、教学难点就能够确定了。

重点、难点是教师选择教学方法的重要指标和依据,它在一定程度上决定了教师选择什么样的方法突出重点、突破难点,以实现教学目标。所以,教学设计的程序是无法随意改变的,教学设计中教师应遵循其程序的规定性及联系性,确保教学设计的系统性和科学性。

(五)情境性原则

课堂教学环境对于教学活动的顺利展开有着很大的影响。大学生的注意力集中水平有限,高校英语教师更应该注意课堂教学环境的建设。一般来说,课堂教学环境分为人文环境、语言环境、自然环境。

(1)人文环境。人文环境主要通过师生之间的情感交流与互动氛围体现出来,它是一种隐形的环境。大学生缺乏人际交往经验,所以高校英语教师应该在营造人文环境方面起着主导作用。教师要通过倡导师生之间的平等交流以及歌曲、游戏、表演等方式,来营造一种自由、开放的人文环境,打开学生的心灵,促进学生的英语学习。

(2)语言环境。根据认知发展心理学,大学生需要借助具体事物来辅助思维,不容易在纯粹语言叙述的情况下进行推理,他们只能对当时情境中的具体事物的性质与各个事物之间的关系进行思考,思维的对象仅限于现实所提供的范围,他们可以在具体事物的帮助下顺利解决某些问题。语言与认知的发展是相互促进的。个体语言能力是在个体与环境相互作用的过程中逐渐发展起来的。语言环境对于外语学习非常重要,而中国学生没有现成的语言环境,因此大学阶段的英语教学应该创设具体、直观的语言情境。为此,教师要充分利用与开发电视、录像、录音、幻灯等教学手段,设计真实的语言交流,使学生在运用语言的过程中学习与掌握语言。

（3）自然环境。课堂教学的自然环境主要指课堂中教学物品、工具的呈现方式。其一，要求让教师与学生之间进行更加亲近的交流，教师应该设置开放的桌椅摆放方式，应该摒弃那种教师高高在上、学生默默倾听的桌椅摆放方式。其二，要求教室的布置应该取材于真实的生活场景，这不仅拉近了学生对课堂教学的距离，也使得学生更容易理解英语，也有助于创造英语语言交流的环境。

（六）融合性原则

语言与文化是同一的。在英语教学中，文化主要包含母语文化与英语文化。所谓融合性原则，即教师在英语教学中要重视文化的导入与渗透。学生对文化的了解，可以促进他们对语言知识的掌握。同时，学生掌握语言知识又可以促进他们对中西方文化的了解。因此，在小学英语教学中必须要对学生进行文化导入。具体来说，文化导入主要有如下几点方法。

（1）比较。有比较就有结果。只有在比较中，事物的特性才会表现得更加明显。经过了不同的历史轨迹，中西方国家在长时间的历史积淀中形成了不同的文化。因此，在文化教育中，教师可以通过母语文化与英语文化的明显比较，让学生更加深刻地认识母语文化与英语文化。在跨文化交际中，学生也因此提高自身的文化敏感性，会更加重视文化对于交际的影响，从而减少甚至避免文化差异引起的交际冲突。例如，问别人的行程和年龄在中国是很正常的，但是在西方却是对隐私的侵犯。

（2）外教。外教不仅可以提升学生的英语学习兴趣，还能够促进学生跨文化交际能力的提高。外教作为异域文化的成员，比较能够引起一些学生的好奇心，这些学生在与外教接触和交流的过程中增强了对英语口语表达的信心，还能收获课堂上学不到的社会文化背景知识，能真正提高英语文化敏感度与英语交际能力。另外，学校可以定期利用外教组织英语角，这样就为学生创造了纯正地道的英语环境，有助于学生英语听力与口语能力的提高。

（七）开放性原则

高校英语教学的一个重要特征就在于开放性，具体体现为如下两个层面。

第一，教学资源的开放性。高校英语教学资源不仅来自于教材，还源于大学生的课外生活。当然，教学资源都是经过筛选的，选择的依据就是师生之间的知识交流、情感传递。换句话说,教学主体在日常生活生活中进行生活体验,并不断总结经验教训,然后积极构建出相关的知识,真正实现课堂教学的知识在生活中的运用。

第二,教学主体的开放性。在高校英语教学中,教师与学生不断地重复信息传递与信息接收的过程,进行着持续的互动交流,教师与学生有着巨大的差异性,主要体现在生活阅历、知识水平、情感态度等层面。教师会无意识地将自己的知识水平、生活阅历、情感态度等带入实际教学活动中,同时学生根据自身发展特点有选择性地吸收。因此,伴随着课堂教学活动的是教师与学生之间的信息流动。

六、高校英语教学的发展历程

(一)20世纪五六十年代的英语教学

每个教育政策的颁布都与国家政治和经济发展的状况有着直接的联系,英语教育也是如此,其与国家外交及外贸等方面的发展有着密切关系。例如,我国在20世纪50年代倡导的"向苏联学习"的口号,使得这一时期俄语在我国非常流行,而英语却没有得到足够的重视。于是,在中华人民共和国成立之前,不少英语教师纷纷学习俄语,这种情况持续到20世纪80年代初。渐渐地,我国英语教师数量急剧下降,各个高校也意识到问题的严重性,于是要求改学俄语的教师重新学习和教授英语。但是,因为教师们长时间学习和研究俄语,英语教育技能基本遗忘,所以多数教师已经没有能力担当英语教学的重任。

(二)20世纪七八十年代的英语教学

20世纪70年代末,我国正处在百废待兴的社会背景下,英语教学真正进入起步发展阶段,并且备受广大人们群众的关注,英语的重要性再次凸显。这一时期的英语教育者都积极投身英语教育事业,但是因为广大教育者的公共英语教学经验较少,加上一些其他客观上的因素,这一过程遇到了不少障碍。这一时期我国的公共英语教学主要有两种倾向。

1. 专攻科技英语

确切地说,在1966年之前,我国的大学毕业生似乎并不大熟悉英语,三四年的大学教育并没有让他们掌握一定量的英语知识,这就导致他们的英语能力不强。对此,外语界提出了一个最方便、快捷的学习英语的建议,即大学生可以在大学阶段专攻科技英语。于是,这一时期突然涌现了不少科技英语方面的名词,如"机械英语""电工英语""农业机械英语"等。然而,因为当时的科技英语教材编写得过于仓促、系统性不强,科技术语复杂难懂,加之学生的英语基础薄弱,使得科技英语教学的效果并不理想,最终完全消失在人们的视野。

2. 倾向听说领先

改革开放的推进,使得我国与国外在教育、文化及贸易方面的交流日益频繁。于是,英语教学开始强调"听说领先",目的是更好地与外国人进行各种往来,以吸取国外先进的科技、文化,推动我国社会的发展与进步。然而,"听说领先"的建议似乎仅能解决与外国人的日常会话问题,而无法与外国人进行深入的交流,所以这一倾向也很快不了了之。

(三) 20 世纪 90 年代的英语教学

20 世纪 90 年代,我国的英语教学得到了快速发展,迎来了我国第一个"英语热"的时期。全国上下大范围地开展规模较大的英语轮训活动,很多英语教学理论也逐渐被英语教学所接受,所以这一时期的英语教师在教学水平、理论水平等方面都得到了巨大提升。这一时期,我国提出了一个重要方针——"发展是硬道理"。

(四) 21 世纪的英语教学

在 21 世纪的今天,英语这门世界通用的语言越来越显示出它的重要性。2003 年,在《英语教学要求(试行)》已基本成型的情况下,教育部在北京交通大学召开了英语教学改革研讨会,该会议的主要内容如下。

(1) 大力推进英语教学改革的原因。之前的英语教学大纲是以阅读为主的,兼顾听说。如今,要将培养学生的英语综合应用能力特别是听说能力放在首位。

(2) 如何推进英语教学改革。英语教学改革的目的得到明确后,下面就要对改革的手段加以明确。

第二节 跨文化教育理论综述

跨文化教育是 20 世纪后期世界教育民主化发展的一种重要趋势。

进入21世纪,跨文化教育与实现民主平等的全面教育目标相符,因此成为国际教育的热点话题。随着全球化的推进,国与国交往日益紧密,如何对待不同民族的不同文化是当今世界各个国家的一个巨大问题与挑战。随着世界逐步迈进民主化,世界上各个国家倡导不同国家之间应该平等交往,各种文化之间应该相互理解与尊重。这正是跨文化教育的要求与任务。

一、跨文化教育的兴起与发展历程

跨文化教育历史悠久,从古至今,世界上各个国家开展了不同方式与程度的交往,如国家间的旅游、访问、留学等。事实上,这些都属于跨文化教育实践。

世界上不同文化之间相互交流与合作,促进了各国文化的发展。但需要指出的是,受各种因素的影响,文化差异必然存在,这就导致隔阂与冲突的存在。为了保证各民族、各国之间的文化能够相互学习与理解,就必然需要进行跨文化教育。

跨文化教育是一个新兴领域,产生于1960年前后。在这一时期,世界上移民国家众多,移民的存在就引起了很多社会问题。最初,移民国家更加关注移民如何在当地的环境下生存,随着时代的发展,他们对文化的交融开始予以关注,并开始分析为何会出现文化变迁、文化融合后的消失现象等。之后,跨文化教育理论诞生,如文化同化论、文化变迁论、文化融合论、跨文化交流论、多元文化教育论等。

跨文化教育作为一种国际教育思潮,诞生于1990年,是在联合国教科文组织的推动下形成的。

从1980年,联合国教科文组织就开始对教育与文化的关系进行研究,尤其是教育对文化的作用。之后,联合国教科文组织开展各项活动,并提倡为青少年儿童编写合适的教材,帮助他们了解不同文化所代表的意义及不同的生活方式。

进入20世纪90年代,在联合国教科文组织的不断推动下,跨文化教育的理念更加明确,也得到了世界各国的认同。其中联合国教科文组织召开的"第43届国际教育大会"起着十分重要的意义。

这次大会的主题为"教育对文化发展的贡献",并发布了《教育对文化发展的贡献》的纲领性文件。可见,这一文件主要宣扬跨文化教育,并促进了世界各国跨文化教育的发展。

另外,1994年联合国教科文组织的"第44届国际教育大会"也重点提出了跨文化教育,并对跨文化教育理念进行深化。它将"国际理解教育"作为主题,并发表了《国际理解教育的总结与展望》这一纲领性文件。这一文件强调如下三点。

(1)教育政策必须有助于人们、社会与文化之间相互理解,并能够相互团结与宽容。

(2)教育必须有助于提升文化态度与文化认知,并构建和平、民主的文化价值观。

(3)教育机构应该成为一个理想的场所,即对人权要尊重与宽容,努力实现文化的多元化。

在这一文件的基础上,1996年,联合国教科文组织又发布了一项专题报告——《国际理解教育:一个富有根基的理念》。这一报告指明跨文化教育的目的是保证各国文化之间的理解。

进入21世纪,联合国教科文组织为更好地推进跨文化教育,提出了跨文化教育的方针与措施。随着联合国教科文组织的推动,世界上各国建立了相应的教育组织机构,以更好地推进跨文化教育。可见,跨文化教育已经在当代成为一种普遍现象,也必须被重视起来。

二、实施跨文化教育的理论依据

(一)跨文化关系理论

人类不是独居性的生物,当人们欲与他人分享喜、怒、哀、乐、爱、恶、欲等七情六欲之时,也正是寻求与他人建立人际关系网的时候。从人们出生的那一刻,已经开始经由沟通的管道,编织一个社会关系网。人性本就具有爱与被爱的本质,这种本质随着年龄的成长,逐渐地表现出来。换句话说,人类一生都持续着与周遭的人们发展(develop)、维系(maintain)以及终止(terminate)相互间的关系。由于交通与传播科技的突飞猛进,人类在全球化社会的接触更是简便与频繁。不仅是人际之间,包括团体间、组织间与国家间的关系,也比上一个世纪更加的紧密。

1.跨文化关系的性质与特征

人际关系指人们在日常生活里,如何在陌生(strange)与亲密(intimate)之间的连续线上相互对待的过程。对人际关系内涵的认知,不同文化会有显著的差异。不过,不管文化对人类认知关系的影响为何,人类这种与他人联系的欲望,同是建立在"社会需求"(socialneeds)

的基础上。根据 Schutz 的研究,人类的社会需求包含个要素:归属感(inclusion)、支配力(control)以及情感(affection)。

归属感(inclusion)是人们意欲参加社交、文化、宗教或学术等不同团体的动因。在不同的团体与成员建立人际关系,是人们发展自我认同的基本步骤,因为只有在具有归属感的团体内,个人的特质与思想行为,能够受到接受与认同。

支配力(control)代表影响他人思想行为的能力。支配力通常来自一个人的知识、吸引力或权威。人类沟通的过程,其实就是互动者彼此说服对方,也就是经由个人支配力彼此影响对方的过程。显示支配力的行为,可包括如提供他人不知晓的讯息、提供新点子、鼓吹行动、替人解决冲突或排解纠纷或同意对方意见等项目。

情感(affection)需求则是人类追求爱人与被爱的欲望。为了维持良好的人际关系,归属感和支配力必须以情感来调和。情感的流露,可以培养出亲密的感情和产生海誓山盟的承诺。只有情感有了适合均匀的表达与维护,人类才能彼此在生理、心理、其他方面紧密地连结起来。

总之,人际关系乃是人们在社会需求的领域中,寻求建立连结网络的互动过程。在这个彼此试着满足对方归属感、支配欲与情感需求的过程,因为双方文化背景、宗教信仰、教育程度与个性等因素的影响,而产生正面或负面的结果。

2. 文化对关系发展的影响

从文化的角度而言,它对关系发展的取向具有重大的冲击。例如,文化的差异在两人开始互动时,就产生了重要的影响。有些文化对与陌生人的交谈比较开放,有些则相当保守。东亚与北美文化对沟通的看法最主要的差别在于前者以社交关系为重,后者以个人主义为主。东亚文化的这种思想取向,主要是受到儒家对仁、义、礼、智四个概念的重视。这四个概念的信仰,对东亚人的沟通过程形成了与北美不同的重大影响。其中一项就是人际关系运作的形态。

东亚人倾向于建立:

(1)特殊性的关系。这种关系凸显年龄、性别、角色和地位的差异,并且鼓励彼此间的相互依赖。在特殊性关系的社会里,沟通通常受制于一组清晰的规范(norms)。

(2)长期性的关系。这种起头难,一建立之后就变成长期性关系的取向,衍生了礼尚往来(reciprocity)的习惯与层级性(hierarchical)的关系结构。

（3）明显区分我族（in-group）与他族（out-group）的关系。这种由包括血亲、同乡、同学、同事等关系网所建立起来的我族或内团体的结构，促使东亚人不信任他族或外团体分子。

（4）正式性关系（formal relationships）。较正式性的关系使得东亚人在碰到龃龉的时候，倾向于依赖第三者或仲裁人来帮忙解决，以避免当事人面对面的窘状。

（5）重叠的私人/公共关系（personal/public relationshps）。东亚人较喜欢私人性或人性化的互动环境，因此私人与公共关系之间的界限，常有重叠的时候。

北美文化和东亚文化有很大的差异，在人际关系上，北美人倾向于建立：

（1）普遍性的关系（universalistic relationships）。这种关系依照一个客观的（objective）法则行事，人际间的关系，以公平（fairness）与平等（equality）为依归。

（2）短期性的关系（short-term relationship）。这种关系起头容易建立，但是彼此之间不具有什么义务，因此没有所谓"礼尚往来"的约束感。

（3）不明显区分我族（in-group）与他族（out-group）的关系。对认识或不认识的人一视同仁，只要觉得搭调，人人可以为友。因此朋友群通常比东亚人广泛。

（4）非正式性关系（informal relationships）。这是属于平行式（horizontal）的沟通与人际关系，这从北美人对认不认识或不论年龄大小都喜欢以名（first name）互相称呼对方就可以看出。

（5）公私分明的关系。北美人不习惯把私人与公共关系扯在一起，以防隐私、自主等个人权益受到侵犯。

3. 跨文化关系的特征

除了文化的影响之外，跨文化的关系具有四项明显的特色：高度动态性（dynamic）、容易产生误解（misunderstanding）、焦虑感（anxiety）较高以及潜在利益（potential benefits）。

（1）高度动态性。跨文化关系比单文化的关系建立过程，更具动态性。跨文化关系的高度动态性，不仅是因为关系本身是一个互动双方经由沟通来彼此影响的过程，更是沟通形态、价值观念、认知系统、生活饮食习惯等文化的差异所造成。

（2）容易产生误解。由于文化的期待（expectations）与刻板印象（stereotyping）紧随着跨文化的沟通，也因此在跨文化关系建立的过程中，扮演着重要的角色。因为每个文化都有不同的期待与刻板印象，在关系建立的过程中,也更容易产生误解。

(3)焦虑感较高。任何关系建立的初期,因情况的模糊性(ambiguity)和对互动对方资讯的缺乏,产生某种程度的焦虑感是不可避免的。这种情况模糊性或不确定性(uncertainty)和资讯的缺乏的情况,在跨文化沟通的过程中,因彼此文化的差异严重,焦虑感也相对地增高。

(4)潜在利益。跨文化关系的发展过程,虽然充满着动态性高,情况不容易掌握,也更容易产生高度的焦虑感和误解,其实也正是这些因文化差异所形成的潜在困难,给跨文化关系的建立带来了一种独特性的挑战和可能的回报与机会。

4. 跨文化关系研究的理论模式

研究关系建立的理论与模式俯拾可得。例如,较具有代表性的有社会交换理论、社交关系渗入理论、不确定性减除理论、沟通适应理论、Devito 的关系五阶模式、Knapp & Vangelisti 的关系两段十层模式以及第三文化建立理论。

(1)社会交换理论。社会交换理论以经济学的奖赏(reward)和代价(cost)两个概念为基础,主张人们凡事都会衡量奖赏和代价的差异,并试图争取最大的效益。交易中,如果奖赏大于代价,人们会趋之若鹜;如果代价大过奖赏,人们则按兵不动或避之惟恐不及。

应用到人类关系的发展也是一样,如果交往的过程,充满着欢笑、情意、尊重、权力地位等奖赏性的成分,人们通常会继续追求该项关系的进展。如果关系满是仇恨、不快、痛苦、财务损失等负面代价,人们会裹足不前或结束双方的关系。

(2)社交关系渗入理论。社交关系渗入理论认为人们关系的进展,建立在自我表露(self-disclosure)的基础上。从表露讯息的深度(depth)和广度(width),可以判断出彼此之间的关系仅是泛泛之交或具有深交,以及关系进展的四个阶段:适应期、探测性的情感交换期、情感交换期以及稳定期。

在适应期的表露,均属于表面性的或刻板印象性的讯息;探测性的情感交换期的讯息,围绕在互动者个性周边的事实;在情感交换期,彼此开始感到自在地表露个人的意见;在稳定期则可以无所不谈,不会有所顾忌。

(3)不确定性减除理论。不确定性减除理论专门用来检视人们在见面初期,彼此如何开始来认识对方的过程。不确定感(uncertainty)指在认知上,因无法在不明情况下适当解释自己或对方的思想行为所引起的焦虑感。这个理论主张,唯有减低这种焦虑感,人们才有办法发展关系。因此,在关系发展的过程里,人们一直是试着经由讯息的交换行为来减低不确定感。通常有三种策略可用来达到减低不确定感的目的:被动、主动和互动策略。

被动策略(Passive Strategy)指不直接与对方沟通,但暗中观察对方在不同情况下的行为,收集可供了解对方的资讯,不确定感经由这个间接资料收集的过程得以减轻。

主动策略(Active Strategy)也不直接与对方沟通,但却积极地从认识对方身边的人,以便收集有关对方的资料。由于没有与对方直接对话,因此被动与主动两种策略所收集的资讯,都不见得是正确可信的。

互动策略(Interactive Strategy)则使用两种方法。第一是直接询问对方有关他们的资讯,第二是经由自我表露,让对方了解自己。询问对方加上自我表露,通常会使对方觉得有义务提供适当的资讯。互动策略所得的资讯相比前两者会更正确。

目前,不确定性减除理论已广泛地应用在跨文化沟通上。

(4)沟通适应理论。沟通适应理论融合了言语适应理论和民族语言认同理论;探讨在社会与心理情境下,双方沟通进展的情形以及沟通有个人特性之间的关系。沟通适应理论以三个概念为基础:聚合、分歧及维持。聚合指改变自己语言表达方式来适应对方,以显示彼此之间的休戚与共;分歧指刻意强调与对方在语言上使用的不同;维持指不管对方,持续使用自己的语言表达方式。在跨文化沟通的过程中,聚合的使用,可以增加吸引力,分歧则相反。少数族裔在发现自我语言的重要性时,通常会采用维持的方式——持续使用自己的语言或表达方式。

(5)Devito关系五阶模式。Devito的关系模式着重在关系发展的阶段。人类关系的发展,可分为五个阶段:接触期、投入期、亲密期、恶化期以及分手期。每一期的发展,都有一个起头与结尾。在结尾的时候,互动者必须决定,关系就停驻在该阶段或继续往另一个阶段推进。

(6)Knapp & Vangelishti的关系模式。Knapp & Vangelishti的模式,把人类关系的进展细分为两个阶段,每个阶段又以五个层次来区分关系的分合。两个阶段为聚合(coming together)和分离(coming apart)。

(二)跨文化冲突理论

尽管有些文化重视和谐的价值观,有些文化以对抗作为解决问题的主要方法,在人类关系发展的过程中,冲突是一个必然存在的事实。也就是说,有人类的地方,就有冲突存在。冲突可说是人生的一个无法避免的事实,是一个具有普世性的现象与概念。

1. 冲突的本质

广义而言,只要两个对象之间的需求无法搭配或相容,人们就可以说,他们处于冲突的情境之中。不管文化差异的大小,冲突是日常生活的一部分。虽然冲突是一个普世性的现象,但是不同文化的人们对冲突这个概念,在意义的认知上,还是有所差别。例如,"冲突"这个词在英文为"conflict";其定义是,只要彼此需求不相配,就是"conflict"。但从中文的角度来看,把"conflict"翻译成"冲突",则比英文的意义严重得多。中文"冲突"意指有暴力性或倾向的"conflict"或对抗,已接近英文的"clash"。其他接近"conflict"意义的中文,有"分歧""纠纷""问题"和"矛盾"。

大致上"矛盾"和英文"conflict"的意义较为接近。不过,"矛盾"在中国也有不同的用法。从历史的典故而言,矛和盾都是武器,买者自夸其矛无盾不破,又自诩其盾无矛不挡,结果在逻辑上说不通。因此,有说法认为"矛盾"原意为"互反"(mutually opposed)或"逻辑的不相容"(logically incompatible),如此便和英文的"contradiction"比较相近,而非"conflict"。

但是"矛盾"后来演变出了其他的意义。把个人、人际间、团体间、组织间以及阶级间,在价值观、信仰、态度、意见与意识形态上的差异,认为是"矛盾"的内涵。由此可见文化对"冲突"意义之认定的影响。最后,从沟通结构的角度来看,冲突在每一个沟通层次都会发生。依性质而言,冲突有虚实之分。所谓"实冲突"(real conflict),指因争取资源、权力或地位的真实性的对抗。这种冲突产生了"零和"(zero-sum)的情况,也就是说,结果一定有输赢。甲方赢,意味着乙方输,像各种球类竞赛一样,两方对峙,不能同赢或双输。

"虚冲突"又称"诱发性冲突"。原本并无真正的冲突,但是为了特殊的目的,如凝聚团体成员,刻意制造出一个假想的对手。这在政治上也常发生,政客与政客之间,或国与国之间,常常会树立一个假想敌或外患来巩固或争取选票,或激发国人的爱国情操。

2. 文化对冲突的影响

文化对冲突的经营与解决的影响可从文化的三个面向说起:文化情境、语言差异以及思想形态。

(1)文化情境。文化价值取向区分为高情境文化和低情境文化,信息、情境和意义三个概念,均衡地与功能性地结合在一起。分享的讯息越多,情境的程度越高。因此,文化分布在高情境与低情境的连续线上。

（2）语言差异。语言和文化的紧密关系,每一个文化都有一组制约其语言的结构,包括语形、语音、语句、语意和语用等领域的规则。这些语言本身的结构,是沟通时首先必须碰上的问题。换句话说,不了解一个语言的结构,根本就无从沟通,彼此间的误会与冲突,也因此容易产生。

不过,语言结构是属于沟通的显性层次,只要经过学习的过程,通常在一段时间内,就能取得了解与运用的能力。因此,语言的差异对冲突经营或解决的影响,最难以驾驭的部分,乃是语言的表达方式;它代表着沟通的隐性层次,深深受制于文化深层的价值取向。

语言的表达方式,在人类开始学习说话时,即慢慢地跟着发展。由于语言表达的方式,反映和具体化人们文化的信仰,在互动时,因表达方式的不同,往往会引起冲突。从文化情境可以得知语言的表达可分为直接与间接两种方式。直接表达的方式特别重视自我表现、口头的流利、雄辩的言说和试图直接说服对方接受其观点的倾向。反之,间接表达方式的特色,在于较常使用模糊性的语言和不直接说"不"或拒绝对方,以确保和谐的互动气氛。

很明显,直接表达语言是低情境文化的特征;间接表达语言的方式,则代表了高情境文化的特征。在互动的过程,使用直接表达方式的人们,比较容易引发冲突,而且在解决冲突时,倾向于采取对抗的方法。语言的表达方式,在自我表露的过程,可清楚地看出差异。

（3）思想形态。思想形态指文化成员推理的方式或解决问题的步骤。从语言的表达,很容易可以分辨出思想形态的差异。

3. 跨文化冲突解决方法

解决跨文化冲突的方法,大致上可分为以下五种:

（1）文化支配法。这是以自我或自己文化为中心的冲突解决法,也就是"我是他非"的作风。

（2）文化顺应法。与文化支配相反,是"我非他是"的利他做法。如同入乡随俗一样,迁就对方。这种迁就,可能是真的欣赏对方,也可能是屈服于对方的势力,还可能是担心互动结果的不理想而产生的。

（3）文化妥协法。此法局部综合了的双方的需求,结果是各方都会赢一些,但也输一些。也就是既没有全赢,也没有全输。在事情不能两全的时候,这倒是一个可取的折衷法。

（4）文化逃避法。这是鸵鸟主义法,把头栽入泥沙里,以为看不见问题,就以为问题不存在了。

（5）文化综合法。同时顾及双方的需要,发展出另一套双方可以同意与互利的方法,以便适当地把问题解决。这是达到双赢结果的保证。

这五个跨文化冲突或问题解决的方法,各有利弊。表面上看来,除了文化综合法之外,其他各法似乎都不可取。其实,在实际运作情况下,并不见得如此。尤其是从策略性的角度,有时候会刻意使用非预期的方法,出奇制胜。不过,整体而言,文化综合法还是代表跨文化冲突解决最为理想的方法。它不仅解决了问题,而且双方都乐于接受,没有怨恨存在。

文化综合的冲突解决方法,是一种用以经营多元文化之冲击的主要方法之一。它具有四项原则:①文化异质性,信仰文化多元主义;②文化同异性,相信人们之间,相似和相异的特性同时存在;③殊途同归性,不同文化方法,对解决相同的问题同时有效;④文化经权性,了解自己的方法只是众多方法中的一种。

（三）跨文化谈判理论

人类沟通或关系发展的过程,无可避免地必须面对各种可能的冲突或龃龉。为了解决这些问题,人们随时得经由谈判(negotiation)的过程来说服对方,以做出满意的决策。因此,有关系就有冲突,有冲突就有谈判的存在。可见谈判是人类沟通互动的一个紧要部分。

1. 谈判的定义与本质

谈判是达到圆满解决冲突,常常必须运用到的方法。它意味着一个人试着说服对方改变意见或行为的过程。谈判通常发生在互动双方意见不合或所需不同,但希望达到彼此能够互利的情况下。谈判具有以下三项特质。

第一,谈判是人类社会生活的重要技巧之一。在人际关系的发展、团体与团体、组织与组织或国家与国家之间,随时都可能经由谈判的过程,来减低负面的冲击,或达致较满意的结果。在当今全球化的社会,不同文化间的谈判机会,更是日渐增多,愈加重要。

第二,谈判虽是人类社会生活中,解决问题的重要技巧之一,但是它不见得随时是最好的方法。解决问题的方法种类繁多,有时因情况的需要,使用诸如协议等方法反而对己方有利。这是因为谈判本身,通常是一个很费时的过程,而很多问题的解决,必须在短时间内完成。不过,因为谈判是达到双赢结果的方法,因此还是常受到采用,尤其是在国际间发生冲突的情况下。

第三,谈判与文化的关系极为密切,不同文化表现了不同的谈判型态。

2. 跨文化谈判

文化的复杂性,在从事跨文化或国际谈判时,应该特别注意以下项目:谈判者及情况、决策的形态、文化噪音以及解说和翻译者。

(1)谈判者及情况。谈判者的选择标准与有利于我方的谈判的情况是谈判的两个基本问题。首先是谈判代表人选择的问题。美国和巴西、日本和中国台湾之间,谈判人员的筛选条件较为接近。日本虽然和美国与巴西一样重视口头表达能力,但是也同时注重聆听的能力。中国台湾重视谈判者必须有趣、有毅力与果断,这是其他国家和地区所未强调的。谈判的情况包括地点、场所摆设、谈判时间、地位等要素。地点方面,应该在我方的办公室、对方的办公室或是第三个中立的地点,这些都是安排谈判的过程,根据谈判的性质,必须考虑到的地点问题。大部分人似乎喜欢选择较中立的地点从事谈判。谈判时间的运用,因文化对时间概念的认知不同,对跨文化谈判具有很大的影响。在跨文化谈判时,时间的运用,常常成为一个克服对方的武器。最后是谈判者地位。美国人较喜欢不正式的行事作风,也较重视人人平等的观念,因此重视谈判者的专业知识,而非社会地位。东方人则重视层级关系,对谈判资格的选择,往往是以个人的社会地位或尊卑长幼来决定。这种差异,常常给跨文化谈判带来诸多的困扰。

(2)决策的形态。从文化情境的角度,人们已经了解高情境和低情境文化,有着不同的问题或冲突解决方法。决策既然是问题解决过程的一环,文化必然也赋予它的成员一套决策的形态。

(3)文化噪音。文化噪音专指沟通过程,阻止或扭曲信息流动的各种障碍。这种障碍在跨文化谈判,主要存在于讯息本身和输送的过程。也就是语言与非语言的表达行为。口语谈判的策略包括了承诺、恐吓、劝告、警告、奖赏、惩罚、规范性诉求、诺言、自我表露、质问、命令等;非口语的谈判策略,则有沉默、交谈重叠、脸部直视以及触摸。

(4)解说和翻译者。在跨文化谈判的过程中,常常需要依赖解说或翻译来协助双方彼此了解讨论的内容与文件用语的正确性。在跨文化沟通的过程中,翻译可能造成三项困扰:①不同语系之间,常常很难找到对等的词语来翻译;②错误的翻译,可能酿成巨大的悲剧;③正确可靠的翻译不容易,因此常常需要仰赖专业人才。在跨文化谈判里,有关翻译必须注意的事项有三个值得一提:第一,翻译过的词语,对双方的主观意义十分重要。第二,一方语言的概念,若不存在于对方的语系,该如何处理。最后,双方的语言是否具有难以翻译的内在推理或思考形态。

第三节 国内外跨文化教育现状

一、国内跨文化教育现状

语言与文化有着密切的关系,因此在高校英语教学中融入文化有着非常重要的意义。在早期的高校英语教学中,跨文化交际教学的目的在于让学生理解目的语文化,因此教师教授的也多为目的语文化知识及其相关背景。随着研究的深入,跨文化交际教学的内容也发生了改变,将文化态度、文化观念等内容也加入进去。这时跨文化交际教学的目标也相应发生改变。

（一）外在表现

1. 频繁的跨文化接触

随着人类社会与思想的进步,人类的生活更加开放,不同国家、民族的人们因生存的需要或者偶然的相遇而开始交往,并日益频繁。于是,跨文化交际应运而生。

如果说人与人之间、家庭与家庭之间的交往是以民族化为特征的早期交往形式,那么国家与国家之间、民族与民族之间的接触则呈现了地域化或国际化的特征,进而演变成现在的全球化特征。从古至今,尤其是经济与科技发达的今天,不同民族间的交往日益紧密,而且逐渐成为国家与民族兴旺的重要一环。因此,这也加速了文化教学的产生与发展。

2. 出现了"中国文化失语"现象

为满足国家"开放"和"引进"战略对外语人才的需求,各层次外语教育过度倚重语言的工具性学习。长期以来,社会上已经形成了过分重视分数高低、忽略对学生德育培养的倾向,忽略人文教育。高校英语教学内容中人文性教育内容较少,导致了英语教学中的人文教育失去了内容支撑。并且外语教学仅仅围绕英语能力所代表的西方文化的学习,中国文化相关内容长期处于被忽视状态。在应试教育目标的指挥棒下,教师的中国文化意识薄弱,将培养学生的英语应用能力看作唯一目标。另外,

第一章 导 论

从人才培养的角度来看,我国师范类高校英语专业学生缺乏对中国文化的学习,对中国传统文化缺乏系统的了解,这直接造成了英语教师的中国文化修养的缺乏以及中国文化教学能力的低下。培养出色的国际化外语人才的前提,是教师首先要具备足够的中国文化素养。

3. 存在跨文化冲突

经济全球化导致各个国家在各个领域都发生着程度不同的交际,因此商品、技术、信息、人员等生产要素的跨国流动非常频繁。在这个国际化的时代里,世界以一个整体的形式出现。不同文化背景的人进行着频度更高、范围更广、层次更高的跨文化交流。人们逐渐意识到,跨文化交际不是简单的英汉互译,而是需要交际者深刻理解彼此的文化背景。在越来越多的、越来越深层的跨文化交往出现的同时,越来越严峻的跨文化交往形势也随之出现。

跨文化冲突是伴随着跨文化交际的产生而产生的,在跨文化交际中难以避免跨文化冲突。我们在认识到文化差异的同时,应该思考如何有效避免跨文化冲突。跨文化冲突包括非暴力性的摩擦性冲突和暴力性的对抗性冲突。摩擦是跨文化交际中的误解与分歧导致的不同文化间的争执。摩擦是普遍的、经常发生的。对抗是不同文化之间的暴力冲突,它可能进一步演变为军事化的暴力冲突,也就是战争。对抗是残酷的,总是伴随生命伤亡。当摩擦长期存在并不断加剧,就恶化为对抗,甚至是暴力性的对抗冲突。跨文化交际中的摩擦常常以争执、辩论、批评、漫骂等为语言表现形式,以游行示威和请愿抗议为政治行为表现形式。跨文化交际中的摩擦在长时间的积淀中,就形成了跨文化冲突。

(1)跨文化冲突的普遍性

其一,跨文化冲突普遍存在于世界各地。古今中外,跨文化冲突无处不在。历史悠久的中国,同时也有着跨文化冲突的悠久历史。中国文化的独特性,决定了中国文化和其他文化之间必然发生各种各样的跨文化冲突。近代以来,中国文化与欧洲文化一直处于征服与反征服的冲突状态。除此之外,中国与美国、日本、印度、菲律宾等国家之间也存在跨文化冲突。其中,中国和美国的跨文化冲突表现得最为突出。中国与美国之间的共同性不少,并且有着许多的利益牵连,两国之间的学习、商务往来也非常频繁,但是中国与美国的跨文化冲突却由来已久。

其二,跨文化冲突普遍存在于各种文化层面。跨文化冲突可以发生在文化的各个层面,包括价值观、制度、生活方式等。

价值观是深层文化因素,是导致跨文化冲突的根本原因。因此,制度、生活方式等层面的跨文化冲突就是价值观层面的跨文化冲突在制度、生活方式层面的一种写照。所以,我们可以通过价值观层面的跨文化冲突来理解文化各个层面的跨文化冲突。

(2)跨文化冲突的尖锐性

其一,激化程度不断加强。跨文化冲突如果长期存在,没有得到缓解,并且反复进行,就很快可能不断激化,并演变为对抗。

其二,爆发性逐渐增强。跨文化冲突的导火索可能是很小的事件,但最后往往酝酿成大的灾难性事件,以对抗收场。当争吵使得矛盾到达爆发的临界点时,异常大规模的跨文化冲突就会爆发。

(3)跨文化冲突的复杂性

文化本身就是一种复杂的现象,跨文化冲突就更应该是一种复杂的现象。有人认为,文化差异是导致跨文化冲突的根本原因。事实上,文化差异可能导致跨文化摩擦,但不一定会引起跨文化对抗。如果文化差异的双方尊重对方的存在价值,就不会产生跨文化冲突。可见,文化差异不一定导致跨文化冲突。导致跨文化冲突的根本原因是试图强制性地消除差异。当一方试图使对方与自己统一,从而消除对方时,冲突就出现了。如果文化差异的双方都想取代彼此,跨文化冲突就表现得十分明显。我们要消除的是跨文化冲突,而不是文化差异。因此,我们决不能抱有消除差异、同化对方的观念。

(4)跨文化冲突的长期性

跨文化冲突是长期普遍存在的,并且跨文化冲突的影响也将长期存在。一些跨文化冲突消失了,另一些跨文化冲突又产生了,甚至原来已经消除的跨文化冲突又死灰复燃。即使一些跨文化冲突本身消失了,但是这些跨文化冲突造成的不良氛围将长期存在。跨文化冲突引起的仇恨情绪难以消除,任何一方的非理性言行都可能导致跨文化冲突的进一步激化,从而引起新的跨文化冲突。因此,我们应该弱化当前的跨文化冲突,避免当前的跨文化冲突成为新的跨文化冲突的催产素。

面对跨文化冲突的严峻形势,人们要从人类文化本身去寻求跨文化冲突的解决之道。人类要充分发挥人类文化的创造性,创造出消除跨文化冲突的新文化,以实现更加和谐、丰富的跨文化时代以及更加美好的人类生存形态。对此,联合国等组织大力提倡跨文化对话,联合国教科文组织就提出了"跨文化教育",并在很多区域组织了一些跨文化教育实践,以此实现文化和平的理想。对于从根本上消除跨文化冲突,跨文化教育有着无限的可能和巨大的潜力。为此,后文将详细探讨跨文化教育实施的原则和策略等问题。

第一章 导 论

（二）内在表现

1. 教学大纲中缺乏可操作性的具体指导

2007年7月教育部下发了《高校英语课程教学要求》作为各高等学校组织非英语专业本科生英语教学的主要依据。整个文件较为详细地规定了听力理解能力、口语表达能力、阅读理解能力、书面表达能力、翻译能力、词汇量等，但是关于"跨文化交际"，仅仅在教学性质和目标出现一次，缺乏量化指标和可操作性的指导。

2. 教学具有明显的功利性

在"考本位"的教育体制影响下，我国的英语教学从小学、初中到高中都呈现出明显的功利性。考试考什么，教学就讲什么。其中，初、高中课堂为了应对升学，教师在课堂上将重点放在对语言知识的讲授上，较少涉及文化教学。

受这种学习方式和指导思想的影响，很多教师与学生将教学的目标看作通过考试，教师的教学实践服务于学生英语过级。这可能有利于提升学生的应试技能，但是却导致学生难以学习到英语文化知识。

3. 文化碰撞实战演练较少

在母语环境中学外语的效果显然没有到目的语的环境中去学外语的效果好。

我国的学生学习外语大多都是在国内完成，缺乏外语环境与氛围，与异域文化的接触与碰撞较少。例如，学生在学习西餐中"开胃菜"这一单词时，可能要背诵好多次，对这个词的印象才能逐渐清晰，继而逐渐记住，但是对于开胃菜到底是什么可能还不是非常清楚。但是，学生若在外语环境中进行学习，整个这一过程参加一次一般就可以了解。外语文化氛围的缺失必然会不利于学生的文化学习。

4. 高校英语教学中侧重语言学立场

所谓高校英语教学的语言学立场即将外语作为一门语言知识来教授的教育策略。具体来说，高校英语教学的语言学立场主要教授给学生词汇、语法等语言知识与语言规则，忽视语言背后的其他内容的教授，外语教育中这种单一的语言学立场明显是具有局限性的。

（1）割裂了语言与文化的内在关联性

众所周知，语言与文化关系密切，语言是文化的载体，文化是语言的灵魂。语言教育肩负着使不同文化得以传递、保存和发展的重要责任,因此英语教学是一种文化传播的过程与手段。

  语言与文化具有同构性。从语言的形式构成来说,任何语言都是由语音、词汇、语法等要素构成的;从原因的形成来说,任何原因都是对特定价值观念、思维方式等的反映,每一种语言都与某一特定的文化相互对应,而修辞的运用、语言结构的选择、语言意义的生成等都会受到文化特性、文化价值观的规范与制约。因此,就本质上而言,语言的发展与传播反映的是文化思维方式、文化价值观念等的变革。就教育层面来说,语言学习的过程就是文化理解、文化传播的过程,也是促进学生思维方式与价值观念建构的过程。如果学生的语言学习离开了文化学习,那么学生学到的仅仅是语言符号,只能导致语言学习的符号化。

  也有人认为,文化学习是源自于语言学习的。但是如果把文化的东西简单地视作形式化的语言符号,那么文化学习就走向纯粹的原因符号了。传统的外语教育只注重语言形式的学习与技能培养,人为地将语言教学与文化教学割裂开来。这样很多学生即便学到了语言知识,能够说一口流利的英语,但是也很容易出现语用错误。实际上,任何知识都是由三个部分组成的:符号表征、逻辑形式与意义。而逻辑形式与意义不仅在符号表征中呈现,还在语言知识特有的文化元素中呈现。如果将语言的符号知识与其隐含的文化元素割裂展开教学,便是割裂了语言知识与文化内涵之间的关系,这样的外语教育显然也会失去文化立场。

（2）不利于渗透国际理解教育

  与母语相比,英语教学为学生打开了另外一扇窗户,其能够引导学生了解另外一个民族的语言文字以及背后的文化与价值观念等,进而提升学生的文化理解力。尤其在当前经济全球化背景下,英语教学需要确立一种开放的思维方式,引导学生逐渐形成国际理解力,但是英语教学这种单一的语言学立场显然并未认识到文化的重要作用,很难让学生认识多元的世界,形成一个开放的思维。

（3）不利于提升学生文化选择力、文化判断力、文化理解力

  我国社会就文化背景的构成来说,虽然不像西方国家社会具有那么大的差异,但是内部也会存在一些文化传统。基于这样的现实,如何开展与文化模式相适应的教学呢？随着我国改革开放的推进,国际合作办学不断发展,很多城市开办了国际学校,招收不同国籍、不同种族、不同文化背景的学生,这必然对多元文化教育提出更高的要求。教师如果对不同的文化模式不了解,就很难驾驭多元文化教育课题要求,很难提升学生的文化选择力、文化判断力和文化理解力。

二、国外跨文化教育现状

（一）观点层面

国外学者弗雷斯（Fries）认为，"在外语教学中，进行跨文化教学是必须的，通过跨文化教学，学生可以提升自身的跨文化理解能力。"[①]这就是说，在外语教学中，文化起着非常重要的作用，如果对文化不了解，那么就很难学会外语，很难与外语本族人进行交流与对话。弗雷斯还认为，在外语教育中，重视文化差异性也是非常重要的，通过对比来更深层次地了解目的语文化，从而对不同文化差异造成的学习难点进行预测，在跨文化外语教学中予以预防。学生在外语学习中，往往认为与自身母语要素不同的要素是非常困难的，认为只有相同的要素才是简单的，这就需要通过对比找出二者的差异，从而理解学生外语学习的难点。

随着跨文化交际的发展，很多学者认为应该从跨文化交际的角度重视跨文化外语教育，研究文化在外语教育中的意义，从而让学生不断了解其他国家的文化，提升自身的跨文化交际能力。

布鲁克斯（Brooks）最早界定了外语教学中的文化概念，并指明跨文化外语教学的内容与方法。在布鲁克斯看来，文化是人与人、人与社会沟通的桥梁，文化模式必然影响着人们的行为、人们的思想等。文化包含两大层面：一种是表层文化，一种是深层文化。[②]

另外，布鲁克斯还阐明了外语教学与跨文化教学之间的关系，认为跨文化外语教学贯穿教学的整个过程，主要涉及如下三个阶段。[③]

第一阶段：学生要对母语与目的语之间的表层文化差异予以理解与掌握。

第二阶段：学生对深层的文化问题进行探索。

第三阶段：通过跨文化外语教学，以及分析与阅读经典作品，对目的语精神文化的内涵予以了解，培养学生的洞察力与群体意识。

诺特斯朗德（Nostrand）提出了新兴模式的跨文化分析模式，并指出跨文化教学的内容与分类应该以此模式为基准，且认为文化包含社会、文

[①] 转引自康莉.跨文化视角下的大学英语教学：困境与突破[M].北京：中国社会科学出版社，2014：45.
[②] Brooks, N. Teaching Culture in the Foreign Language Classroom[J]. *Foreign Language Annals*, 1968, （3）: 204-217.
[③] 同上。

化、个人、生态四个子系统以及价值观等32个小项。①

斯莱尔(Seelye)根据诺斯特朗德的观点,提出了跨文化学习的目标、方法以及评价手段。②

通过分析不难发现,上述几位学者都是对表层文化进行研究与探讨,这在一定程度上是对深层文化的忽视。随着跨文化交际的加深,学生的跨文化学习不仅要学习目的语文化知识,还需要不断提升自身的跨文化能力。同时,培养自身的跨文化能力与跨文化交际技巧是21世纪对复合型人才的要求。因此,英语教学研究应该帮助学生了解目的语文化,让他们能有效地与目的语国家的人进行交际,避免产生冲突与误解。

20世纪八九十年代,克莱尔·克拉姆希(Kramsch)提出多元文化互动模式的外语跨文化教学。他认为,无论是对语言进行研究,还是进行语言教学,都应该避免将语言与文化对立起来,这样会阻碍人们从不同角度看待问题。也就是说,人们应该从多元形式来看待语言与文化的关系。③可见,克拉姆希是将语言与文化融合起来看待。克拉姆希的观点与韩礼德的观点类似。此外,克拉姆希还指出,教师向学生传授目的语文化的事实、态度等信息,只能给学生提供参考,让他们知其然,但是很难让他们知其所以然。④

就人类精神力量的发展层面来说,语言必不可少。当然,这在世界观形成层面也是如此。这是因为,个体只有让自身的思维与集体思维紧密关联起来,才能形成真正的世界观。文化不应该仅对事实进行展示,而应该通过交际来进行传授,这样才能让学生真正地学到文化,理解目的语文化的本质特征。我们处于多元化的社会,这就要求在教学中对文化互动予以鼓励,而不应该害怕或者一味地去避免冲突的发生,因为冲突从本质上说也属于一种文化层面的互动。可见,克拉姆希的观点是将文化从单一导入转向双向互动。

英国学者迈克尔·拜拉姆通过分析和调查欧洲的跨文化外语教学,提出了语言与文化综合教学的模式,并对跨文化外语教学的内容、方法、评价等进行了分析和探讨。在拜拉姆看来,跨文化外语教学应该从对比、

---

① Nostrand, H. L. Empathy for a Second Culture: Motivations and Techniques[A]. *Responding to New Realities*[C]. Jarvis, G. A. Skokie, IL: National Textbook Co., 1974: 163-327.
② 张红玲. 跨文化外语教学[M]. 上海:上海外语教育出版社,2007:163.
③ Kramsch, C. Culture in Language Learning: A View from the United States[A]. *Foreign Language Research in Cross-Cultured Perspective*[C]. Bot, K. D., Ginsberg, R. B. & Kramsch, C. Amsterdam: John Benjamin, 1991: 237.
④ 同上。

第一章 导 论

知识传授的角度出发,让学生对社会交往的行为模式、习俗等有清晰的了解,从而找出文化现象的差异性,展开合适的交际。[①]语言与文化综合教学模式包含语言学习、语言认知、文化经验、文化认知四个要素,且这四个要素贯穿于教学的整个过程中,缺一不可。

在20世纪90年代,英语教学对跨文化教学更加重视,文化学习成为培养学生交际能力的重要因素,教授文化会将口语、书面语、社会交际等内容渗透进去。因此,也总结出教授文化的如下四种方式。

(1)语言与文化探索活动。
(2)社会语言探索活动。
(3)文化探索活动。
(4)跨文化探索活动。

除了这四个方式之外,还有"文化丛""文化包""文化同化"等方法。

(二)目标层面

英语教育的目标在于帮助学生理解在交际环境下,语言所呈现的意义。外语教学不是仅仅像传授其他知识一样,将文化传授给学生,而是帮助学生清楚目的语国家的人们如何对语言与文化进行使用的过程。在建设跨文化外语教学的过程中,如果仅仅对文化事实加以介绍,显然是很难提升学生的跨文化能力的。文化背景不同,决定着人们看待世界的角度不同。为了达到跨文化理解的目的,学生要处于第三位置,即构建一个新的视野,以跨文化人的角度对比母语文化与目的语文化。形成第三视角应该是跨文化教学的目标。

斯莱尔认为,跨文化教学有七大目标。[②]
(1)让学生明确目的语文化影响和制约着人们的行为。
(2)让学生明确性别、阶级、年龄等都属于社会的各种因素。
(3)让学生明确目的语文化中形成的行为方式。
(4)让学生理解目的语词组文化。
(5)让学生明确目的语文化的评价方式。
(6)让学生提升自身对目的语文化搜寻与组织的技能,掌握具体的研究技巧与方法。
(7)激发学生学习目的语文化的好奇心,鼓励他们从情感上产生

[①] 转引自康莉. 跨文化视角下的大学英语教学:困境与突破[M]. 北京:中国社会科学出版社,2014:48.
[②] 同上。

共鸣。

在这七项中,跨文化教学目标指出了跨文化能力所具备的知识、意识、态度、技巧等层面。其中(1)(2)属于跨文化意识;(3)(4)属于跨文化知识;(5)(6)属于跨文化技能,(7)属于跨文化态度。

为了提升学生的跨文化交际能力,教师 Autonomy 必然需要注重跨文化教学。美国外语教学委员会1996年出版的《外语学习标准》中,提出了外语教育的五个目标,即5Cs。

交际(Communication):英语学习的中心是运用非母语的语言进行交际,可能是书写交际,也可能是面对面交际,还可能是跨越历史的交际。

文化(Culture):通过学习其他语言,学生获知与了解目的语文化。要想学好这门语言,学生需要掌握目的语文化语境。

关联(Connections):学习英语为学生提供与其他知识联系的机会,这些相联系的知识是只会一门语言的人无法获得的。

比较与对比(Comparisons & Contrasts):通过比较与对比,学生不仅形成对自己母语文化的洞察力,还能从多维视角看待世界。

社区(Communities):社区的元素会促使学生在多样化语境中,运用恰当的文化方式参与到国内外多语言社区中。

显然,《外语学习标准》明确将"获得并了解其他文化知识"看作学习一门外语的标准,注重文化与交际,强调学生应该从母语文化世界走出来,进入目的语文化之中,实现两种文化的融合。

第二章 跨文化视域下高校英语教学转型与创新分析

当前,随着国家交往的日益频繁以及社会的不断进步,我国的高校英语教学的教学目标也在逐渐改变,从最初的对学生语言能力的培养转向对学生交际能力的培养,再到今天对学生跨文化交际能力的培养,这就使跨文化交际成为高校英语教学的一项重要内容与方向。但是,由于中西方文化存在明显的差异,导致跨文化教学中的教与学有很多困难。因此,本章就针对跨文化视域下高校英语教学转型与创新进行分析,以推进高校英语教学改革与进步。

第一节 高校英语教学跨文化转型与创新的时代背景

全球化是被广泛热议的多维概念,横跨经济、社会、文化、政治、自然科学和历史等多学科。全球化主题深远广大且富于变化,以至于没有哪个学科的哪个理论框架能够对其进行充分阐释。简言之,全球化指的是一种压倒性的推动力,使国与国之间、经济体之间、民众之间形成一种新型的内在关系。它导致了当今社会生活多层面的改变,包括经济、政治、文化、科技、生态和个人等各个方面。一个抓住了全球化概念精髓的表述是:全球化是全方位立体化的社会进程,它创造了世界范围内的社会相互依存和交换,并使之不断增加、延伸和强化,同时,这一进程也使民众更加深刻地认识到本土与外部世界的连接日益紧密。为了弄清全球化这个概念,有必要了解它的历史发展。

一、文化的内涵

无论是历史上还是现代社会,人们所说的社会都是全球社会,每一种文化都是将宇宙万物囊括在内的体系,并且将宇宙万物纳入各自的文化版图之中。总体上说,文化会涉及人与社会的关系、人的存在方式等层面。但是,其也包含一些具体的内容。下面就来具体论述什么是文化。

(一)文化的定义

文化对于普通人就好比水与鱼的关系,是一种平时都可以使用到、却不知道的客观存在。对于研究者来说,文化是一种容易被感知到、却不容易把握的概念。

对于文化的定义,最早可以追溯到学者爱德华·泰勒(Edward Burnett Tylor,1871),他这样说道:"文化或者文明,是从广泛的民族学意义来说的,可以归结为一个复合整体,其中包含艺术、知识、法律、习俗等,还包括一个社会成员所习得的一切习惯或能力。"之后,西方学者对文化的界定都是基于这一定义而来的。

1963年,人类学家艾尔弗雷德·克洛伊伯(Alfred Kroeber)对一些学者关于文化的定义进行总结与整理,提出了一个较为全面的定义。

(1)文化是由内隐与外显行为模式组成的。

(2)文化的核心是传统的概念与这些概念所带的价值。

(3)文化表现了人类群体的显著成就。

(4)文化体系不仅是行为的产物,还决定了进一步的行为。

这一定义确定了文化符号的传播手段,并着重强调文化不仅是人类行为的产物,还对人类行为的因素起着决定性作用。同时,其还明确了文化作为价值观的巨大意义,是对泰勒定义的延伸与拓展。

在文化领域下,本书作者认为文化的定义可以等同于2001年,联合国教科文组织发表的《世界文化多样性宣言》中的定义:文化是某个社会、社会群体特有的,集物质、精神、情感等为一体的综合,其不仅涉及文学、艺术,还涉及生活准则、生活方式、传统、价值观等。

进入20世纪90年代之后,很多学者也对文化进行了界定,这里归结为两种:一种是社会结构层面的上的文化,指一个社会中起着普遍、长期意义的行为模式与准则;一种是个体行为层面上的文化,指的是对个人习得产生影响的规则。

这些定义都表明了:文化不仅反映的是社会存在,其本身就是一种行为、价值观、社会方式等的解释与整合,是人与自然、社会、自身关系的呈现。

（二）文化的特征

1. 主体性

文化是客体的主体化，是主体发挥创造性的外化表现。文化具有主体性的特征主要源于人的主体性。所谓人的主体性，即人作为活动主体、实践主体等的质的规定性。人通过与客体进行交互，才能将其主体性展现出来，从而产生一种自觉性。一般来说，文化的主体性特征主要表现为如下两点。

首先，文化主体不仅具有目的性，还具有工具性。如前所述，由于文化是主体发挥创造性的外化表现，因此其必然会体现文化主体的目的性，只有这样才能促进人的全面发展。另外，文化也是人能够全面发展的工具，如果不存在文化，那么就无法谈及人的全面发展，因此这体现了文化的工具性。

其次，文化主体不仅具有生产性，还具有消费性。人们之所以进行生产，主要是为消费服务的，而人类对文化进行生产与创造，也是为了更好地进行消费。在这一过程中，对文化进行与创造属于手段，对文化进行消费属于目的。

2. 历史性

文化具有历史性的特征，这是因为其将人类社会生活与价值观的变化过程动态地反映出来。也就是说，文化随着社会进步不断演进，也在不断的扬弃，即对既有文化进行批判、继承与改造。对于某一历史时期来说，这些文化是积极的、先进的，但是随着时代的发展，这些文化又可能失去其积极性、先进性，被先进的文化取代。例如，汉语中的"拱手"指男子相见时的一种尊重的礼节，该词产生于传统汉民族文化中。然而随着历史的发展，这一礼节已经不复存在，现代社会常见的礼节是鞠躬、握手等。因此，在当今社会，"拱手"一词已经丧失了之前的意义，而仅作为文学作品中传达某些情感的符号。

3. 社会性

文化具有社会性特征，这主要表现在如下两点。

首先，从自然上来说，文化是人们创造性活动的结果，如贝壳、冰块等自然物品经过雕琢会变成饰品、冰雕等。

其次，从人类行为来说，文化起着重要的规范作用。一个人生长于什么样的环境，其言谈举止就会有什么样的表现。另外，人们可以在文化的轨道中对各种处世规则进行把握,因此可以说人不仅是社会中的人,也是文化中的人。

4. 民族性

文化具有民族性特征。人类学家克利福德·格尔茨(Clifford Geertz)这样说道:"人们的思想、价值、行动,甚至情感,如同他们的神经系统一样,都是文化的产物,即它们确实都是由人们与生俱来的能力、欲望等创造出来的。"

这就是说,文化是特定群体和社会的所有成员共同接受和共享的,一般会以民族形式出现,具体通过一个民族使用共同的语言、遵守共同的风俗习惯,其所有成员具有共同的心理素质和性格体现出来。

二、全球化的内涵

全球化的概念既古老又年轻。现阶段的全球化以其显著的自身特点,与其早期阶段完全不同。

全球化意味着全世界人民的经济生活和文化生活比以往更加紧密和实时地联系在一起。不管我们认识到与否,我们都已成为世界网络上的一个网格。

现阶段全球化最显著的一个特征就是全球电子信息通信的力量,即互联网。互联网已成为驱动全球经济和文化全球化的最大引擎。事实上,如果没有全球信息互联,经济的增长和文化的变革就不会"以危险的高速发展实现惊人的收获"。这就是为什么詹姆逊(Jameson, 1998)把全球化称作"是一个通信领域的概念,它对经济和文化价值时而隐藏、时而彰显"。通信革命始于1990年美国网景公司让因特网向普通百姓开放,电子邮件技术和因特网成为一个世界上任何人都可用的广受欢迎的通信工具,而此前只有政府部门和科研机构才能使用因特网。这是人类历史上前所未有的发展,互联网成为独特的资源,能把世界上成千上万的个人和私人组织、教育机构、政府机构都连接起来,让远距离的实时互动成为可能。不仅如此,基于互联网的技术也大大提高了金融交易的速度。据统计,在2000年,仅美国一国网上交易的网络公司和电子商务公司的贸易额就达到4千亿美元,到了2003年底,这个数字增长到6万亿美元。

现阶段全球化的另一个方面是跨国公司的兴起,如通用汽车公司、日立公司、国际商用机器公司、三菱公司、西门子公司等,这些跨国公司掌握着大部分投资资金和技术,在国际市场上占尽优势。一些跨国公司规模如此之大，以至于公司本身就能自给自足，甚至比某些国家还更有实力、更能在市场竞争中生存。据估计，世界上最大的100个经济体中，51个是跨国公司，49个是国家；不仅如此，1999年，前200名跨国公司中的142家公司同属于三个国家：美国、日本和德国。由于跨国公司能够获取廉价劳动力，能够获取国外的资源，也能在缺乏管控的全球市场中捞取利益，所以跨国公司的经济影响力迅猛增长。尽管他们确实影响着远隔万水千山的民众，但他们的最主要目的就是增加公司的利润。罗比·罗伯逊（Robbie Roberson,2003）认为，这些跨国公司紧紧扼住了全球经济命脉，"在20世纪终结的时候，全球主义的企业愿景占据了中央舞台。"

前文所述的简史表明，全球化对国家经济的影响是令人震惊的，同样使人震惊的还有其对全世界人民社会文化生活的影响。

第二节 高校英语教学跨文化转型与创新的内容与目标

英语文化教学要求不仅在教学中教授语言知识，还需要在教学中教授文化知识。英语文化教学的目的在于研究不同文化之间的异同点，培养学生对文化差异的敏感性，用于跨文化交际。

一、高校英语教学跨文化转型与创新的内容

课程是学校教育的载体，且通过学科课程，学生才能获取课程内容，从而促进自身的成长与发展。课程具有明显的政治色彩，其不是纯粹的、客观的，也不是无关的、无价值的。之所以语言课程存在政治性，主要是因为语言的政治性的存在。语言不仅是一种对社会生活的呈现，更是一种文化对某种社会价值的表达与呈现。换句话说，语言在社会生活中充当的不仅是工具，还是目的。

相应地，语言课程也就有了二重性的特征，即目的—手段，其不仅是知性的呈现，还是人性的呈现，对于学生的世界观、人生观、价值观有着独特且直接的影响。因此，在英语文化课程中，应该实现目的语文化与母语文化的并举，实现二者的平等对话，这样使学生一方面可以从不同的视角反思母语文化，另一方面对目的语文化有客观、全面的认识，从而实现二者视域的融合，发现不同文化的价值，获得文化自信。

实际上，自从20世纪以来，很多学者都认为除了语言知识，语言课程应该更积极地培育学生的文化能力与批判意识,引领学生对语言表层意义进行透视,批判性地分析语言的深层意义,从而获得语言知识与技能等"语言结果"与文化自觉、文化自信等"非语言结果"。

(一)传播中国文化思想

培育文化自信,英语文化教学首先要做的就是完善教学目标。综观英语文化教学的历史,其课程目标并不是一成不变的,而是与国家战略有着密切的关系。

改革开放前30年,中国逐渐走向世界,将外语作为工具具备充分的"合法性"。改革开放后30年,特别是进入新世纪来,随着中国逐渐走向国际型,"文化强国"战略与"中国文化走出去"战略成为重要的战略。基于新的需求,《英语教学指南》明确提出:要增强国家的语言实力,传播中华文化,促进中国与其他国家的广泛交往,从而提升国家的文化软实力。当然,这并不是对目的语文化、目的语国家文明的弱化或剥夺,而是对母语文化、本土文明的补充与强化,是从克服"中国化"转向弘扬"中国化",从而帮助学生既能学习他国经验,又能传播中国文化,实现教学性目标与教育性目标的融合,将"全人"教育真正地落到实处。

(二)鼓励中国英语

英语文化教学不仅要学习西方文化,还需要传播中国文化,那么什么样的文化课程内容有助于实现传播中国文化的目标呢?

英语作为一门国际性通用语言,是全球化进程的伴生物,并且短时间是不会发生变化的。在当代,英语运用语境的一个新常态在于:由传统的英语单语言模式转向多语言与多文化并存模式。基于这一背景,用英语传播中国文化成为"中国文化走出去"的一大关键途径。具体来说,就是用规范的英语对中国特色的东西进行表征。

著名学者葛传椝先生将这一现象称为"中国英语"。"中国英语"与"中式"英语不同,"中国英语"是由有益于中华文化传播的中国特点组成的英语变体。简单来说,"中国英语"是中西方文化交流的产物,并且源于文化空缺现象。同时,"中国英语"对中国文化的"有形之物"与"无形之物"都是非常观照的,如建筑等属于"有形之物",是一种文化认知,价值观、人生观等属于"无形之物",是一种文化认同。

从文化认知的角度而言,中国英语不仅对中国传统文化加以传达,如思想、教育、艺术、科学、历史、建筑等,还需要对当代中国的基本国情进行

第二章　跨文化视域下高校英语教学转型与创新分析

投射。

从文化认同的角度来说,其不是对过去的缅怀,也不是一种乡愁,而是对现在的定位、对未来的设想。也就是说,它要在实体事物的机械运动中开辟价值。

英语文化教学要培养学生的文化自信,不能仅停留在表层,而应该进行深度挖掘,并对深层文化加以鉴赏。虽然青年学生思想都比较积极、活跃,容易接受新事物,但是它们缺乏扬弃思维,因此在英语文化教学中开展中西文化对比是非常必要的。

二、高校英语教学跨文化转型与创新的目标

教学任务即教学目的,在跨文化交际背景下,高校英语教学的目的在于提升学生的跨文化交际能力。具体来说,主要体现在如下几点上。

(一)帮助学生树立多元文化意识

对世界文化多样性的了解,有助于人们建立多元文化的意识与观念。不同文化产生的背景不同,是不能相互替代的。基于全球化的视角,各个文化群体之间的交流也日益频繁,因此需要对异质文化予以理解与尊重,努力避免在交际过程中出现冲突。

在高校英语文化教学中,教师应该努力培养学生积极理解不同文化,让他们对自身文化有清晰的了解,同时以正确的心态对待他国文化,应对世界的多元化。

(二)发展学生的批判性思维

在高校英语文化教学中,教师应该不断培养学生的批判性思维,让学生对本国文化加以反思,然后采用多元文化的有利条件,对文化背后的现象进行假设,确立自己的个人文化观念。

(三)为学生创造学习异质文化的机会

当中西方两种文化进行接触与了解时,不可避免地会遇到碰撞的情况,并且很多时候也会感到不适应。因此,在高校英语文化教学中,教师应该帮助学生避免这一点,让他们有更多机会了解异域文化,提升自身的文化适应力。

第三节 高校英语教学跨文化转型与创新的原则与策略

跨文化交际在高校英语教学中有着非常重要的作用。在跨文化交际视域下,高校英语教学可以使学生在语言学习中理解与接受异域文化,从而为顺利展开跨文化交际做准备。对于我国高校英语教学的对象而言,在英语学习的过程中,不可避免地会有文化的学习。这一过程有助于帮助学生开阔眼界,建立文化身份,形成自身的批判性思维。当然,在高校英语跨文化交际教学中,还需要遵循一定的原则和策略。

一、高校英语教学跨文化转型与创新的原则

实施任何一种教学,都有着特定的准则。在文化教学的实施过程中,教师要根据文化的属性来制定相应的原则。具体来说,英语教学中实施文化教学应该遵循如下几项原则。

(一)以理解为目标原则

文化理解指的是"学习者以客观、正确的态度看待、理解母语文化和目的语文化,并能以得体的行为方式与非本族语者进行跨文化交际"。只有正确地理解自身以及他国文化,才能更好地进行跨文化交际。

因此,英语教学中强化文化性原则应当坚持以理解为目标的原则。在教学过程中,教师可以采取分析或解释目的语文化等手段,帮助学生了解两种文化的差异,以及差异的根源。此外,对教学评价时,教师需要考虑学生对目的语文化的共情能力,而非一味地关注学生对非本族文化的排斥或接受情况。

(二)文化包容性原则

黑格尔和马克思均指出,人类历史的发展必定导致世界历史的形成。大工业的发展以及对剩余价值最大化的追求,导致人类历史的发展跳出了地域限制,成为利益相关的命运共同体。在文化全球化的大格局之下,引领潮流的世界性文化不再单单由某个国家或民族来创造,而是由更多主体来创造。因此,文化全球化是世界文化创造主体和世界文化元素的

第二章　跨文化视域下高校英语教学转型与创新分析

多元化。如今的时代已经远离了文化霸权,而是你中有我、我中有你,倡导文化包容。文化只有具备包容的品质,世界不同国家和民族的文化才能在共存中达到更多的一致,进而使得世界各个国家和民族联系得更加紧密。在人类文化发展史上,封闭的文化会被推到边缘的地带,并且阻碍世界历史的前进脚步;而那些包容性的文化才能主导世界文化,推动着世界历史的发展。

包容性的文化比较能够接受其他文化中的先进成分,因此能够较好地发展,也比较容易被其他文化所接受,因此就能够从地域性文化向世界性文化转变,进而成为推动世界文化进步的强大力量。从根本上讲,一种文化之所以缺乏包容性,是因为文化创造主体的思想狭隘,并且这种封闭的文化也会影响生活在其中的人们的思维方式,使得他们也变得狭隘,缺乏开放精神,难以接受其他文化,从而导致世界在文化上的割裂。过于强调世界上的文化冲突,不利于世界文化的发展。只有包容性的文化,才有利于推动世界文化的车轮滚滚向前。

(三)文化的多维度互动原则

在英语教学中实施文化教学时,教师既要实现教师和学生之间的互动,还要实现语言和文化的互动,也要实现中西文化的互动。就教师和学生之间的互动而言,教师教学影响着学生的学习,而学生又反过来影响着教师的教学传播行为。跨文化教育应该紧贴时代的教育脉搏,改变以前的单向传递模式,在互动中求得发展和优化。至于语言和文化的互动,学生应该了解语言和文化的相互联系,用发展的、动态的眼光看待二者之间的关系。在这个全球化的时代,不同文化之间的互动表现得越来越突出,互动的频率有所提高,互动的范围有所扩大,互动的深度有所增加。跨文化交流本身就要求进行文化的双向交流,语言本身也是在交流中产生和发展的,因此跨文化外语教育过程应是一个互动的过程。

(四)整体文化、主流文化输入原则

依据语言教学的整体目标,单纯的语言教学已经慢慢向文化教学倾斜。在英语教学中实施文化教学时,教师应从宏观入手,帮助学生掌握文化学习的整体性。整体文化输入原则包括纵向和横向两个维度,从纵向来看,文化的形成是一个源远流长的过程,时间横跨古今,学生应该对文化的生成和发展脉络有一种清晰的把握;从横向来看,文化具有多样性,不同的文化具有不同的特色,所以文化的输入类型也应是兼而有之的。

另外,为了提高学生在跨文化交际中的文化自信心,教师应该引导学生尊重母语文化,适度适时地宣扬母语文化中的精华部分。但是,教学内容应保持理性中立的态度。总之,教师不应该将教学孤立起来,应注重引导学生关注文化的整体性,即整体地输入古今中外文化。

从文化支配地位的角度来看,文化分为主流文化和非主流文化。主流文化是当前社会提倡的文化,是大多数人认可的文化。在英语教学中实施文化教学时,教师应该选择具有广泛代表性的主流地位文化来进行输入,从而使学生更能适应当下的社会生活。

二、高校英语教学跨文化转型与创新的策略

有理念,就有方法论。方法形成之后,也不是恒定的,会随着理念的变化而变化。既然高校英语文化教学的理念在广泛传播,那么它的实施方法就需要被探讨。概括而言,高校英语文化教学的实施方法主要有以下几种。

(一)文化导入与比较分析

1. 说明策略

在中国,学生一直浸润在母语环境中,周围的英语环境极其缺乏,甚至是空白的,因此学生对很多文化背景知识可能是不太了解的。当学习材料中的文化背景知识影响到学生对学习材料的理解时,教师可以对有影响的文化背景知识做一些说明介绍。教师的说明介绍最好安排在讲解学习材料之前的一段时间进行,以便为学生理解学习材料做铺垫。要将说明介绍的工作做好,教师需要提前在课外时间做好准备工作,搜集一些与教学内容相关的典型文化知识,并通过自己的消化理解将其恰当地应用到课堂之中。通常情况下,教学材料中的作者、内容和事件发生的时代可能都蕴含着一定的文化内涵,学生必须广泛学习这些背景知识,否则就难以准确理解所学材料。例如,当学生读到《21世纪高校英语》第一册第十单元 Cloning: Good Science of Bad Idea 中的 "Faster than you can say Frankenstein, these accomplishments, triggered a worldwide debate(不等你说出弗兰克斯坦,这些成果就已经引发了世界范围的大辩论)" 这句话时,可能不明白如何解释 Frankenstein,因此也不明白整句话的意义。在这种情况下,教师需要介绍以下三点与理解该材料有关的背景知识。

(1)英国女作家 Mary.W.Shelley 写了一部科幻小说,并以自己的名

第二章　跨文化视域下高校英语教学转型与创新分析

字为这部科幻小说命名,而这部小说描写了一位发明怪物并被它消灭的年轻医学研究者,名字叫做"Frankenstein"。

(2)在英语中,有个成语为"before you call say Jack Robinson(开口讲话之前)","Faster than you can say Frankenstein"就是根据这个成语创造出来的。

(3)文章中的人物是在一定的社会背景下出现的,当时克隆技术大肆蔓延,作者极度担心克隆技术会对人类社会造成重创,这一担心又得到了世界上已经掀起的大辩论的证明,因此读者就将克隆技术与小说情节相联系起来。

2. 比较分析策略

有比较,就有结果。只有在比较中,事物的特性才会表现得更加明显。经过了不同的历史轨迹,中国和西方国家在长时间的历史积淀中形成了不同的文化。因此,在高校英语文化教学中,教师可以通过母语文化和英语文化的明显比较,来让学生更加深刻地认识母语文化和英语文化。在跨文化交际中,学生也因此就提高了文化敏感性,会更加重视文化对于交际的影响,从而减少甚至避免文化差异引起的交际冲突。打个简单的比方,问别人的行程和年龄在中国是很正常的,但是在西方人眼里是对隐私的侵犯。

在外研社版的《高校英语》第三册第四课 *Darken Your Graying Hair, and Hide Your Fright* 中,主人公这么介绍了自己:"I have a wife, three daughters, a mortgaged home and a 1972 'Beetles' for which I paid cash."中国学生乍一看,主人公开着德国大众"甲壳虫"汽车,这在中国国情下不是很多人能够担负起的,因此就会认为这位主人公过得比较富裕。但是,读者要从站在西方社会背景下去审视这个问题,西方国家的汽车就如同中国的自行车一样普遍,"甲壳虫"汽车空间小又省油,是中、低收入家庭的首选车型。了解了这一点后,中国学生才发现自己的认识偏差,原来主人公的介绍是表示家庭成员较多,生活比较紧张。另外,在消费观念上,中国人比较保守,一般不会提前预支,并且还会对未来的生活支出做好规划和准备;但是英美人倾向于提前消费的方式,如分期付款、抵押贷款等。这就是文化差异在消费观念上的体现。

(二)发挥外教的作用

客观条件优越的学校可以适当地聘请一些外籍教师授课。外教的到来对高校英语文化教学具有以下几个作用。

1. 外教对学生的影响

外教不仅可以提升学生的英语学习兴趣,还能真正促进学生跨文化交际能力的提高。外教作为异域文化中的成员,比较能够引起一批学生的好奇心,这些学生在与外教接触和交流的过程中增强了对英语口语表达的信心,还能收获课堂上学不到的社会文化背景知识,能真正提高英语文化敏感度和英语交际能力。另外,学校可以定期利用外教组织英语角,这样就为学生创造了纯正地道的英语环境和文化环境,有利于英语听力和口语能力的提高,从而使得跨文化交际能力得到提升。

2. 外教对于教师的影响

在中国的大环境下,很多中国英语老师虽然出身于英语专业,集各种英语等级考试证书于一身,但是由于口语的练习机会很少,英语口语表达能力依然比较欠缺。而外教来到学校以后,这些中国英语教师因为教学工作的关系,就获得了许多与外教直接交流的机会,外教可以帮助他们纠正发音上的错误,帮助他们锻炼英语口语表达能力。另外,外教是在另外一种不同的文化氛围中成长和学习的,其教学模式可能更加有趣、生动,中国的英语老师就可以汲取他们教学模式中的优势,也有利于提高教学水平。

当中国教师的跨文化交际能力和英语教学水平提升以后,直接的受益者就是学生。中国教师的跨文化交际能力提升了,就能在教学中更有效地提升学生的跨文化交际能力,能取得更好的教学效果。

如果外教的学校教学工作让他们获得了良好的感受,外教往往会把国外教育行业的朋友或者机构等介绍给学校,这样学校就可以通过夏令营、冬令营的形式和国外的教育行业进行互访、学习和交流,从而提高学生的跨文化交际能力。

(三)师生之间进行互动

教师要努力尝试通过和学生的互动来实施高校英语文化教学。教学的本质决定了教学不应该是单向行为,而是双向行为。因此,高校英语文化教学应该真正回归到教学的本质上来。互动法的完美落实,需要教师做好一些功课。首先,教师要培养学生正确的文化心态,使学生平等看待一切文化。其次,教师要营造平等、自由和开放的互动氛围,鼓励倾听和表达,使得学生尽情发挥,畅所欲言。在互动过程中,教师和学生扮演不同文化中的角色,使学生理解外来文化。

(四)设置多种文化形式

以多种形式实施高校英语文化教学,就相当于一碟开胃菜,形式可以多样化。例如,在教材中设立文化专栏,在课外组织参观文化展览,举办英语文化主题讲座,或组织文化表演等。教师也可以将优秀的但是传播度不高的英语书籍介绍给学生,并以书中的文化知识为主题开展讨论、戏剧表演、知识竞赛等活动。这些活动都需要在教师的指导和监督下进行,以便活动真正实现高校英语文化教学的目的。以戏剧表演为例进行说明,微型剧包括3~5幕,每一幕包含一两个文化事件,学生在参与戏剧的过程中,可能会出现一些文化误读的现象,通过讨论、学习之后,就能找出文化误读的根本原因,从而学习了文化知识。

第四节 影响高校英语教学跨文化转型与创新的因素

语言与文化密切相关,文化对语言有着重要的影响。文化不同,其影响下的语言也不尽相同。在高校英语教学中,了解中西方语言与文化差异,有助于了解英汉语言的规律与文化习俗,明确产生差异的原因。本节就对这些因素展开分析和探讨。

一、影响高校英语教学跨文化转型与创新的语言差异因素

(一)词汇差异

对于英汉语言来说,词汇是其组成的细胞,且英汉两种语言中的词汇是非常丰富的。但是,这种丰富性也导致了英汉词汇在词义、搭配、构词方式等层面的差异性。

1. 词汇意义差异

(1)完全对应。在英汉两种语言中,有些词在词义上是完全对应的,一般这类词包含名词、术语、特定译名等。例如,"paper"指代纸,"steel"指代钢。

(2)部分对应。在英汉两种语言中,有些词呈部分对应,即有些英语词词义广泛,而汉语词词义狭窄,有些英语词词义狭窄,但汉语词词义广

泛。例如,"sister"既代表姐姐,又代表妹妹;"red"既指代红色,又可以指代紧急、愤怒、极端危险。

（3）无对应。受英汉文化差异的影响,英汉语中很多专门的词在对方语言中找不到对应词,就是所谓的"无对应",也可以被称为"词汇空缺"。例如,"chocolate"即巧克力,"hot dog"即热狗。

（4）貌合神离对应。在英汉两种语言中,有些词表面看起来是对应的,其实不然,这种对应的词语可以称为"假朋友"。例如,"grammar school"是为升大学的学生设立的中学,而不是"语法学校";"talk horse"吹牛,而不是"谈马"。

2. 词汇搭配能力差异

词汇的搭配研究的是词与词之间的横向组合关系,即所谓的"同现关系"。一般来说,搭配是约定俗成的,但是英汉搭配规律存在着明显的规律,不能混用。例如：

as plentiful as blackberries 多如牛毛

black tea 红茶

另外,很多词具有很强的搭配能力,如英语中的"to do"可以构成很多词组。"To do the bed"意思是铺床,"to do the window"意思是擦窗户,"to do one's teeth"意思是刷牙,"to do the dishes"意思是洗碗碟。通过上述"to do"组成的这些词语可以看出其搭配能力的广泛,可以用于"床""窗户""牙""碗碟"等,但是汉语中与之搭配的词语不同,用了"铺""擦""洗"等。

再如,汉语中的"看"也是如此。看电影即"see a film",看电视即"watch TV",看地图则为"study a map"。

3. 特殊词汇差异

由于英汉不同民族对数字词的偏好不同,引申出的数字词的文化内涵也存在明显的差异。下面就对一些具体数字词的文化内涵进行比较。

（1）英汉数字词差异

① "one"与"一"。

英语中的"one"作为所有数字中的第一个,将其视为"万数之首"。英语中的"one"代表开始,是万物的起源。例如,西方毕达哥拉斯学派曾经就试图用数字对一切进行解释,并认为"one"是万物的本源,并从数产生出点、线、面、体等。英语中的"one"可以代表"统一""同一",代表的是一致的概念。例如：

one and the same 同一个

at one 完全一致

英语中的"one"可以代表"少"的概念。例如：

One flower makes no garland.

一朵花做不成花环。

对于中国而言，从古代到今天，中华民族经历了太多的分分合合，从分裂走向联合，并且每一次的联合不仅是力量的凝聚，更是人们意志力的团结。中华民族在政治上逐渐实现高度的统一。下面具体分析"一"的含义。汉语中的"一"可以代表开始。例如，中国的老子在《道德经》中说道："一生二，二生三，三生万物。"在老子看来，一切事物都包含有"一"的性质或者成分。汉语中的"一"可以代表"统一""同一"。例如，"万众一心"的说法是数字"一"的运用。汉语中"一"可以代表"少"的概念。例如，在汉语中有"一目十行"等的说法。

除了上述相似之处外，英语中的 one 与汉语中的"一"也存在一些明显的不同。例如，汉语中"一"可以和一些词搭配产生新的意义，但是这些意义在英语中很难找到与之对应的成分。例如：

once 一旦

to go far ahead the others 一马当先

②"two"与"二"。

英语中的"two"既有消极意义，也有积极的意义。

第一，英语中的"two"可以代表人神的结合。例如：

Two's company, three's none.

两人结伴，三人不欢。

第二，英语中"死亡"一词是"die"，而"dice"是"die"的复数形式，因此在英语民族眼中，"two"代表的寓意是不详。例如，古罗马人将2月份视作祭奠日；毕达哥斯拉将"2"视作"邪恶、不和"。

另外，由于两美元的钞票很容易让人想到纸牌中的"deuce"（厄运），因此美国人常常将两美元的钞票撕掉一角，期望能够将厄运摆脱。例如：

It makes two to tango.

有关双方都有责任。

Two of a trade never agree.

同行是冤家。

在汉语中，从哲学上来说，我国古代神话传说中盘古开天辟地，将原始混沌一分为二。在这种二元思想的影响下，中国人将偶数视为吉利和美的数字，并给与了"二"很多美好的寓意。

第一,"二"常用于名字上。为了追求好的运气,中国人尝使用"双""对"这样的字,如李对红、李双双、李小双等。

第二,"二"常用于成语中。例如,汉语中有很多与"二"相关的成语,并且与美好、吉利联系起来,如"两全其美""比翼双飞""智勇双全""双面佳人"等。

第三,"二"也常用于传统佳节中的赠礼,一般送双份礼物,表达对礼物赠送对象的祝福。中国的诗歌也非常看重对偶、对仗等修辞。同时,中国建筑的布局也多为对称格局,这体现了汉民族对双数是非常看中的。

当然需要指出的一点是,"二"还有一些负面的意义。例如,说某人是"二愣子"的意思就是说他"傻"。

③ "three"与"三"。

受古希腊、古罗马神话的影响,西方文化中的"three"是尊贵的代名词,即用"three"象征神性的例子有很多。例如:

All great things go by threes.

所有好事都以三作为标准。

Number three is always fortunate.

第三号一定运气非常好。

可见,"three"在西方人眼中是一个完美的数字,也体现出他们对"three"的偏爱,具有崇高的颜色。

对于数字"三",中国人认为"三"就代表着多,即多数、多次的含义。例如:

三番五次

三令五申

三人行必有我师焉

三个臭皮匠,赛过诸葛亮

除了这一点,"三"还有神圣、圆满的含义,是吉祥的意思,这一点在中国的礼节中多有呈现。例如:

三叩首:结婚时,夫妻需要敬拜

三呼万岁:古代臣子面见皇帝时高呼的口号

三纲:古代的君臣关系、父子关系、夫妻关系

三族:祖孙三代,即父、子、孙

另外,数字"三"与"生"谐音,在粤语中体现得更为明显,因此中国广东人、香港人特别喜欢"三",在挑选号码时也都崇尚这个数字组合。例如:

第二章 跨文化视域下高校英语教学转型与创新分析

"13"：一生

"1314"：一生一世

"5201314"：我爱你一生一世

④"four"与"四"。

在西方人眼中，"four"是非常受人们欢迎的，其与"three"一样，被认为是方形的代表，因此是非常全面和稳固的。在西方人看来，人们生活的世界都离不开"four"这个数字，因此也诞生了很多与"four"相关的语言。例如：

four leaf clover 幸运草

on all fours 完全吻合

foursquare 诚实坦率的

在中国人眼中，"四"与"死"谐音，因此中国人对于"四"这个数字是极度厌恶的。人们在选择门牌号、车牌号时，也避开这个数字。

在一些喜庆的场合，人们也会避讳这个数字。例如：

"十四"：实死

"五十四"：吾实死

另外，在日常语言中，人们会经常运用一些与"四"相关的变异的表达。例如：

四面楚歌：四面都有敌人，表达一种孤立无援的情况

四眼鸡：戴有色眼镜的人

需要指出的是，"四"也不是完全都是贬义，也存在褒义颜色，表达一种齐全与圆满，如"四平八稳"等。

⑤"five"与"五"。

英语中与"five"相关的习语并不多见，因为西方人认为"five"这个数字很不吉祥。并且，英语中"five"的构词能力与其他数字而言是较少的。但是，英语中的"星期五"这个词的用法与意义却很多。例如：

Girl Friday 得力助手（尤指女秘书）

Man Friday 男忠仆

在汉语中，数字"五"有着特别重要的意义。在中国古代，有"五行"之说，即"金、木、水、火、土"这五大元素。在这五行之中，五大元素相克相存。同时，"五"在数字一到九中居于中间，是奇数，也是阳数。五行相克展现了中华民族的辩证思维的体现，呈现的也是汉民族的价值观，具有深远的哲学意义。另外，汉语中与"五"相关的说法还有很多。例如：

五官：耳、眉、眼、鼻、口

五常：仁、义、礼、智、信

五味：酸、甜、苦、辣、咸

五义：父义、母慈、兄友、弟恭、子孝

五服：斩衰、齐衰、大功、小功、绍麻

五音：宫、商、角（jué）、徵（zhǐ）、羽

此外，数字"五"常与其他数字并用，如"三五成群""五湖四海""三皇五帝""五花八门"等。

总体来看，汉语中数字"五"的意义一般为褒义的，但是也有人因为数字"五"与"无""乌"的发音相似，因此开始讨厌数字"五"。

⑥"six"与"六"。

在西方文化中，"six"与中国的"六"的寓意完全相反。在西方人眼中，"six"是一个凶数。英语中与"six"相关的习语大多都包含贬义颜色。例如：

six of one and half a dozen of the other 半斤八两

at sixes and sevens 乱七八糟

hit sb for six 给……以毁灭性打击

be six feet under 归西

在中国文化中，数字"六"与"禄"谐音，因此寓意平安、福禄，被中国人视为吉祥与顺利。从古至今，人们都喜欢用"六"来表达美好的事情与事物。例如：

身怀六甲：古代妇女怀孕

六合：天、地、东、南、西、北

六畜兴旺：各种家禽、牲畜繁衍兴旺

现如今，人们生活中也会选择与"六"相关的数字，甚至会不惜花钱买这样的数字组合。例如：

"168"：一路发

"66899"：路路发久久

⑦"seven"与"七"。

在西方文化中，"seven"是一个十分吉利的数字，含有圆满、幸运的意思。这是因为，上帝用七天创造了世界，圣母玛利亚有七件高兴的事情。因此，西方文化中的善事、美德等都与"seven"有着紧密的练习，且诞生了很多与"seven"有关的习语。例如：

Keep a thing seven years and you will find a use for it.

东西保存时间长了，总会派上用场的。

另外，人们熟悉的一些品牌也都用上了"seven"。例如：

Seven Friday 手表品牌

第二章 跨文化视域下高校英语教学转型与创新分析

Seven Stars 七星服饰

在中国人眼中,"七"是比较忌讳的,如人死后的第七天被称为"头七",七七四十九天会还魂,家属需要告慰亡魂。正是有着这样的寓意,因此中国人避讳送礼送七件,而往往选择八件。

在办喜事时,人们也不会选择有"七"的数字,宴席也不会用七道菜等。

农历七月七是中国人熟知的日子,但是在这样的日子中,人们是不会选择办喜事的,这源自于牛郎与织女的典故。因为每年这一天,牛郎与织女会相会,人们相信如果这一天下雨,那么必定是二人的眼泪,表达一种伤心之情。另外,与"七"相关的很多习语也都包含贬义的颜色。例如:

七拼八凑:胡乱凑合,将零落的东西胡乱凑起来

七零八落:零散的样子,原来整齐的东西现在更零散了

⑧ "eight"与"八"。

在西方人眼中,竖立摆放的"8"是幸福,横着摆放的"8"是无穷,二者相加则代表"无穷无尽的幸福"。因此,人们争相追逐"8",甚至会影响到生子的时间。

中国人眼中的数字"八"象征着满足,无论是工作上的满足、生活上的满足,还是名誉上的满足等。在民间,数字"八"的谐音也很丰富,并受到人们的欢迎,尤其很多商人为了博取好彩头,不惜代价买与"八"或"8"相关的东西。例如:

"158":要我发

"918":就要发

"888":发发发

另外,数字"八"还是"四"的倍数,因此有了完美、周到的含义。例如:

才高八斗:一个人知识丰富、文采卓越

八菜一汤:用来招待客人的传统礼节

在西方文化中,"eight"的谐音也具有褒义颜色,是一个吉祥的数字。同时,由于"8"是由两个"0"构成的,因此被认为对两性具有特殊的意义,是和谐稳定的符号。

⑨ "nine"与"九"。

在西方人眼中,"nine"是"神数",与"three"有着同等重要的地位,且"nine"是"three"的三倍,而任何事强调"三位一体",这才能达到一个完美的统一,因此"nine"有了完美、圆满的意义。例如:

nine pins 保龄球的九个瓶装木柱

a cat has nine lives 猫有九命

在中国古代文化中,数字"九"被认为数之极,即"天数",表达了多的含义。例如:

九曲回肠:忧虑到了极点,痛苦到了极点

九重霄:极高的天空

另外,中国古代文化中的"九"还非常得神秘,是龙或蛇图腾化的文字,也正因如此才演化出尊贵与神圣的含义。皇帝喜欢用"九"象征自己的权利与地位。例如:

九五之尊:古代帝王的尊位

九宗七祖:祖宗的全称

⑩"ten"与"十"。

毕达哥拉斯学派指出,在自然数中,"十"是前四个自然数相加所得的数字,是完美、全体的象征。在英语中,与"ten"相关的表达有很多,且有着特别的意义。例如:

the upper ten 社会精英

ten to one 十之八九

同样,在汉语中,"十"代表十全十美,并且汉语中有很多与"十"相关的成语,如"十全十美""十年树木"等。

可以说,数字"十"是中国人民族性格的一个重要组成部分。例如,北京有"十里长街",南京有"十里秦淮",上海有"十里洋场",花有"十大名花"等。

(2)颜色词差异

①"black"与黑。

对于"黑",《说文解字》中是这样定义的:黑,火所熏之色也。《辞海》也对其进行注释,将其解释为煤炭一般的颜色。

英语中《朗文当代高级词典》(Longman Dictionary of Contemporary English)中将"black"定义为:夜晚或煤炭的颜色(the dark color of night or coal)。

大体上说,无论在英语还是汉语,黑色的内涵基本相同。例如,黑色代表着悲哀,在葬礼上,英美人、中国人都习惯穿黑色服装、佩戴黑纱。同时,黑色也代表着黑暗、恶势力,如汉语中的"黑帮""黑社会",英语中的"black money"(黑钱)、"black day"(凶日)等。

但是,除了这些相似之外,关于"黑",英汉两种语言中也存在着一些差异。

与汉语中的"黑"相比,英语中的"black"有其自身独特的内涵。这主要可以在《圣经》中呈现。在《圣经》中,"black"象征着魔鬼与不幸,

第二章 跨文化视域下高校英语教学转型与创新分析

因此"black"在西方人的眼中是一种禁忌颜色,因为出现这一颜色,就意味着灾难即将到来。例如:

black words 不吉利的话
black death 黑死病
black Man 恶魔
black mail 敲诈
black sheep 败家子

除此之外,"black"还有愤怒的意思。例如:

a black look 怒气冲冲地看着
black in the face 脸色铁青

在中国古代,黑色是尊贵的代表,也是铁面无私、阳刚正义的化身,这里的黑色蕴含着褒义的颜色。尤其在戏剧脸谱中,佩戴黑色脸谱的人象征着憨直与刚正不阿。

另外,由于黑色本身有黑暗的意思,因此其也有贬义的一面,是恐怖、阴险的代表。例如:

黑心肠:阴险毒辣的人
黑名单:持有不同政见的人的名单
走黑道:干违法的勾当的人
黑店:干杀人越货勾当的人
黑市:进行非法交易的地方
黑钱:利用非法的手段获得的钱财

② "white"与白。

对于"白",《说文解字》中是这样解释的:白,西方色也。《辞海》认为"白"如同雪一样。

英语中《朗文当代高级词典》将"white"界定为:牛奶、盐、雪一样的颜色(the color of milk, salt and snow)。

对于"white",西方人除了表达真正意义的"白",还将其化身为高尚、纯洁、吉利、公正的代名词。在西方人眼中,白色是令人崇拜的颜色。

根据《圣经》记载,以色列人祭拜上帝的供品全都是白色的,基于这一寓意,白色就被认为是节日的颜色,且终于好兆头相关联。

正是由于白色象征着纯洁、光明、和平、善良等,因此英语中有很多与white相关的词汇。例如:

Snow White 白雪公主,是善良、聪明的化身
white wedding 穿着白色婚纱的婚礼,主要是新娘的装束
white sheep 白色的绵阳,指善良、美好的东西

white man 高尚的人

white soul 心灵纯洁

white handed 正直的人

当然,西方的"white"并不完全都是用作褒义的,也可以用作贬义。例如:

white feather 懦弱,不是指代白色的羽毛

white hot 愤怒的,不是指代白热

white faced 脸色苍白的,不是皮肤是白色的

在汉语中,白色有着不吉祥的寓意,如"白事"就是丧事的意思。一般在办丧事的时候,家里人会贴上白纸、带上白帽、穿上白衣,这样表达对逝去之人的尊重与悼念。除此之外,白色还有其他的寓意。例如:

白痴:智力低下的人

白虎星:旧时候的一种迷信,即给人带来祸患之意

白干:费力不讨好,或者出了力未收到明显的效果

白区:非常腐败与反动,也是落后的代名词

除了这些贬义含义,白色也有着褒义的一面。因为白色代表着明亮、干净,因此人们形容一个人纯洁可以说"洁白如玉"。白色还有光明、善良的意思,因此人们称医院的医生、护士为"白衣天使"。

③ "red"与红。

对于"红",《说文解字》是这样解释的:红,帛赤白也。《辞海》中认为"红"是如血、火一样的颜色。

英语中《朗文当代高级词典》将"red"解释为:血或火的颜色(the color of blood or fire)。

如前所述,西方文化大多源自《圣经》,且与现实密切相关。在西方文化中,"red"与鲜血的颜色是一样的,而鲜血在西方人眼中,象征着"生命之液",如果献血流淌出来,就意味着生命将会凋谢。因此,"red"就有了危险、暴力的含义。著名翻译家霍克斯在他的《红楼梦》译作中,由于知道"red"有这层含义,因此并没有把名字中的"红"翻译成"red",而是采用了《石头记》这一曾用名,即翻译成了 The Story of the Stone。

另外,在有些方面,"红"会给人带来厌恶与忧愁之感。例如:

red district 红灯区,即指代城市中从事色情活动的地方

red-tape 官僚作风,指办事拖拉、手续繁琐、不讲究效率

red-neck 乡巴佬,指的是美国南部地区的红脖子人群

Red Brigade 红色旅,指恐怖组织,专门从事破坏、暴力、抢劫、杀人等活动

第二章 跨文化视域下高校英语教学转型与创新分析

在汉语中,红色代表着高贵,这源自中国古人对日神的崇拜。也就是说,太阳从东方升起,火红的颜色与高温带给中国古人神秘之感。因此,在古人眼中,红色是值得崇敬的。

在汉语中,"朱红"一般是身份地位显赫的象征,如达官贵人住的地方是"朱门",穿的衣服是"朱衣"。

另外,红色还有忠诚、喜庆、兴旺、温暖的含义,如传统婚礼中的红蜡烛、红盖头,戏曲中的红色脸谱等。可以看出,在中国文化中,红色是受到人们崇尚的颜色,是中国人物质与精神追求的体现。这也给红色带来了很多褒义的颜色。例如:

红火:生意热闹、繁华、兴旺

红军:中国建国初期的武装

走红:人的境遇逐渐变好,或者生意逐渐顺利、成功

红人:得到上司欣赏和宠信的人

分红:合作做生意而得到的经营利润

红装:女子穿着盛装

红颜:女子较好的容颜

④ "green"与绿。

对于"绿",《说文解字》中这样解释:青,东方色也。《辞海》中将"绿"等同于绿色植物的颜色。

英语中《朗文当代高级词典》将"green"解释为:青草或叶子的颜色(the color of grass and leaves)。

在英语中,"green"的基本含义为茂盛的草木的颜色,寓意青春与和平。在西方文化中,"green"有着丰富的内涵,具体来说表现为如下几点。

象征眼红与嫉妒。例如:

green as jealousy 嫉妒,十分嫉妒

green-eyed monster 妒忌

象征精力旺盛、朝气蓬勃。例如:

a green old age 老当益壮

in the green 正值青春

green shoots 茁壮成长的幼苗

象征生疏的、新手的、没有经验的。例如:

green horn 无经验的,易受骗的

green hand 新手

在汉语中,绿色不仅代表生机与希望,还代表着生态与环保。在中国古代的著作中,很多人都用"绿"指代年轻的女子。例如:

绿媛：年轻的女子

绿窗：年轻女子的住所或闺阁

绿鬓：光亮、乌黑的鬓发，也可指代年轻的容颜

同时，在中国古代，颜色与阶层有关，是政治身份的代表。例如，唐代时期，着紫色服装的为三品以上官员，着深绯色衣服的为四品官员，着浅绯色衣服的为五品官员，着深绿色衣服的为六品官员，着浅绿色衣服的为七品官员，着深青色衣服的为八品官员，着浅青色衣服的为九品官员。

近些年，由于资源浪费、环境污染的严重，生态出现了失衡的情况，人们越来越关注人与自然的和谐相处。因此，绿色也成为无污染、环保、可持续发展的代名词，如"绿色食品""绿色家电""绿色能源""绿色出行""绿色奥运""绿色包装""绿色消费"等。再如：

邮政绿色标志：畅通无阻、方便快捷

开绿灯：为人们提供方便的条件

绿色通道：为人们提供快捷的服务

当然，并不是"绿"都是褒义，其也存在着一些贬义颜色，如表达幼稚、卑贱的意思，但是只是占少数而已，如"愣头青""绿帽子"。

⑤ "yellow"与黄。

对于"黄"，《说文解字》中这样解释为：黄，地之色也。《辞海》中将"黄"等同于金子或者麦子成熟后的颜色。

英语中《朗文当代高级词典》中将"yellow"解释为：黄油、金子、鸡蛋黄的颜色（the color of butter, gold, or the middle part of an egg）。

在英语中，"yellow"代表着忧郁、猜忌等含义，也有着胆小、卑鄙的意思。在《圣经》中，犹大为了钱财而出卖耶稣，且由于犹大总是穿着黄色衣服，因此 yellow 就有了背叛的贬义颜色。例如：

yellow looks 多疑的神色、阴沉的神色

yellow dog 卑鄙的人、卑劣的人

yellow streak 卑怯、胆小

除此之外，"yellow"还有无文学价值、趣味低级的意思。例如：

yellow back 廉价的小说

yellow press 黄色报刊

在汉语中，黄色的意义很丰富，且非常重要。在古代，黄色是五个正统颜色之一，因为黄色意味着大地的颜色，因此代表的是一种尊贵的权力。也就是说，黄色一般为古代君王所有，是中央政权的集中。普通人是不能随便使用这一颜色的。例如：

黄袍：皇帝的衣服

第二章　跨文化视域下高校英语教学转型与创新分析

黄袍加身：政权变动

皇榜：皇帝颁发的诏书

黄马褂：皇帝赐给朝臣的官服

除了尊贵之意，汉语中的"黄"还有幼儿、婴儿的含义，如"黄口小儿""黄毛丫头"就是这样的代表。

⑥"blue"与蓝。

对于"蓝"，《说文解字》中这样解释：蓝，染青单也。《辞海》中将"蓝"定义为：天晴朗时天空的颜色。

英语中《朗文当代高级词典》将"blue"定义为：天晴时天空或大海的颜色（the color of the clear sky or of the sea on a fine day）。

相对于汉语中的"蓝"，英语中的"blue"含义就非常广泛。一般来说，blue 可以用来指代忧郁、不快乐的心境。例如：

a blue fit 气愤、震惊，对……不满意

in a blue mood 低沉的情绪

a blue Monday 沮丧难过的星期一

英语中还用"blue"还可以用于表示权势与地位，是贵族与王室的代名词。例如：

blue blood 贵族血统

a blue moon 难得的机会

blue-eyed boys 受优待的员工

另外，英语中的"blue"在经济用语中也十分常见。例如：

blue chip 热门政权

blue-sky market 露天市场

blue-sky law 蓝法

在汉语中，关于"蓝"的解释并不多，一般指的是天空或大海，引申含义为心胸广大、心旷神怡，是对未来美好的一种憧憬之情，如"蓝图"就是最好的例子。

（3）动物词差异

①"dragon"与龙。

英语中的"dragon"与龙的文化内涵存在明显的差异，这是最为典型的例子。在西方的神话传说中，"dragon"是一种有着巨大蜥蜴、长有翅膀、身上有鳞、具有长蛇尾、能够喷火的动物，是邪恶的代表。甚至，"dragon"被西方人认为是凶残的，应该被消灭，这在很多的古代神话人物传说中可以体现出来，很多英雄都会去剿灭这种怪物，且最后以怪物被杀作为结局。现实中，有很多与"dragon"相关的包含贬义的说法。例如：

the great dragon 恶魔撒旦的称呼

to sow dragon's teeth 播下了不和的种子

而相比之下,中国人眼中的"龙"是一个图腾的形象。在中国的古代传说中,龙能够降雨,能够上天入地,集合了多种动物的本领。中国人赋予龙吉祥的象征,并以是"龙的传人"而感到非常的自豪。在中国几千年的历史中,龙的地位一直非常高大,是至高无上的封建皇权的象征,如"真龙天子""龙袍""龙脉"就是典型的代表。

中华民族推崇龙英勇不屈的精神,也正是基于这一精神,中华民族形成了一种不屈不挠的精神观念,构成中华民族的一种道德规范。因此,在汉语中与"龙"相关的成语有很多。例如:

画龙点睛

生龙活虎

龙腾虎跃

龙飞凤舞

另外,很多人也期待自己的孩子能够成为人中龙凤,因此在起名的时候也多用龙,如"贺龙""李小龙"等。

② "phoenix"与凤凰。

在英语中,"phoenix"又可以称为"不死鸟",长满火红色或者金黄色的羽毛,是一种灵鸟。传说这种鸟可以在阿拉伯沙漠生存 500～600 年,临死前会为自己筑巢,其中铺满香料,唱出一曲婉转的歌,然后用翅膀将火扇旺,自焚而死,但三天后又会在灰烬中复生,因此英语中的"phoenix"又有复活、再生的含义。例如:

It like a phoenix, has been resurrected from the ashes of the war.

它如同传说中的凤凰一般,在战争的灰烬中又重生了。

在中国,凤凰是一种非常奇异的动物,是百鸟之王,人们认为凤凰是太平的象征,不仅会给人们带来吉祥安康,还预示着人们的美好品德。例如:

凤毛麟角:指不可多得人、珍贵的人

山窝里飞出了金凤凰:指在山村出了有特殊才能的人

同时,凤凰还被认为是幸福的化身,代表着爱情与安宁,凤凰往往与龙齐名,是阴阳两性的代表。在古代社会,龙代表的是帝王,而凤凰代表的是皇后,不仅是皇权的代表,还是夫妻恩爱的代表。

③ "monkey"与猴。

在英语国家人们的眼中,猴子被认为是聪明的动物,也被认为是爱搞恶作剧的动物,常常用来代表贪玩、爱搞恶作剧的小孩。在英语中,很多

第二章 跨文化视域下高校英语教学转型与创新分析

成语都体现了这一点。例如：

monkey around 胡闹、闲荡

monkey with 鼓捣、瞎摆弄

make a monkey of sb 戏弄某人、耍弄某人

在汉语中，猴与"侯"同音，而"侯"代表的是一种官爵，因此汉语中的猴是一个非常吉祥的动物，当人们提到猴时，往往会联想到《西游记》里面的美猴王孙悟空，也是家喻户晓的动物，备受人们的西外。在中国人眼中，猴子非常可爱、活泼，也非常聪明。

④ "dog"与狗。

狗在英汉民族都非常常见，虽然他们对狗的指称意义是一致的，但是对养狗的态度与目的不同。

在英语民族，"dog"的地位是非常高的，它们不仅用于打猎、看家，还往往是为了陪伴。有的人没有儿女，往往用"dog"来替代，他们的"dog"往往有很多特权与优待，有吃有穿，还有音乐家为其专门谱的"狗曲"，生病时还往往请兽医来诊治，还会请专科医生、心理学家来疏导与治疗。如果主人外出，它们还可以享受假期待遇。可见，在英语民族的眼中，"dog"的地位是非常强大的，因此也诞生了很多与之相关的短语。例如：

Lucy is a lucky dog.

露西真幸运。

Every dog has its day.

人人都有得意的一天。

相比之下，中国人眼中的狗是令人讨厌的动物，代表着龌龊、肮脏。很多与狗相关的语言都是用来骂人的。例如：

狗仗人势

狗急跳墙

鸡鸣狗盗

狗胆包天

狼心狗肺

狗眼看人低

狗嘴里吐不出象牙

⑤ "owl"与鹰。

在古希腊、古罗马神话故事中，"owl"往往在雅典娜女神旁边栖息，因此英语中的"owl"代表着智慧，是一种智慧之鸟，如果禽兽之间发生冲突，往往会请"owl"来裁决，紧要关头也需要"owl"来救助。例如：

as wise as an owl 像老鹰一样有智慧

He peered owlishly at us.

他机智地审视着我们。

在汉语中,猫头鹰的形象则是完全不同。由于猫头鹰往往在夜间出没,且往往盘旋于坟地上方,发出的叫声也比较凄惨,因此中国人认为猫头鹰是不吉利的。民间甚至有这样的传说:如果猫头鹰在谁家的树上降落,或者谁听到了猫头鹰的叫声,那么就意味着他或她将要面临死亡。这样一来,人们将猫头鹰与厄运、倒霉等联系起来,认为猫头鹰是不祥的,也诞生了很多与之相关的说法。例如:

夜猫子进宅,无事不来

夜猫子进屋,全家都哭

夜猫子抖搂翅,大小有点事儿

⑥ "whale" 与鲸。

whale 的体型非常巨大,富有极多的脂肪,如果被抓获,那么就意味着收获颇多。因此,英语中的 "whale" 意味着美好、吉利的事情或人。例如:

whale on skating 滑冰高手

a whale of a chance 非常好的机会、极好的机会

a whale at tennis 擅长网球的人

在中国,国人对鲸鱼的利用价值并不是非常在意,而是在意它的食量,这也许与中国人长期受粮食问题困扰有关。因此,鲸鱼往往代表的是以强食弱、欲壑难平。例如:

大则鲸吞盘踞

蚕食鲸吞

这些词语都比喻在兼并土地的时候,像鲸鱼一样吞食或大口地咽下。

⑦ "bull" 与牛。

在英语国家,牛不被认为是农家宝,而是一种食物。他们眼中的牛有着满身的缺点。例如:

like a bull at a gate 凶悍、狂怒

a bull in a china shop 闯祸的人、鲁莽的人

throw the bull 说胡话、胡言乱语

John Bull 约翰牛,鲁莽的人、躁动不安的人

相比之下,中国是一个农业大国,种植水稻历史悠久,人们对牛的感情颇深,被人们认为是农家宝。甚至,在《牛郎与织女》这一民间传说中,牛郎与牛相依为命,牛为主人的幸福奉献自己。

另外,牛还有着忍辱负重的意思,如"孺子牛"被认为是甘于为人们

第二章 跨文化视域下高校英语教学转型与创新分析

奉献的人。虽然也有"牛脾气"这样的说法，但是只能说这是一个中性的意思，牛的形象在中国人的心中非常高大。

⑧ "cat"与猫。

在西方文化中，"cat"代表着魔鬼的化身，在中世纪，是巫婆的守护神，尤其是黑色的"cat"，更让西方人躲避，非常厌恶。因此，英语中常使用"cat"一词代表包藏祸心的人。例如：

Andy is a cat.

安迪是一个邪恶的人。

在中国文化中，猫一般是精灵、可爱的代表。中国人对猫是非常喜欢的，因为猫可以和主人作伴、可以消遣，还能够抓老鼠，非常实用。

⑨ "bat"与蝙蝠。

在西方的传说中，"bat"是一种邪恶的动物，往往与黑暗有着密切的关系。英语民族一提到"bat"，往往会联想到"vampire"，即吸血蝙蝠。传说中的"vampire"会在夜间离开墓地，去吸食人们的鲜血，让人们感到非常恐惧，对它也是非常厌恶的。英语中很多成语都表明了这一特点。例如：

crazy as a bat 如同蝙蝠一样的疯狂

as blind as a bat 如同蝙蝠一样瞎

但是，在汉语民族中，蝙蝠给人的感情是不一样的，由于其与"福"字的发音相同，因此被人们认为是健康、幸福的代表。在中国的很多传统画作中，蝙蝠与鹿往往被放在一起，意味着"福禄"，代表荣华富贵，保佑人们能够福禄安康。同时，又因为"红蝠"与"洪福"谐音，因此红色的蝙蝠更为吉利。

⑩ "magpie"与喜鹊。

在英语汇总，"magpie"象征着唠叨、饶舌，同时还代表杂乱与混杂。例如：

Lucy kept muttering like a magpie.

露西象喜鹊一样在那吵闹。

Andy is a magpie.

安迪是一个饶舌的人。

to magpie together 鱼龙混杂

a magpie collection 大杂货堆

相比之下，在汉语中，喜鹊代表吉祥，它的叫声能够给人们带来喜讯。例如：

晴色先从喜鹊知

鹊声喧日出

破颜看鹊喜,拭泪听猿啼。

（4）植物词差异

① daffodil 与水仙。

英语中的 daffodil 是道德的象征,代表的是一种自我欣赏、傲慢、自尊自大。在希腊神话中,那喀索斯（Narcissus）是一位美少年,但是他只爱惜他自己,对他人不关心,回声女神厄科向他表达爱意,他直接拒绝了她,之后厄科逐渐憔悴,躯体消失,只留下山林中的回声。爱神阿佛洛狄特为了惩罚那喀索斯,让他迷恋上自己的倒影,最后憔悴而死,死后化成了水仙花。因此, daffodil 有了与 narcissus 同样的寓意。

另外,英语中的 daffodil 还可以代表春天与活力。例如:

I wonder'd lonely as a cloud

That floats on high o'er vales and hills

When all at once I saw a crowd,

A host, of golden daffodils;

Beside the lake, beneath the trees,

Fluttering and dancing in the breeze.

汉语中的水仙花是"花草四雅"之一,在我国已经有 1000 多年的培育历史了,从宋朝以来,出现了很多对水仙花歌颂的诗词。水仙花在诗词中被认为是"凌波仙子",代表的是轻盈漫步的仙子,因此有了"高雅、脱俗"的含义。

② crab apple 与海棠。

英语中的 crab apple 与我国的海棠品种不同。英语中的 crab apple 只有山楂子树,口味比较酸涩,人们常用其来比喻"孤僻的人、性格不随和的人"。例如,《造谣学校》中有这样一句 "...with his odious uncle, Crabtree"（带着他那讨人厌的叔叔）。

在汉语中,海棠是娇艳动人、风姿绰约的代表,其中有的红中有白,有的白中泛红,如同少女的脸颊。因此,海棠花的第一个寓意就是"美貌"。例如,唐朝何希尧的《海棠》中有"著雨胭脂点点消,半开时节最妖娆"。诗人将半开海棠的娇娆展现在读者面前,其如同一位娇羞的少女,在春雨中那样的楚楚动人。

另外,海棠花的第二个寓意是春天来临,给人以春色盎然的感觉。例如,宋朝王诜的《海棠》中有"海棠开后月明前"的诗句。

③ rhodora 与杜鹃。

英语中的 rhodora 代表的是"美丽",有这样的一首诗。

第二章 跨文化视域下高校英语教学转型与创新分析

Rhodora! If the sages ask thee why
This charm is wasted on the earth and sky,
Tell them, dear, that if eyes were made for seeing,
The beauty is its own excuse for being.

在汉语中,杜鹃不仅指的是杜鹃花,还指杜鹃鸟。传说杜鹃花是由杜鹃鸟啼血演变而来的。杜鹃花有"花中西施"的称呼,并被后人传诵。唐代诗人白居易对于杜鹃就非常热衷,他做过很多与杜鹃相关的诗词。例如:

谪仙初堕愁在世,姹女新嫁娇泥春。
日射血珠将滴地,风翻火焰欲烧人。
闲折两枝持在手,细看不似人间有。
花中此物似西施,芙蓉芍药皆嫫母。

这首诗最能体现白居易对杜鹃的喜爱。

④ "willow"与柳。

英语中的"willow"指代的是悲伤、悲哀的文化意义,尤其指代丧失配偶等忧伤的心情。例如,"the green willow""to wear the willow"都代表悲伤与失恋。

在汉语中,杨与柳可以混称为一种植物,即杨柳,其文化寓意也非常丰富。其一,柳与"留"谐音,因此代表一种离别、留恋的意思。古代人往往用折柳代表赠别。其二,寄托思念,如"杨柳依依,今我来思"表达的是戍边战士对家人的一种思念之情。

同时,汉语中的柳还可以表达女人的美貌。例如:

柳腰:指代女子柔软的细腰
柳眉:指代女子美丽的眉毛

(二)句法差异

在英语中,句法起着十分重要的作用。了解中西句法的不同特征,有助于更好地进行英汉互译。中西句法的差异有很多,这里主要从语态、句子重心两个层面入手分析。这些差异也反映出使用不同语言的民族思维方式与文化心理结构的不同,因此是值得了解与研究的。

1. 语态差异

中西方思维模式的不同也必然会影响着语态的选择。通过分析英汉语可知,英语善用被动语态,而汉语善用主动语态。

(1)汉语善用主动语态。在做事层面,中国人侧重动作执行者的作用,即所谓的重人不重事儿。在语言使用中也是如此,中国人更习惯采用主动语态来表达,以陈述清楚动作的执行者。

但是,汉语中也存在被动语态,主要来表达不希望、不如意的事情,如受祸害、受损害等。受文化差异的影响,汉语中的被动语态往往比较生硬。例如,"饭吃了吗?"这句话虽然使用被动语态表达,但是显得非常别扭,甚至很难读,因此应改为:"你吃饭了吗?"

(2)英语善用被动语态。西方人对于物质世界的自然规律是非常看重的,习惯弄清楚自然现象的原理。在语言表达上,他们习惯采用被动语态来对活动、事物规律或者动作承受者加以强调,对于被做的事情与过程非常看重。

从语法结构上说,英语中存在十多种被动语态,且时态不同,其被动语态结构也存在差异。例如:

Apple trees were planted on the hill last year.

去年山上种了很多苹果树。

这个句子为一般过去时态,其被动语态表达的也是过去的情况。

2. 句子重心差异

在句子重心上,汉语句子一般重心在后;英语句子则与之相反,一般重心在前。也就是说,汉语句子一般把重要信息、主要部分置于句尾,而次要信息、次要部分置于句首。英语句子一般将重要信息、主要部分置于主句之中,位于句首。例如:

He was repeatedly defeated though he fought over and over again.

He fought over and over again though he was repeatedly defeated.

这是源于一个传说,清朝末期,湘军头领曾国藩围剿太平军的时候,接连失败,甚至有一次差点丢了性命。于是,他向朝廷报告战事时说:"屡战屡败",翻译成英语为第一句话。但是他的军师看到了这一点,立即将其改为"屡败屡战",即第二句话。

从字面看,这两句话中用了同样的词,只是更改了语序,但是含义却大相径庭。"屡战屡败"说明曾国藩一直失败,丧失信心,甘愿领罚;而"屡败屡战"则说明曾国藩是一个忠肝义胆的汉子,应该受到朝廷的褒奖。正是由于军师巧妙地更改,不仅保全了曾国藩的面子,也救了他的命。因此,在翻译时,也需要注意重心的问题。

(三)语篇差异

对于英汉两种语言来说,语篇即语言的运用,是更为广泛的社会实

第二章 跨文化视域下高校英语教学转型与创新分析

践。在中西语言中,语言是词汇、句子等组合成的整体,是实际的语言运用单位。人们在日常交谈中,运用的一系列段落都属于语篇。同时,语篇功能、语篇意义等都是根据一定的组织脉络予以确定的。中西语篇在组织脉络上存在着明显的差异,这些差异影响着人们的谋篇布局。基于此,本节就对中西语篇差异展开分析和探讨。

1. 逻辑连接差异

(1)隐含性与显明性。所谓隐含性,是指汉语语篇的逻辑关系不需要用衔接词来标示,但是通过分析上下文可以推断与理解。相反,所谓显明性,是指英语中的逻辑关系是依靠连接词等衔接手段来衔接的,语篇中往往会出现"but、and"等衔接词,这可以被称为"语篇标记"。汉语属于意合语言,英语属于形合语言,前者注重意念上的衔接,因此具有高度的隐含性;后者注重形式上的接应,逻辑关系具有高度的显明性,例如:

跑得了和尚,跑不了庙。

The monk may run away, but never his temple.

上述例子中,汉语原句并未使用任何连接词,但是很容易理解,是明显的转折关系。但是,在翻译时,译者为了符合英语的形合特点,添加了"but"一词,这样才能被英语读者理解。

(2)展开性与浓缩性。除了逻辑连接上的显明性,汉语中呈现展开性,即常使用短句,节节论述,这样便于将事情说清楚、讲明白。英语在语义上具有浓缩性。显明性是连接词的表露,是一种语言活动形式的明示,但是浓缩性并未如此。英语具有独特的思维方式与语言特点,这也决定了表达方式的高度浓缩性,习惯将众多信息依靠多种手段来思考,如果将其按部就班地转化成中文,那么必然是不合理的。例如:

She said, with perfect truth, that "it must be delightful to have a brother," and easily got the pity of tender—hearted Amelia, for being alone in the world, an orphan without friends or kindred.

她说道,"有个哥哥该多好啊,"这话说得入情入理。她没爹没娘,又没有亲友,真是孤苦伶仃。软心肠的阿米莉亚听了,立刻觉得她很可怜。

上例中,with perfect truth 充当状语,翻译时,译者在逻辑关系上添加了"增强"的逻辑关系。英语介词与汉语介词不同,是相对活跃的词类,因此用 with 可以使感情更为强烈,在衔接上也更为紧密。相比之下,汉语则按照语句的次序进行平铺,这样才能让汉语读者理解和明白。

(3)迂回性表述与直线性表述。英汉逻辑关系的差异还体现在表述的直线性与迂回性上。汉语侧重铺垫,先描述一系列背景与相关信息,最

后总结陈述要点。英语侧重开门见山,将话语的重点置于开头,然后再逐层介绍。例如:

Electricity would be of very little service if we were obliged to depend on the momentary flow.

在我们需要依靠瞬时电流时,电就没有多大用处。

上例中的逻辑语义是一致的,都是"增强",但是在表述顺序上则相反。英语原句为主从复合句,重点信息在前,次要信息在后,在翻译成汉语后,则次要信息优先介绍,而后引出重点信息,这样更符合汉语的表达。

2. 表达方式差异

(1)主题与主语。汉语属于主题显著语言,其凸显主题,结构上往往包含两个部分,一部分为话题,一部分为对话题的说明,不存在主语与谓语之间的一致性关系。英语属于主语显著的语言,其凸显主语,除了省略句,其他句子都有主语,且主语与谓语呈现一致性关系。对于这种一致关系,英语中往往采用特定的语法手段。例如:

The strong walls of the castle served as a good defense against the attackers.

那座城墙很坚固,在敌人的进攻中起到了很好的防御效果。

显然,英语原句有明确的主语,即"The strong walls of the castle",且其与后面的谓语成分呈现一致关系。相比之下,翻译成汉语后,结构上也符合汉语的表达,前半句为话题,后半句对前半句进行说明。

(2)客观性与主观性。中国人注重主观性思维,因此汉语侧重人称,习惯采用有生命的事物或者人物作为主语,并以主观的口气来呈现。西方人注重客观性思维,因此英语侧重物称,往往采用将没有生命的事物或者不能主动发出动作的事物作为主语,并以客观的口气加以呈现。受这一差异的影响,汉语往往以主体作为根本,不在形式上有所拘泥,句子的语态也是隐含式的,而英语中的主被动呈现明显的界限,且经常使用被动语态。例如:

These six kitchens are all needed when the plane is full of passengers.

这六个厨房在飞机载满乘客时都用得到。

显然,英语句子为被动式,而汉语句子呈现隐含式。

二、影响高校英语教学跨文化转型与创新的文化差异因素

在文化和社会交往的基础上形成的社交礼仪,毫无疑问,带有民族文化特色的烙印。下面从如下几个层面来探讨社交文化差异。

第二章 跨文化视域下高校英语教学转型与创新分析

（一）社交称谓差异

纵观中国的历史可以发现,社交称谓语的使用较多反映了社会中的不同人际关系。在官本位思想的深刻影响下,中国古代人在社会交往中往往以官职相称,这在古代人看来是对他人表达尊敬的一种方式。即便在当前社会,人们在与有官职的人交际时仍然会以职务相称。有的时候为了表示自己的尊敬,在称呼时还特意将"副"字去掉。

在西方国家,社会交往中用职务来称呼对方的情况是十分稀少的,仅有少数职务可以用于称谓,以下说法在西方基本是不存在的。

Bureau Director David 大卫局长

Manager Jack 杰克经理

Principle Aaron 艾伦校长

1. 自称与谦称

所谓自称,即自己称呼自己的用语。中西方自称的使用频率都是最高的。

在中国文化中,从广义上而言,自称包括谦称,因为谦称也是自己称呼自己的一种方式。不过,从狭义上来看,二者的区别还是很明显的。谦称显然表示的是一种谦虚的态度,但自称并不能体现这种态度,并且有时候人们的自称还可能体现出自负的不良态度,如老子、老娘等。另外,汉语中的自称用语分类十分详细,人的年龄、身份、地位不同,所使用的自称也是不同的。

受中国传统文化的深刻影响,中国人在交谈过程中往往使用谦卑的态度,同时表达对对方的尊敬,因而在社交称谓上就形成了大量的尊称。例如：

晚生—先生

犬子—令郎

贱内—夫人

下官—大人

上述社交称谓语在英语中是基本找不到对应用语的,西方人受自己国家文化的影响,在某些情况下对中国的上述称谓语并不能很好地理解,尤其是无法理解谦称词语的文化内涵。

在西方文化中,自称的用语比较少,如"I、we",基本不会将"one、yours truly"等用于自称。

2. 他称称谓语与尊称

所谓他称，指的是交际过程中涉及的第三方所使用的称谓用语。

在中国文化中，如果交际过程中涉及了第三方，往往会根据其性别、身份、职业、年龄、亲疏关系等来使用相应的称谓语，即尊称。通常而言，汉语中的尊称往往会用"令"或"尊"置于官职名或者亲属称谓语前。

在西方文化中，历史上常见的他称有如下几种："his/her majesty his/her honor his/her lordship."

上述他称往往用于王室成员、社会名流、达官贵人等之间的人际交往中。此外，由于英语国家很少使用尊称，因而并没有相应的尊称称谓语。

（二）问候与告别差异

1. 问候

问候作为对交际对方的一种关怀的话语，起着维系人际关系的作用。但是，在不同的文化环境中，人们问候的方式和内容是不同的。在中国，人们将问候视为开启一段交际关系或者营造良好感情氛围的手段，比较注重的是问候的方式，不太注重问候的内容。人们通常会就事论事或明知故问，被问候的人可以回答也可不回答，只要说话人表示的关心到达被问候人那里就行了。

在西方，人们的问候显得随意，问候内容不具体，通常根据对方的接受程度来决定问候的内容。

2. 告别

中国人和西方人在告别方式上有以下几种不同点。

第一，告别的理由。中国人很照顾对方的感受，即使在告别时也经常说"打扰您太长时间了"。西方人告别的原因有时候是客观事件，有时候是主观想法。

第二，告别语。中国人在告别时通常会表达自己的关切，如"保重""一路小心"等。西方人在告别时通常表达一种祝愿，如"Goodbye"表达的就是"God be with you."

第三，告别时的评价。中国人不会将当前感受表现出来，并且总是出于一种客套而发出再次邀请的信息，如"有空常来呀"这类话。英语国家的人在道别时很注意对双方接触的评价，以表达愉快相会的心情。他们的再次邀请都是出于真实想法，时间是明确的。

(三)请求和拒绝

1. 请求

总体来讲,中国传统文化讲究含蓄、收敛,这表现在请求方面就是间接暗示。当然,请求的发出方式还和社会地位、辈分有着直接关系。一般而言,地位较低者对地位较高者、幼者对长者通常是间接地提出请求。他们在提出请求之前,先详细交代请求的原因、背景等内容,以便请求具备一种较强的合理性,也容易被接受。但是,地位较高者向地位较低者、年长者对年轻者通常是直接地提出请求,因为双方都认为这是合情合理的。西方人在提出请求时也要参照社会地位的高低,除此之外,还要考虑双方关系、性别、年龄和请求实现的难度。为了表示礼貌和尊重,他们也经常使用间接方式提出请求。被请求者的社会地位越高、年龄越大、涉及的内容越特殊或困难,间接或暗示的程度就越大。

2. 拒绝

在中国,地位较低者在拒绝地位较高者时,一般要使用"道歉"语;反之,则不用。在西方,人们的平等意识较强,不同地位的人在拒绝他人时都使用"道歉"语。

第三章　跨文化视域下高校英语教学转型与创新实施路径

作为英语基础知识,词汇和语法是英语语言系统中十分重要的组成部分,词汇是构建英语大厦的基石,语法则是词汇组成句子、段落与语篇的规则,如果不能掌握词汇和语法知识,则不可能有效运用英语。词汇和语法也是高校英语教学中教师教学和学生学习的重要内容。听力与口语属于口语交际的重要层面,对交际的展开起着决定的作用,进而对人们的日常生活产生影响。随着国家之间交往的日益紧密,具备一定的听说能力非常必要。因此,我国各大高校对高校英语听说教学是十分重视的。相应地,在跨文化视域下,高校英语读写译教学同样有着重要意义。本章就对跨文化视域下高校英语教学转型与创新实施路径展开分析。

第一节　高校英语听说教学

随着社会的发展,英语听力和口语在社会交际中的作用越来越明显,社会需要具备英语听力能力和口语表达能力的人来与其他国家和民族进行交流和沟通。在实际的听说交际过程中,必然会涉及各种文化因素,如果不了解语言所承载的文化信息,将很难理解其意思,也难以表达自己的思想,交际也就无法顺利进行。对此,英语教学应顺应教学改革的发展趋势和社会的要求,在英语听说教学中恰当地融入文化知识,从而培养学生的文化素养,促进学生听说能力和跨文化交际能力的提升。

第三章　跨文化视域下高校英语教学转型与创新实施路径

一、高校英语听力教学

（一）英语听力教学

1. 什么是"听"

在学者罗宾（Rubin,1995）看来，"听是一个包含主观能动性的过程，它涉及听者信号的主动选择，然后对信息进行编码加工，从而确定正在发生的事情以及发话人想要表达的意图。"①

理查兹和施密特（Richards & Schmidt,2002）对"听力理解"进行了专门的探讨，他们认为，"听力理解涉及的对象是第一语言和第二语言，所要做的事情就是弄懂这两种语言。但是，对这两种语言的理解是有本质区别的。其中，对第二语言的听力理解比较关注语言的结构层面、语境、话题本身以及听者本身的预期。"②

"听"不是单一的，是连续不断的一种处理过程，包含以下部分。

（1）如何将语音进行划分。
（2）如何对语调形成一种认识。
（3）如何对句法进行详细的解读。
（4）如何把握语境。

大多数时候，上述过程是在人们的无意识中悄悄进行的。

此外，两位学者还就"听"和"读"的联系与区别进行了阐释，并认为与"读"相比"听"的作用更加显著，具体包含以下几点。

（1）让人感受到一种韵律的美。
（2）让人产生一种对追逐速度的急切心理。
（3）对信息的加工和反馈都在最短的时间内完成。
（4）耗时较短，通常不会重复进行。

"听"与"读"都是一种对信息的输入，但是在英语听力教学中教师绝对不能将"听"看作阅读的声音版，而应该认真研究"听"的本质属性，并据此去组织教学，从而帮助学生获得一定的听力技能。

---

① Rubin, J. An Overview to "A Guide for the Teaching of Second Language Listening" [A]. *A Guide for the Teaching of Second Language Listening*[C]. D. Mendelsohn & J. Rubin. San Diego, CA: Dominie Press, 1995: 7.
② Richards, J. C. & R. Schmidt. *Longman Dictionary of Language Teaching and Applied Linguistics*[M]. London, UK: Longman, 2002: 313.

2. 什么是"听力理解"

"听力理解"呈现出以下几种特征。

（1）时效性

时效性是指听力理解要求听者在一定的时间内高效地对声音信息进行加工。要做到这一点，听者需要认识到时间的紧迫性并且能够快速地判断。声音信息输入的流线型特点也同样要求听力理解具有时效性。听力理解是否具备时效性，往往成为衡量一个人听力能力的一个关键指标之一。

（2）过滤性

过滤性是指听者在听力理解的过程中能够准确地筛选出有用的信息，而剔除那些无用的甚至是干扰的信息。简单来讲，过滤性就是"抓关键信息"。

显然，听者不需要原原本本地将听力内容在头脑中放映一遍，但是必须能够把握住听力内容的中心思想。因为听力理解的内容是一连串连续性的语言符号，人们必须从整体上把握内容，而不是孤立地关注某一个音素。想要把握听力内容的中心思想，不偏离听力内容的大方向，就必须先获取发话人的"主题"，然后围绕这一主题探索事件的时间、地点、过程以及发话人的思想情感等边缘要素，主题和边缘要素存在着一种内在的连贯性。

（3）即时性

即时性是指听力理解无法提前安排和计划，都是随时进行、随时结束的。这就使得我们不可能提前对听力理解进行演练，从而导致了听力理解的不可预知性，这正是它的难点所在。

（4）推测性

推测性是指听力理解是通过推理进行的。其实说到底，只要是含有理解的行为，就少不了推理的存在。说得具体一点，推理就是依靠自己的主观能动性不断验证先前的假设的认知过程。

在一次完整的推理中，有两个环节是必不可少的。首先是预测将要发生的事情，其次是对结果进行推断。当然，这两个环节有其存在的前提，也就是我们不能做无缘无故的预测，那是妄想，而是要根据已有的知识经验来推测未知的事物。并且已有的知识经验和未知的事物之间是有着内在关联的，听者就是需要通过这些显性或者隐性的关联来寻找发话人的信息，从而推测相互发话人的意图。

（5）情境性

情境性是指听力理解是发生特定的时间、场合之下，时间、场合就构成了听力理解的情境。随着时间和场合中任何一方面的改变，情境就会改变，这就引起了不同听力情境的发生。听者之所以要关注听力理解的情境，是因为这些情境中包含着很多重要细节，它们决定了听者对话语意义的理解，同时也为即将产生的话语提供理解的线索。

（6）共振性

"共振性"这一概念应该是从物理学中移植过来的，表示一种瞬间感应性。听力理解具有共振性，是指听力理解是在对应原则的基础上发生的，有着自己独特的经验和惯性。

具体来讲，在听力理解中，一些新信息不断地刺激大脑，从而激活大脑中的已有知识，新知识和已有知识之间的交流就是共振。那也就意味着，你拥有的知识总量和你的感知能力的高低是成正比的，和你的共振效率也是呈正相关的。听力理解的共振性和信息加工理论中的"编码—解码"程序具有很大的关系。

3. 听力训练的形式和方法

（1）听—画：学生边听英语，边画出相应的图画。

（2）听—视：学生边看黑板上的图画，边听老师讲。有条件的地方可利用投影仪、幻灯片或录像机进行视听训练。

（3）听—答：老师对听的内容进行提问，要求学生口头回答。

（4）听—做：教师根据所听的内容发出指令，要求学生做出相应的行动或表情，如"Show me how David felt when he met Jane at the airport."老师使用课堂用语时向学生发出的指令也应属于此类，如"Come to the front."

（5）听—猜：学生在听前根据老师的"导听问题"（guiding questions）提示，并结合已学的知识对所听的内容进行预测。

（6）句子段落理解：教师放录音或口述句子、段落。学生一边听，一边看教师示范教学各句意思以指出或举起相应的图画或做相应的动作来表示；教师用手势画出单词重音、语调符号和节奏，让学生模仿。

（7）短文理解：学生先听录音，然后根据短文的内容，进行形式多样的练习帮助听力理解，如听录音回答问题，听录音做听力理解选择题，听录音判断正误，听做书面完形填空练习，复述短文大意，做书面听力理解练习题等。

（8）课文听力训练：教新课文之前，先让学生合上书本，听两遍课文录音,或听教师朗读课文;讲课文时,教师一边口述课文,一边提出生词,利用图片、简笔画、幻灯或做动作向学生示意,帮助学生达到初步理解的目的;学生根据课文内容进行问答,如就课文中生词或词组提问、就课文逐句提问、就课文几句话或一段话提问等。

4. 听力训练的原则和要求

(1)熟练掌握英语课堂用语,尽可能用英语组织教学。

(2)充分利用音像手段(如录音机)和软件资料进行大量的听力训练。

(3)遵循循序渐进的原则,听力训练时听力材料难度应该由浅入深,语速由慢到快,长度由短到长。

(4)尽量将听与说、读、写等活动结合起来进行训练。

(5)结合语音语调的训练,特别是朗读技巧(单词重音、句子重音、连读、辅音连缀、停顿和语调)来训练听力。

(6)听前让学生明确目的和任务。

(7)把培养听力技巧(辨音、抓关键词、听大意、听音做笔记等)作为教学的主要目标。

(8)布置适量课外听力训练。

(二)英语听力教学中的文化因素

学生在中学甚至小学时期已经学习了多年英语,对语音、词汇、语法和句型等都有了一定程度的掌握,因此很多学生甚至教师都认为,掌握了这些内容足以提高听力水平。英汉民族文化存在较大的差异,这给语言交流造成了很大的困难,对听力的有效进行以及英语听力教学的开展都造成了一定的影响。因此,要想切实提高英语听力能力,并运用这一技能进行跨文化交际,就要加深对西方文化的了解和认识,从深层次上提高英语听力能力。

1. 词语文化内涵差异层面

在听力学习过程中,很多学生都反映有的听力材料看上去并不复杂,也没有生词,语言结构也不复杂,但在听的过程中总觉得晦涩难懂,无法理解其内涵。这种情况主要是由于对词语的深层文化内涵不理解造成的。例如:

Wendy: What do you think of Vicky?

Chad: She is a cat.

Question: Does Chad like Vicky?

第三章 跨文化视域下高校英语教学转型与创新实施路径

对于学生而言,上述对话没有任何陌生单词,理解起来并不难,但是学生在回答的过程中往往会出现错误。这主要源于中西方文化的差异。在中国,猫是可爱温顺、讨人喜爱的动物,但在西方国家,猫有着另外一层文化含义,指心存险恶的女人。上述对话中的"She is a cat."实际上是说Vicky是一个狠毒、心怀叵测的女人。由此可见,很多理解障碍并不是由语言本身引起的,而是由对西方文化的不了解引起的。因此,在英语听力教学中,教师应注意教授学生一些相关的文化知识,培养学生的文化素养,从而切实提升学生的听力能力。

2. 社交差异层面

学生学习英语听力是用来社交的,如果不了解中西方社交差异,将会对其交际过程产生不利的影响。中西方社交差异存在于多个方面,其中在俚语的表达方面就有体现。英语的俚语相当于我们的歇后语,蕴含着发人深思的内涵。例如,"fill someone in"的真正含义是"告诉某人,让他了解一些状况"。由于我国学生对英国的社交文化不了解,很容易逐词逐句地将其理解为"把某人填进去",这必然会对听力产生影响。

除了上述两个方面,英汉的思维模式差异、历史背景差异、地理环境差异等都会对听力有着重要的影响,在具体的教学中,教师应尽量全面地丰富学生的文化知识,提高学生的文化素养,为学生听力能力的提升排除文化障碍。

(三)跨文化视域下英语听力教学的原则

1. 激发兴趣原则

听力能力的提高需要一个过程,不能一蹴而就,而且需要不断的练习和努力,很多学生由于自己听力能力不佳,加上进步缓慢,因此对听力学生缺乏兴趣。可见,兴趣对于英语听力学习至关重要,对此教师在开展英语听力教学时要有意识地激发学生的兴趣,也就是遵循激发兴趣原则。具体而言,教师在进行听力教学之前,首先要充分了解学生的兴趣所在,即了解学生对哪些听力活动和听力内容感兴趣,然后以此为依据来调整教学内容和教学方法激发学生的听力兴趣,调动学生的积极性,进而提高学生的听力水平。

2. 情境性原则

听力是交际的重要方式,学生只有在自然、真实的环境中,才能与环境产生相应的互动,获得真实的语言体验。很多教师往往都有这样的感受,即教师竭尽全力鼓励学生参与课堂获得,但学生依然对听力学习缺乏积极性,课堂教学沉闷。实际上,良好的课堂氛围需要师生共同营造,教师应该与学生积极沟通,充分发挥自己的主导作用和学生的主体作用,应在活跃、自然、民主的课堂环境,创建英语语言情境,进而培养学生的听力能力。

3. 综合原则

英语包含四项基本技能,即听、说、读、写,这几项技能之间并不是相互独立的,而是密切联系、相互促进。所以,教师要想切实提高听力水平,就要重视听力与其他技能之间的关系,将输入技能训练和输出技能训练相机合,培养学生的综合英语能力。

4. 注重情感原则

在教学中,教师除了要注重学生学习本身外,还要重视学生的情感体验。具体而言,教师要为学生创造一个轻松、愉快的课堂环境。例如,教师在听的过程中可以穿插一些幽默小故事、笑话、英文小诗、英文卡通或英文歌曲等,也可以根据实际情况改变听的形式或更换听的内容等,努力消除学生因焦虑、害怕等产生的心理障碍,创造和谐的学习氛围,使学生获得良好的学习体验,进而提升学生的听力水平。

5. 强化文化背景知识原则

语言与文化密切相关,很多英语词汇、短语、句子等都蕴含着丰富的文化信息,如果不了解语言背后的文化信息,将很难理解其内在含义,更无法有效进行交流。可以说,很多听力材料背后都蕴含一定的文化知识,学生如果没有掌握必要的文化背景知识,即使听懂了个别甚至全部语句,也不一定能完全理解材料所隐含的深层文化含义,进而影响对材料的准确理解。因此,在英语听力教学中,教师必须重视强化学生的英美文化背景知识,提高学生对文化知识的敏感度。

(四)跨文化视域下英语听力教学的方法

1. 技能教学法

听力的有效进行是需要一定的技巧的,因此在英语听力教学中,教师应向学生介绍几种常用的听力技巧。

(1)听前预测

在进行听力之前,进行一定的预测是很有必要的。在教学中,教师可

第三章　跨文化视域下高校英语教学转型与创新实施路径

以指导学生在正式听听力材料之前,先了浏览听力问题,据此预测听力测试的范围,如地点、时间、人名等,这样可使听力更具针对性。

（2）抓听要点

在听的过程中,要学会抓听要点。也就是抓听交际双方言语活动中的主要内容、主要问题、主题句和关键字等,对于一些无关紧要的内容则可以不用重点去听。

（3）猜测词义

听力过程中不可能听明白每一个词,而且有时难免会遇到陌生的单词,此时如果停下来思考这个词的意思,就会影响整个听力材料的理解。这时可以继续听,通过上下文来猜测词义,这样既不会中断思路,也能流畅地理解听力材料内容。

（4）边听边记

听力具有速度快和不可逆转性的特点,听者在有限的时间内不可能听懂和记住所有的内容,此时就需要借助笔记来辅助听力活动,也就是边听边记录。听力笔记不需要十分工整,听者自己能看明白即可。

2. 文化导入法

（1）通过词汇导入

在英语听力教学中通过词汇向学生导入文化知识,不仅可以提高学生的文化意识和素养,还能丰富学生的词汇量,为听力能力的提高奠定基础。例如,"狗"这一动物在中国文化中多具有贬义色彩,从"狗腿子""狗拿耗子"等表达中就能看出,而在西方文化中,"dog"深受人们的喜爱,被人们当作好朋友。在听力教学中,有意识地扩大词汇量,丰富学生的词汇文化知识,将对学生听力能力的提升大有裨益。

（2）通过网络多媒体导入

现代信息技术的发展促使网络开始普及,而且在各个领域发挥巨大作用。在信息化时代,教师可以充分利用多网络技术向学生输入文化知识。

3. 电影辅助法

英语电影能够营造真实、生动的听力环境,而且能够帮助学生更好地了解西方文化,从中体会中西方文化差异,进而提高跨文化交际能力。因此,将英语电影运用于英语听力教学,可有效激发学生的学习兴趣,提高教学的效率和学生的听力水平。具体而言,可采用以下步骤开展教学。

（1）观赏影片前

在观赏影片之前,教师和学生需要做一些准备工作。这些准备工作是指,在选定影片之后,教师要为学生布置好与电影主题相关的作业,鼓励学生在课下通过网络搜集一些与电影背景相关的信息,通过此方式加深学生对影片的了解。在临近观看前,教师要对影片的相关内容进行介绍,并提出相关的拓展学生思维的问题,如影片中有哪些俚语以及主角的爱好等,从而引导学生带着问题和好奇心去观看影片。准备工作完成之后,学生在了解影片的基础上,边观看影片边解决问题,以期达到更好的学习效果。

(2)观赏影片中

在观看影片的过程中,教师可选择和运用影片中某个经典片段的放映来指导学生进行精听。精听要求学生听清每一个词、短语和句子,清楚每一个情节。通过精听,教师可以更好地引导学生学习影片中的语言。在精听的同时,教师还可以采取泛听的方法,让学生了解影片的故事梗概。此外,在播放影片的过程中,教师可以根据学生的英语水平和影片中的相关内容适时暂停影片,提醒学生影片中的一些关键对话,辅助讲解一些俗语、委婉语、禁忌语等,同时分析其中所涉及的中西方文化差异,帮助学生掌握语言精华,培养跨文化意识。

(3)观赏影片后

在影片结束之后,教师可以有针对性地进行扩展活动,即选择影片中的经典情节,组织学生进行角色扮演,从而巩固学生的听力水平,锻炼学生的表达能力,提高学生发音的准确性,培养学生的语感,同时树立学生的信心,促使学生合作学习。另外,教师可以鼓励学生谈论影片的主题及意义,引导学生撰写影评,这样可以巩固学生通过影片所学的词汇、语法等知识的运用,进而提高学生的写作水平。

总体来说,英语电影语言丰富,情节生动,深受学生的喜爱,将其运用于英语听力教学,能够为学生营造一个真实的语言环境,锻炼学生的听力能力。但是需要注意的是,采用电影辅助法开展英语听力教学,在选材上要多加留意,选择那些语音纯正、用词规范、内容健康的经典影片,这样才能让学生学到地道的英语表达,提高学生的听力水平。

4.游戏教学法

学生"说不出,听不懂"的问题依然是英语听力教学中的重要问题,而基于信息技术的发展,游戏教学法成了听力教学的突破口。游戏教学法寓教于乐,能有效激发学生参与听力教学的积极性,促使学生实现知识能力的自我构建。

第三章 跨文化视域下高校英语教学转型与创新实施路径

具体而言,学习目标的设计涉及以下三个问题。

(1)交互式游戏教学环境的构建问题。

(2)学生参与交互式游戏教学的积极性和主动性问题。

(3)交互式游戏教学的效果问题。

在开展游戏教学时,还要对教学对象,即学生进行分析,了解学生的学习需求、学生感兴趣的内容等,进而实施因材施教,确保教学效果。

《王者荣耀》这款游戏深受学生的喜爱,对此教师可以依据这款游戏来开展英语听力教学。具体而言,教师可根据游戏中玩家写作和竞争的模式,设计角色扮演的游戏教学程序。

二、高校英语口语教学

(一)英语口语教学

口语作为一种日常交流与沟通的重要工具,在英语教学领域是非常重要的。口语这一技能与其他技能具有交叉、重叠的关系,英语教师在进行口语教学的过程中,往往也会涉及其他教学技能的掌握。

对于学习英语口语的学生而言,要想使用英语进行口语表达,首先就需要掌握一些英语的基础知识,如英语的节奏感、语音、语调、元音、辅音等,同时还需要掌握一些会话的技巧,如在交际过程中如何礼貌打断他人,如何有礼貌地回复他人等。可见,英语口语能力的提升并不是一件容易的事情,学生除了要掌握发音,还要掌握这门语言的功能和其他方面的知识内容,如这门语言背后的社会习俗、文化背景、交际方式、社会礼仪等。可见,语言交际是上述所有内容的一种综合体现,看似简单,其实相对复杂。

人们对口语能力这一概念的不同理解通常会带来不同的教学效果。英语作为一门语言,是随着社会的发展而发展的,其学习理念同样也会逐渐变化。以前,人们认为英语教学的理念就是发展学生的语言能力,让学生掌握基本的语音、词汇、语法、句法,学生只要对这些知识有了充分的掌握,就可以流利地使用这门语言进行沟通与交流。然而,现实情况往往与人们想当然的情况大相径庭,而这种理念引导下的教学结果的弊端也越来越大。

20世纪七八十年代,西方国家涌现出大量的移民,在美国、新西兰、加拿大等国家都是如此,在这一现状的影响下,语言学领域的研究者以及作为一线工作者的教师对语言学习的传统模式有了很大的意见,他们的理念开始发生转变。这些人认为,学生只掌握语言的语音、词汇、语法等知识并不能真正地学会英语,也不意味着可以流利地开口讲英语,甚至不能利用自己所学的这门语言在社会上谋生。

随后,学者以及教师开始将英语语言能力看作交际能力的一个组成部分。有的学者认为,交际能力是语言学习者与他人利用语言这门工具所进行的信息互动,进而生成一种有意义的能力,这种能力区别于做语法、词汇知识选择题的能力。然而,学习者如果想要获取更加高级的交际能力,就必须对所使用语言的社会环境、文化环境有一定的了解。社会语言能力往往指的是使用语言的人在不同的场合与环境中运用语言的能力,这一能力涉及的层面如下所示。

(1)语域,即正式语言或非正式语言的使用。
(2)用词是否恰当。
(3)语体变换与礼貌策略等。

(二)英语口语教学中的文化因素

文化差异对口语交际有着重要的影响,对英语口语教学的影响也是显而易见的,因此教师在开展英语口语教学时要让学生了解文化差异所产生的影响,培养学生的文化差异意识。

1. 词汇内涵差异层面

词汇是人们撰写文章、口语表达思想的基础,要想准确地传递信息和情感,首先要掌握大量的词汇,并且要了解词汇的含义,包括基本含义和内在文化含义。如在汉语文化中,"马"(horse)被人们视为朋友,属于积极进取、奋发图强、吃苦耐劳、勇往直前的正能量代表,如"马到成功""龙马精神"等都表达了这一象征意义。但在英语文化中,"horse"常被当作普通的喻体而已,和马毫无关系,如"white horse"(泡沫翻腾的浪峰)、"horse of another color"(完全不同的另一回事)等。

2. 语用规则差异层面

语言交际是有一定的规则,即语用规则。如果不了解英汉语用规则,就会对交际造成影响。例如,在寒暄方面,中国人见面习惯说"吃过了吗"表示关心。这样的表达并不在于"吃饭"本身,而是一种招呼用语,有着类似于"你好"的问候语义,相当于英语中的"hello"。但是在西方国家,如果听到"Have you eaten yet?"时,会理解为对方想请他吃饭,然后会做出回应:"Thank you, it is very kind of you."对此,在英语口语教学中,

第三章 跨文化视域下高校英语教学转型与创新实施路径

教师应向学生介绍英汉语中的语用规则和英汉语用规则的差异,以免学生在交际实践中出现误解而影响交际。

3. 地理环境和气候条件差异层面

地理位置不同,其气候条件也不同,这会对文化产生一定的影响,进而在语言中有所体现。例如,英语是个岛国,多面环海,处于温带海洋性气候带,气候四季温暖。受地理环境和气候条件的影响,英国降雨频繁,随时都有可能下雨,因此人们常随身带伞。基于这一背景,在日常生活中就不宜跟英国人开关于天气的玩笑,否则会导致交际失败或者引发冲突。

(三)跨文化视域下英语口语教学的原则

在英语口语教学中进行文化渗透,教师应遵循科学的教学原则,以有效提高学生的口语水平,提升教学的效率。具体而言,可遵循以下几项原则。

1. 先听后说原则

在英语语言技能中,听和说相辅相成,听是说的基础,俗话说"耳熟能详",只有认真听、反复听、坚持听,才能最终说一口流利的英语。因此,英语口语教学应当坚持先听后说原则,即教师首先应注意加强学生听的能力,其次才是说的能力。只有坚持先听后说原则,才能帮助学生掌握正确的发音,为训练口语能力打下良好基础。

2. 循序渐进原则

口语能力的提升需要一个很长的过程,不可能一蹴而就,因此在英语口语教学中,教师应遵循循序渐进原则,即由易到难、由理论到实践,层层深入,逐步提升学生的口语能力。我国的学生来自全国各地,不仅英语水平参差不齐,发音也会受方言的影响,因此教师在口语教学的过程中首先应该解决学生语音、发音层面上的问题与困难,纠正他们的错误发音,让学生根据从简单到复杂的程序,从语音、语调、句子、语段等逐步进行锻炼。另外,教师在安排与设计教学步骤时也要遵循科学原则,充分把握难易程度。如果教学目标定的太高,学生学习起来会有压力,如果目标定的太低,学生学习起来会缺乏挑战性和乐趣,因此教学目标设计要适度,符合学生的实际水平。

3. 内外兼顾原则

所谓内外兼顾原则，是指考虑问题时要顾及内、外两个方面。在这一原则的指导下，教师在英语口语教学的过程中不仅要重视课堂教学，而且还需要引导学生合理利用课外活动来练习口语。事实上，学生的口语学习应该以课堂教学为主，并且将课外活动中的口语学习作为课堂学习的一种补充，二者相互促进、相互配合。在课堂教学练习的基础上，学生开展相应的课外活动，可以将课堂上所学习的知识在课外活动中进行充分实践，从而达到复习、巩固知识的目的。此外，学生在课外活动中还可以运用课堂上所学习的理论知识，将知识内容转化为技能。与课堂活动相比较而言，课外活动的氛围比较轻松，学生的心情也会十分愉悦，在这种放松的心情下来练习口语将会取得令人意想不到的效果。在课程结束之后，教师为学生安排作业与练习之前，可以将学生分组，让学生以小组为单位来完成作业，通过相互讨论小组任务，可以帮助学生提升自身的口语能力，同时也可适度加强学生的团结协作能力。

（四）跨文化视域下英语口语教学的方法

在英语口语教学中进行文化渗透需要采用科学的教学方法，将目光投向文化教学，实现口语教学与文化教学的融合，从而丰富学生的文化知识，扩大学生的文化视野，进而提高学生的口表达能力和跨文化交际能力。具体而言，教师可采用以下方法开展教学。

1. 文化对比法

英汉文化差异对口语交际有着很大的影响，因此在英语口语教学中，教师应加入中国文化元素与西方文化元素的对比，呈现中西方文化之间的差异。以饮食文化为例，西方人宴请客人时多考虑客人的口味、爱好，菜肴通常经济实惠。中国人为了表示热情好客，在请客时通常准备多道菜肴，而且讲究菜色搭配。引导学生进行文化对比，不仅能提高学生的文化适应性，也能减少汉语思维带来的影响，进而提高学生的跨文化交际能力。

2. 课外教学法

英语课程的课堂时间十分有限，学生仅仅依靠课堂上的学习时间往往很难满足自身学习任务的要求，所以教师应该引导学生主动利用一切可以利用的时间和环境来练习口语。在课外，学生学习的知识可以作为课堂教学内容的补充，如果教师能够利用丰富的第二课堂，即课外活动，

第三章　跨文化视域下高校英语教学转型与创新实施路径

那么学生自身的口语能力提升的速度也是显而易见的。例如，教师可以组织学生进行英语演讲、英语作文比赛、英语短剧表演等，让学生将自己的表演录成视频，在多媒体教室播放，学生通过观看视频来提出自己的建议与评价，这可以在短时间内提升学生的英语口语能力。此外，有条件的学校还可以邀请一些外籍教师为学生进行课外讲座，或者创办英语学习期刊、设立英语广播站等，让学生在丰富自己课余生活的同时也能体会到英语口语的乐趣，从而更加热爱英语口语学习。

3. 美剧辅助法

校园中，美剧十分流行，深受学生的喜爱。实际上，美剧并不仅是一种消遣方式，还是帮助学生认识西方文化、提高口语表达能力和交际能力的重要途径。对此，教师可以通过美剧来开展口语教学，以改善口语教学环境，激发学生的学习兴趣，锻炼学生的口语表达能力。

（1）选择合适的美剧

美剧通常语言地道、故事情节生动富有吸引力，是一种有利于激发学生兴趣的学习资料。美剧类型丰富，题材各异，不同类型的美剧对学生的口语能力所发挥的作用也不相同，因此在运用美剧开展口语教学时，教师要对美剧进行筛选，选择有利于发展学生口语水平的美剧。此外，教师还要提醒学生不要只沉浸在对美剧剧情的欣赏中而忽视对美剧中语言知识和文化背景的学习，鼓励学生带着学习动机来观赏美剧。

（2）开展层次性的反复训练

在运用美剧进行口语教学时，教师应遵循循序渐进原则，开展反复性的练习，逐步提升学生的口语能力。例如，在首次观看的时候，教师要引导学生将精力放在剧情上；在第二次观看时，教师可以引导学生对剧中的表达和语法等进行推敲；第三次观看时，教师可引导学生重点对人物说话的语气以及台词所隐含的内容进行挖掘和分析。分层逐步开展，可以有效加深的理解和记忆，对提高学生的口语能力十分有利。

（3）关闭字幕自主理解

在看美剧时，很多学习习惯看字幕，脱离字幕将无法正常观看影片，实际上这样观看美剧对提高口语表达能力并不利。在观看美剧时，学生应对台词形成自己的理解，在不偏离剧情中心思想的情况下抛开字幕自主理解，以达到锻炼英语交际思维的效果。

（4）勇于开口模仿

学生要想通过美剧切实提高口语交际能力，就要在听懂台词、了解剧情的基础上开口说，即对剧中人物的台词进行模仿。只有不断地开口练习,才能培养英语语感,增加知识储备,进而提高口语交际能力。

总体而言,采用美剧来辅助英语口语教学不仅能有效提升学生的听说能力,还能提升学生的写作能力,进而培养学生的跨文化交际能力。

4. 创境教学法

口语学习的目的是进行实际交际,所以学生只有在真实的情境中开口说英语,才能使自己的口语能力得到锻炼。对此,教师可以采用情境教学法开展口语教学,即创设真实的情境,让学生真实地环境下学习口语。具体而言,教师可以通过角色表演和配音两种活动来创设情境,锻炼学生的口语能力。

(1)角色表演

教师可以根据教学内容让学生进行角色扮演,将主动权交给学生,让学生自主分工、自行排练,然后进行表演。这种方式深受学生喜爱,不仅能缓解机械、沉闷的教学环境,还能激发学生说的兴趣,让学生在真实的社会场景中进行社交活动,锻炼口语能力。当学生表演结束后,教师不要急于评价学生,应先给学生一些建议,然后再进行点评和总结。

(2)配音

配音是一种有效锻炼学生口语能力的方式,教师可以充分利用配音活动来提高学生的口语水平。具体而言,教师可以选取一部英文电影的片段,先让学生听一遍原声对白,同时向学生讲解其中的一些难点,然后让学生再听两遍并记住台词,最后将电影调至无声,让学生进行配音。这种方式可有效激发学生开口说的积极性,而且能让学生欣赏影片的同时锻炼口语能力。

第二节 高校英语读写教学

一、高校英语阅读教学

阅读是学生学习英语时必须要掌握的一项技能,也是对学生英语水平进行衡量的一项重要指标。通过阅读,学生可以获得丰富的信息,拥有丰富的体验,感受语言带给自己的文化魅力。但是,阅读并不是简单地接收信息的过程,还是一种复杂的交际与思维活动,其不仅受到语言能力的影响,还会受到文化因素的影响。因此,在阅读教学中,只有重视对文化内容的教授,并将跨文化内容融入英语阅读实践中,才能真正地提升学生

第三章　跨文化视域下高校英语教学转型与创新实施路径

的阅读理解与应用能力。

(一)英语阅读教学

在语言学习过程中,阅读能力一直都发挥着重要的作用,因此很多国家都十分重视阅读。例如,美国做过"美国阅读动员报告",英国启动了"阅读是基础"运动,两国还投入了大量人力和财力来推动国民阅读能力的培养。在中国教育教学中,阅读能力也深受重视。关于阅读的定义,不同的学者发表了不同的看法。

纳托尔(Christine Nuttall,2002)对阅读的理解总结为以下三组词。

(1)解码,破译,识别。

(2)发声,说话,读。

(3)理解,反应,意义。[①]

"解码,破译,识别"这组词重点关注阅读理解的第一步,也是十分关键的一步,读者能否迅速识别词汇,对于阅读读者而言有着重要的影响。"发声,说话,读"是对"朗读"这种基本阅读技能的诠释,这属于阅读的初级阶段。朗读是将书面语言有声化,在各种感官的共同作用下加快对阅读内容的理解,这有助于语感的培养。通常,随着阶段的提升,读的要求会从有声变为无声。"理解,反应,意义"强调阅读过程中意义的理解与交流。在这一过程中,读者不再是被动接受阅读材料中的信息,而是带着一定的目的,积极地运用阅读技巧去理解阅读材料的主要信息。

Aebersold(2003)认为,读者和阅读文本是构成阅读的两个物质实体,而真正的阅读是二者之间的互动。

王笃勤(2003)指出,阅读是一项复杂的认知活动,是读者提取文本中的信息并与大脑中已有的知识结合,从而建构信息的过程。读者理解阅读文本的过程中主要涉及三种信息加工活动,分别是对句子层面、段落或命题层面、整体语篇结构的分析活动。

由上述定义可以看出,很多学者都认为阅读涉及读者和阅读文本,并且认为阅读是这二者之间的交流互动。简单而言,阅读就是读者积极运用已经掌握的语言知识和背景知识等对语言材料进行处理,同时获取信息的过程。

[①] 孟银连.高中英语阅读教学中文化知识教学调查研究[D].重庆:重庆师范大学,2018:10.

1. 英语阅读教学中语言处理的问题

文本是语言的载体,任何阅读文本的内容、思想都是通过语言表现出来的(梁美珍,2013:57)。但是只有把语言与内容、思维进行有机结合,才能充分领略它独有的魅力。因为从某种意义上,在一个文本中,其内容即意义是灯,语言是灯罩,而思维是影子(葛炳芳,2013:9)。阅读教学中的语言处理,应该是综合视野下的语言处理,是学生在理解文本内容和提升思维能力的过程中进行的有目的的、体验式的、语境化的语言学习。①

目前,一线教师已经开始有了在阅读教学中进行语言处理的意识,已经开始认同英语阅读教学的课堂不是只有文本信息的提取,还应有思维的培养和语言的处理。但问题是:什么样的语言需要在阅读教学过程中进行处理?什么时候处理?怎么处理?很多教师对此还不是很清楚,所以在实际操作中出现了这样或那样的问题。

(1)缺乏"赏析"意识

根据认知发展的规律,学生首先是感知语言,了解其应用范本,然后才是模仿应用(王笃勤,2012:201)。感知语言、理解其应用范本是输入,模仿与应用是输出。只有充分有效的输入才能保证最后高质量的输出。在阅读教学的语言处理过程中,学生需要在信息的提取中感知语言,在文本的评价中赏析语言,在思维的提升中运用语言。其中,教师有意识地引导学生欣赏分析文本的核心语言,体验发现语言在"表情达意示结构"中的"精、准、美",有利于学生内化目标语言,是后续有效输出的必要准备。

但是很多英语阅读课堂难觅语言赏析的踪迹,课堂的基本模式常常是"信息提取和整合加一个装模作样的语言运用和输出"。很多阅读课堂中,尽管教师没有为学生提供足够的有针对性的语言上的输入,但课堂的最后一个环节往往总有一个"高大上"的口头甚至笔头的语言输出活动。试想,没有输入,何来输出? 比如,一位教师的主要教学步骤如下:

According to the picture and the title, predict what will be talked about in the passage.

Go through the passage and find out what the story mainly tells us.

Read the passage again and answer the following question: What do the two restaurants have in common?

Predict the end of the story.

---

① 王秋红.英语阅读教学中的语言处理:理解与赏析[M].杭州:浙江大学出版社,2015.

第三章 跨文化视域下高校英语教学转型与创新实施路径

Further thinking: What would happen if they didn't change their menus? Can you offer them advice?

On the basis of your discussion, write a letter to Yong Hui or Wang Peng to share your opinion with them.

显然,本堂课中,在最后的输出活动之前,教师只为学生做了话题或信息上的铺垫,几乎没有什么语言上的输入,所以最后的输出只是为了输出而输出。实际上,有输入才有输出,输出是建立在对语言充分的感知和赏析的基础上的,所以没有了对语言的感知、赏析和内化,语言的输出活动只是"假输出"。这样的输出只是为了让一节阅读课看起来似乎"完整而又得体",而并非是学生模仿应用目标语言的平台,效果可想而知。

"也许是我们走了太久,却忘记了为什么要出发。"英语是一门语言课程,英语阅读教学承载着语言目标。但语言学习只是阅读教学中的一个重要组成部分,除此之外,还有内容目标,思维目标。正如葛炳芳(2015:18)所说的那样:"中学英语阅读教学,应当为内容而读,为思维而教,为语言而学。"

(2)缺乏"语境"意识

虽然目前很多教师开始认同在英语阅读教学中需要进行必要的语言处理,但在实际的课堂教学中,一些教师还是很难摆脱长期习惯了的"两张皮"的做法,即一堂专门的信息处理课,一堂专门的语言处理课。更有甚者,一些教师奉行"三张皮"的做法。这样的教师往往把单元第一课时设计成单元词汇学习课。课上教师根据教材词汇表(包括阅读文本中的部分词汇)进行单纯的词汇教学。在语境完全缺失的情况下,教师带领学生熟悉单词的读音、用法,并提供一些词组和例句。他们的第二课时就是信息处理的阅读课,之后就是专门处理阅读文本中语言点的第三课时。这样的语言学习,课堂容量大,学生课后的记忆负担重,但效果却不尽如人意,因为这样的教学安排人为地使语言学习脱离了语境,语言处理的过程只有教师枯燥的讲解,没有环环相扣的文本理解作支撑,没有令人愉悦的语言赏析,没有"小试牛刀"的输出和运用语言所带来的那份成就感。

(3)缺乏"目标"意识

在现实的课堂中,教师对阅读教学中目标语言往往缺少全面正确的理解,导致了阅读教学中语言处理的片面化、狭隘化。一些教师经常把阅读教学中语言处理等同于"语言点"的处理,把词汇等同于单词,而忽略词块(词组和习惯用语)的教学。其实,除了词汇,文本的语体、篇章结构、语篇的衔接与连贯手段以及修辞方式等都是阅读教学中语言处理的重要内容。课堂教学中的目标就像为夜航中的船只指明方向的灯塔,决定课堂的最终走向。课堂教学需要有教学目标的指引,同样阅读教学中的语言处理,也需要有具体的语言目标。只有这样,阅读教学中的语言处理才能做到"精""准",才能取得良好的效果。

2. 英语阅读教学中语言处理的艺术

学生学习内化语言的过程就像人们消化吸收食物的过程。囫囵吞枣式的进食,虽然也能给人维持生命的养料,但会造成消化不良,甚至厌食。阅读教学也存在着这样的问题,填鸭式流于表面的教学,让学生缺失学习的体验与享受。阅读的过程应该让学生充分理解文本的内容,品味语言的"色香味",让阅读成为一种享受,学生才能更好地吸收文本中的"营养"。

阅读是思维的过程。Anderson等(2001)对"Bloom"的认知分类进行调整,确立了认知加工的6个维度"记忆、理解、应用、分析、评价和创造",在此过程中的思维层次和要求由低级走向高级。美国心理学家加涅的学习分类理论中蕴含着一个重要观点,即学习具有层次性(邵平儿,2007),阅读教学也应遵循认知发展的规律,拾级而上,从认知理解走向评价创造。朱绍禹把阅读教学分为复述性阅读、解释性阅读、评价性阅读、创造性阅读(丛翔,2004)。因此阅读教学中的语言处理,要求教师在对文本充分解读的基础上,挖掘出文本的优势语言,定位好目标语言,然后依托文本,从信息提取中感知、理解的层面走向文本评价中欣赏、分析的层面,慢下脚步,在字里行间带领学生体验、品味语言,在思维的提升中让语言的工具性和人文性达到和谐统一,为我所用。[①]

(1)在提取信息中感知语言

语言作为工具,承载着思想,传递着信息。语言从用途上来理解,是用来交际的工具。教授一种语言,学习者必须以某种有意义的方式来经历语言(张德禄,2005)。所谓"有意义",即指语境,指语言所指向的信息。语言的学习应遵循在语境中、在信息的获取中感知语言。脱离语境、孤立地学习词汇句式等,仅仅是一种单调的记忆练习。很难使学生真正理解和掌握。俗语有云:"字不离词,词不离句,句不离篇。"作为教师应借助文本提供的语境或自行设计的与话题相关的语境,教师应帮助学生提取大脑中已有的背景知识,提取文本中的信息。在阅读教学中,这是学生理解文本内容的过程,也是学生体验感知目标语言的过程。

①在提取背景知识中感知语言。在阅读课前的热身导入阶段,教

[①] 王秋红.英语阅读教学中的语言处理:理解与赏析[M].杭州:浙江大学出版社,2015.

第三章 跨文化视域下高校英语教学转型与创新实施路径

师可根据本单元的主题和课文内容,用英语释义讲解、推进话题讨论等,让学生在真实的语境中感知目标词汇的含义。例如,描写了 Nelson Mandela,课文的引入可以采取"guessing game"的形式,以逐句竞猜伟人的方式,引出文本主题人物曼德拉。

人物竞猜游戏能有效激发学生的兴趣,并能快速引出主题人物。而在人物竞猜游戏的设计中,通过创设一个个小情境,对人物(孙中山、白求恩、甘地、曼德拉)进行描述,教师有意识地输入文本的目标语言:attack, fee, violence, equal, lawyer, guidance, legal, president,使学生能结合自己的知识储备,在对人物信息的提取中感知理解部分目标词汇的大意,并为后续文本阅读扫清部分语言上的障碍。跟进的问题有助于学生提取关于描述伟大人物的品质的词,也为学习和提炼人物描写这一语言目标打下基础。

②在挖掘文本信息中感知语言。在文本阅读环节,教师可以引导学生借助对上下文信息的挖掘,推敲前后句子的逻辑关系,加深对部分目标词汇的意义及用法的理解。如在 *A Master of Nonverbal Humor* 一文中对于 "not that" 一词的理解,借助上下文信息,可以更生动透彻地理解该词的意思与作用。

Read paragraph 1:

Q1:What does the first paragraph talk about?
What role did Charlie Chaplin play?

Q2:Usually what kind of people can make others happy and content with their lives? According to the first paragraph, what's your impression of Charlie's life?

Q1 的设计主要是让学生抓住文本中的两个动词 "brightened" 和 "made people laugh",提取信息,了解卓别林在艰难岁月中给人们以欢乐和慰藉。Q2 引导学生关注到本段内容往往会让人产生这样的印象:似乎卓别林是一个幽默快乐、生活上一帆风顺的人。

Read paragraph 2:

Q3:What's the second paragraph about?

学生通过阅读,能够比较容易地提取出本段的大意:卓别林的苦难童年。

Q4:How does the author connect the information of the first two paragraphs?

该问题旨在让学生关注此段首句"Not that"。
Charlie's own life was easy!"。

Q5: What's the function of the sentence? Is this sentence the same as "Charlie's own life was not easy"?

这样学生就会发现此句是用来承上启下的过渡句。那么他们在信息的提取中就可以自然而然地得出"not that"此处意为"I am not suggesting…; don't mistake me",它的作用就是为了提防读者产生错误印象而进行修正和说明。

（2）在评价文本中赏析语言

在感知语言的基础上,把赏析引入高中英语阅读教学,可以纠正学生原有的英语课文"枯燥无味"的错误认识,有助于学生体验语言的美感和精到,培养阅读兴趣,促进学生语言知识的习得和语言技能的发展,提升学生的语言素养和人文素养。

赏析,顾名思义,即欣赏分析,这是一种相对高级的思维活动,需要结合已有认知,对事物做出判断评价,去感受美的事物。鲁子问教授认为,作为课文的文章首先是一个独立语篇,具有自身的语义功能、语用目的和语境。因此,每一篇课文都有自己独特的语篇优势,即自身较为突出的地方,如语言优势、结构优势等（林秀华,2012）。教师应抓住这些精彩之处,带领学生去领略语篇文字的美好。

同样,在英语阅读教学中赏析语言,应建立在文本浅层信息的理解上,蕴含在对文本的评价中：提炼文本的内容观点、评价语篇的结构逻辑、分析文本的语言特色、挖掘语言的文化内涵等。刘洵、付山亮（2010）提出英语教学不仅要指导学生清楚作者表达了什么内容,而且更应该指导学生明白作者是通过哪些语言手段增强表达效果的（胡莹芳,2014）,以及为什么这样表达。

现今的阅读教学大多只停留在内容层面的表层信息的获取,而不关注语言形式和对文本内在的深层含义的挖掘。教师要从只问"是什么"转向多问"怎么样"和"为什么"。评价文本,挖掘内在的深意,正是从理解走向赏析,从"知其然"跨越到"知其所以然",体会作者的意图,走入文本的深层。教师要侧重通过问题的设置,引导学生关注作者在语言使用上的技巧,学习遣词造句、布局谋篇、表情达意的方式方法,赏析用词之精妙,句式之丰富,衔接之巧妙,谋篇之用心,修辞之雅韵,立意之高深。赏析语言可以通过比较、分析、归纳语言形式,以朗读、推理、联想等方式推进。评价文本,走入深处,这是赏析的精髓所在。

第三章 跨文化视域下高校英语教学转型与创新实施路径

（3）在提升思维中运用语言

葛炳芳（2013：74）提出："阅读起点不仅仅是语言感知，同样重要的是话题知识；阅读过程不仅仅是信息处理，同样重要的是体验感受；阅读终点不仅仅是语言运用，同样重要的是思维能力。"因此读后的环节，教师不仅要关注语言的操练，还要兼顾思维的发展，设计相应的输出活动，提升"语言创新思维，包括逻辑性思维、创造性思维、批判性思维"（黄远振等，2014）。英语阅读教学实践中，多数教师把词句英汉互译、复述课文等当成是运用语言的常规手段，然而，研究发现，这些练习对于学习促进的功效是比较低的（王初明，2013），更谈不上思维能力的提升。例如，让学生写一篇题为"The Story of an Eyewitness"的短文。要求学生自主选择描述的内容，但必须尝试使用文本的语言，如修辞手法（重复、排比、夸张、对比等）。

这样的输出活动，从生活实际中来，让学生能有情感可发，有内容可选，有语言可仿，真正激发学生运用语言的欲望，达到刘勰所说的"情以物迁，辞以情发"。同时内容与角度的自主选取也极大地锻炼了学生的思维，因为文章构思的过程包含着一个复杂的思维过程：确定什么样的主题，选择什么样的内容，模仿什么样的语言，按照什么样的顺序来组织语篇等。英语哲学家怀特海曾说："通往智慧的唯一道路是在知识面前享有自由"（程红兵，2015）。因为这份自主，学生能在思维的提升中更好地内化输出语言。下面是学生习作：

The Story of an Eyewitness

Never before in history had Yuyao been faced with such a challenging disaster. After typhoon Fitow swept across the region, nearly all the downtown areas were flooded. All the roads and drains were flooded, so people had to feel the way cautiously like the blind. All cars, except those deliberately parked on the bridge, were flooded, floating in the floodwater as if deserted. Supermarkets and shops were flooded. with goods submerged in the waist-deep water. Small houses and apartments on the first floor were flooded too, leaving people homeless and helpless. All these made the worst several days of Yuyao.

Cold and merciless as the flood was, flames of friendship between ordinary people burned. In Yuyao High School, for instance, scenes moved me to tears. A lot of short boys and girls were carried on the tall boys' backs to dormitories in the rain and floodwater. A lot of "boats" made of mineral water barrels were paddled all around the campus to offer help. A lot of foods and pure water were transported from different places to boys' and girls' dormitories to meet their daily needs. Actually, more places than this witnessed such moving scenes. Never in all Yuyao's history were her people so kind and united as on those terrible days.

学生的习作较好地模仿了文本的框架结构,首段写灾,末段赞人,前后对比。习作的语言也借鉴了首句和末句,借鉴了文本中的"never"的倒装句,语气强烈,首尾对比呼应。首段中五个含"flooded"的句子采用重复的修辞,选取了道路、车辆、商店、住宅这些内容,凸显水灾下一切都被淹没的惨烈景象。次段首句,仍旧模仿了文本中"as"引导的让步状语从句,承上启下。但该段中对于友谊的描绘不是通过全景描写,而是以校园内的场景为例,这与文本有些微差异。三个"a lot of..."的句子运用了排比句式,结构工整,极富整齐美和韵律美,表现了灾难之下,人们勇敢面对、自救互助的场景。总的来说,全文较好地模仿了文本的结构、语言,但在内容的选取上则发挥了学生的自主性和创造性,根据自己的亲身经历,抒发真实情感,达到了预设的语言学习目标。

(二)英语阅读教学中的文化因素

阅读过程常会涉及文化问题,如果不具备一定的文化知识,不了解英汉文化的差异,将很难有效进行阅读。可见,文化差异对英语阅读有着重要的影响,而对英语阅读教学也有着一定的影响,以下就对此进行具体说明。

1.历史文化层面

每一个国家和民族在漫长的演变和发展中形成了有着民族特色的历史文化,蕴含着丰富的文化底蕴。在阅读英语文章时,学生时常会因为不了解相关的历史文化而产生阅读障碍。

例如,"meet one's waterloo"这一成语中来自著名历史事件滑铁卢战役。Waterloo(滑铁卢)是比利时中部的城镇,1815年拿破仑在这个地方大败,从此一蹶不振。Waterloo这个小镇也因此次著名战役而出名。从字面意思上来看,"meet one's Waterloo"是"遭遇滑铁卢战役之类的事",可以进一步引申为"惨败"。

对此,在英语阅地教学中,教师应丰富学生的历史文化知识,扩大学

第三章 跨文化视域下高校英语教学转型与创新实施路径

生的知识面,为学生阅读能力的提升奠定基础。

2. 思维模式层面

不同的民族有着不同的思维模式,这种思维模式也语言中有着显著的体现,即表现为英汉语篇有着显著的差异。英语语篇属于演绎型语篇,往往开门见山,在文章的一开头就表明作者态度,随后再进行验证说明。汉语语篇属于归纳型语篇,往往是先摆事实、讲理由,最后得出结论,而且作者的主题思想隐蔽,需要学生边阅读边体会。这就使得学生养成了精读的阅读习惯,在面对英语文章时不善于运用略读等技巧,进而影响阅读效率。

对此,教师在阅读教学中应引导学生了解英汉思维的差异以及这种差异对语篇阅读的影响,英语培养学生的英语思维,锻炼学生运用英语思维理解文章的能力。

3. 社会文化层面

由群众创造的具有民族特征的并对社会群体发挥作用的文化现象就是社会文化。社会文化的不同也对学生的英语阅读造成了一定的影响。例如,"bread and butter"这一短语,"bread"的意思是"面包","butter"的意思是"黄油",在西方,面包和黄油都是很日常的食物,是人们日常生活中不可缺少的,因此"bread and butter"在英语中就长用来引申为"生计,主要收入来源"。如果学生不了解这一文化背景,在阅读中就会影响正确理解。

(三)跨文化视域下英语阅读教学的原则

1. 重视一般词汇教学原则

对于英语阅读而言,词汇是必不可少的组成部分,也是顺利进行阅读的基础。作为一名英语教师,应该理解词汇在阅读理解中所扮演的角色。学生理解基础词汇,有助于他们在阅读上下文时猜测出一些低频词汇的含义。根据研究显示,那些经常阅读学术性文章的学生对术语应付的能力要明显强于应付一般词汇的能力。因此,学生如何积累一般的词汇是教师需要关注的问题。

在词汇积累教学中,单词网络图是比较好的方式。在英语阅读课堂上,教师可以给出一个核心概念词,然后让学生根据该词进行扩展,从而建构其他与之相关的词汇。需要指出的是,高频词教学在词汇积累中是非常重要的,其有必要渗透在英语听、说、读、写、译教学之中,并在细节层面给予高频词过多的关注,这样才能便于学生顺利完成阅读,并根据这些高频词顺利猜测陌生词语的意义。

2. 速度与流畅度结合原则

英语阅读教学存在一个严重的困难就是,虽然学生具备了阅读的能力,但是很难进行流畅的阅读。也就是说,教师将更多的关注点放在学生阅读的准确性上,而忽视了学生阅读的流畅性。这就要求教师在阅读教学中应该找寻一个平衡点,不仅帮助学生提高阅读的速度,还要保证学生阅读的流畅性,这是阅读教学培养速度的最终目的。一般来说,学生阅读的过程不应该被词汇识别干扰,而是应该花费更多的时间研读内容及语言背后的文化。要想提升阅读的速度,一个好的办法就是反复进行阅读。学生通过反复的阅读,直到实现速度与理解的结合。

3. 激活背景知识原则

文化语境知识即所谓的背景知识,是读者在对某一语篇理解的过程中所具备的态度、价值观、对行为方式的期待、达到共同目标的方式等外部世界知识。在英语阅读教学中,背景知识是重要的组成部分,尤其是对母语为汉语的人来说,阅读那些源自汉语文化背景的著作要容易一些,但是阅读那些不同文化背景下的相关著作必然会遇到困境。要想对以英语文化为背景的语篇有着深刻的理解,必然需要具备相关的文化语境图式,这样才能实现语篇与学生文化背景图式的吻合。读者的背景知识会对学生的阅读理解产生影响。其中,背景知识包含学生在阅读语篇过程中所应该具备的全部经历,包括教育经历、生活经历、母语知识、语法知识等。如果教师通过设定目标、预测、讲解一些背景知识,读者的阅读能力就能够大幅度的提高。如果学生对所阅读的话题并不清楚,教师就需要建构语境来辅助学生的学习,从而启动整个阅读过程。

具体来说,教师在进行备课时要精心准备教材,弄清弄透英语阅读教学中存在的文化语境空白,对材料进行精心的选择,或者为学生提供某些线索,让学生通过一定的手段和方式处理语篇中涉及的文化背景知识。当然,由于课堂时间是非常有限的,学生不可能解决所有不熟悉文化背景知识的内容,这时候就需要教师充当建构新文化语境的工具。教师需要了解学生在自主学习中遇到的问题,帮助学生顺利理解所学的知识与材料。

4. 把握阅读教学关键原则

受中国应试教育的影响,阅读教学与其他教学一样,教师将更多的关

第三章 跨文化视域下高校英语教学转型与创新实施路径

注点放在教学检测结果之上,而阅读理解中的理解却被忽视。实际上,成功完成阅读的关键就在于完善与监控阅读理解。为了能够让学生学会理解,可以从学生的自我检测入手,并鼓励他们同教师探讨具体的理解策略,这是元认知与认知过程的紧密结合。

例如,教师不应该在学生阅读完一篇文章之后,提问学生关于理解的问题,而是应该为学生示范如何进行理解。全体学生一起阅读,并一起探讨,这样便于每一位学生理解文章的内容。

(四)跨文化视域下英语阅读教学的方法

1. 采用"阅读圈"教学

"阅读圈"是指一种由学生自主阅读、自主讨论与分享的阅读活动。[①] 在英语阅读圈中常常会采用分组的学习方式,小组中每位学生自愿承担一个角色,负责一项工作,并进行读后反思。在阅读体裁的选择上,可以选择自己喜欢和感兴趣的文章开展有目的性的阅读。同时,每个人都有自己的任务需要完成,每个人在阅读完以后都要和他人分享和讨论相关问题。阅读圈模式的目的是鼓励学生阅读和思考,其活动效果在很大程度上取决于小组成员在前期是否做好了充分的准备工作。采用"阅读圈"教学法开展阅读教学,对于提高学生的阅读兴趣和教学效果具有重要意义。在英语阅读教学中,"阅读圈"教学法主要包含以下几个实施步骤。

(1)设计任务

教师以某个文化专题为教学内容,明确教学目标,选定学生在课堂以及课外需要阅读的材料,设计好相应的需要学生进行讨论和分析的问题,并规划好学生完成这些任务的学习模式。

(2)布置任务

在这一环节,教师安排学生组成"阅读圈",每个小圈子为6～7人。之后,教师向学生讲解阅读圈教学模式的理念、要求和规则,告知学生学习的重点内容。此外,教师可以鼓励学生在自己的阅读圈内承担一定的角色,具体角色示例如表4-1所示。

[①] 刘卉.英语文化教学中阅读圈教学模式的构建与探索[J].教育现代化,2018(45):237.

表 4-1　阅读圈各成员的角色分配示例

角色	具体任务
讨论组织者	主持整个讨论过程,并准备相关问题供圈内成员讨论
词汇总结者	摘出阅读材料中与文化专题相关的重点词汇和好词好句,引导圈内成员一起学习
总结概括者	对所有阅读材料的文化元素和内容进行总结并与组员分享,并总结、评价小组活动的内容和成果
语篇分析者	提炼阅读材料的重要的语篇信息并与圈内成员分享
联想者	将所读阅读材料与文化专题相对应的中国文化的内容建立联系,结合最新的社会文化发展动态进行批判性评价
文化研究者	从阅读材料中找到与自己相同、相近或者不同的文化元素和内容,并引导圈内成员进行比较

(资料来源:刘卉,2018)

(3)准备任务

在完成布置完任务之后,教师引导学生进行独立思考,并让学生对需要讨论的问题及自身的思考结果形成文字。此外,由于阅读圈内各成员承担着不同角色,教师应鼓励学生完成各自任务,自由表达自己对文化的不同看法。

(4)完成任务

当学生通过自己的努力和教师的引导完成相应的任务时,各个小组就可以按照各自负责的内容进行汇报,对所读内容进行信息加工、思维拓展,确定小组汇报的内容,最终形成 PPT,在课堂上展示核心成果。这一阶段是学生汇报并自由讨论的阶段,有助于启发学生的多元思维,深化文化内容的探讨,因此教师要引起足够的重视。而教师作为活动的组织者和指导者,要掌控整个讨论过程,对讨论过程中可能出现的争论不休或偏离主题等问题进行及时解决。

(5)评价任务

当学生各自汇报完自己的学习成果时,就可以进入评价阶段了。评价可以是学生自评,也可以是同学互评,还可以是学生和教师共同评价。在互评时,可以根据每个阅读圈展示的阅读成果以及成员讨论表现进行打分。学生互评完成后,教师可以进行总结,对各阅读圈及学生自身的表现进行点评。需要注意的是,教师在点评时要注意尊重学生对文化的不同观点,重点关注学生思想的深度和广度,同时对那些积极参与讨论的学生提出表扬,以此带动全班同学积极参加此类活动。

第三章　跨文化视域下高校英语教学转型与创新实施路径

2. 构建阅读文化图式

图式理论充分彰显了阅读的本质,即强调阅读的本质是读者及其大脑中所理解的相关主题知识与阅读材料输入的文字信息之间相互作用与交互的过程。图式理论是一种关于阅读研究的科学理论,其不仅强调文化背景知识与文化主题知识的重要性,还并未忽视词汇、语法在阅读中的重要作用。下面通过读前、读中、读后三个阶段进行详细的分析。

读前阶段是信息导入阶段。在这一阶段,要发挥出图式在阅读之前的预测功能。教师可以组织学生参加一些讨论、预测或者头脑风暴等活动,从而将学生头脑中的图式激发出来。在这一阶段,通过自上而下的阅读,学生头脑中的先验知识与文本相结合,从而将学生的图式激活与构建,为学生进一步的阅读埋下伏笔。

读中阶段是文化渗透阶段。在这一阶段,要发挥出图式的信息处理功能。学生们根据自上而下的模式来探究文章的整体思路。一些新的文化知识可以通过自上而下的阅读模式获得,从而构建内容图式与阅读技巧。在读中阶段,略读、细读等都是比较好的策略。

读后阶段是文化拓展阶段。在这一阶段,要发挥出图式的记忆组织功能。教师可以通过各种活动对学生的新图式加以巩固,如辩论、角色扮演、讨论等。图式理论指出学生存储在大脑中的图式越丰富,学生的预测能力就越强。因此,课外阅读是非常重要的。

具体可以通过图 4-1 体现出来。

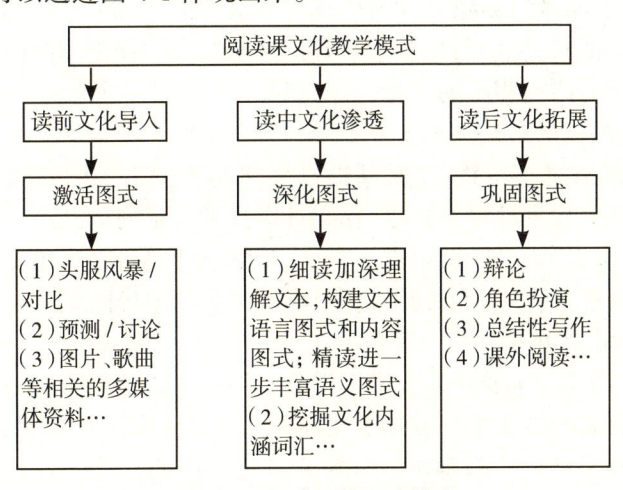

```
                    ┌─────────────────────┐
                    │   阅读课文化教学模式   │
                    └──────────┬──────────┘
         ┌─────────────────────┼─────────────────────┐
         ▼                     ▼                     ▼
   ┌──────────┐         ┌──────────┐         ┌──────────┐
   │ 读前文化导入│         │ 读中文化渗透│         │ 读后文化拓展│
   └─────┬────┘         └─────┬────┘         └─────┬────┘
         ▼                     ▼                     ▼
   ┌──────────┐         ┌──────────┐         ┌──────────┐
   │  激活图式 │         │  深化图式 │         │  巩固图式 │
   └─────┬────┘         └─────┬────┘         └─────┬────┘
         ▼                     ▼                     ▼
   ┌──────────┐         ┌──────────┐         ┌──────────┐
   │(1)头脑风暴/│         │(1)细读加深理│         │(1)辩论   │
   │对比      │         │解文本,构建文本│        │(2)角色扮演│
   │(2)预测/讨论│         │语言图式和内容│        │(3)总结性写作│
   │(3)图片、歌曲│         │图式;精读进一│        │(4)课外阅读…│
   │等相关的多媒│         │步丰富语义图式│        │          │
   │体资料…    │         │(2)挖掘文化内│        │          │
   │          │         │涵词汇…     │        │          │
   └──────────┘         └──────────┘         └──────────┘
```

图 4-1　阅读文化图式模式

(资料来源:马苹惠,2016)

（1）读前文化导入——激活图式

①头脑风暴法。在英语阅读中，头脑风暴法常被用于导入环节之中。学生通过这一方法可以展开丰富的联想，从而刺激头脑中形成新的图式。因此，教师在文化导入过程中要考虑话题的需要，为学生创设合理的头脑风暴，让学生更好地融入课堂之中。例如，在讲解与音乐相关的内容时，教师可以对音乐类型进行头脑风暴，从而让学生们想象到 Rap，folk music 等类型。在这些音乐中，也可以让学生对比中西方音乐的不同，从而吸引学生学习的兴趣和积极性。

②预测与讨论。在阅读之前运用图式理论时，教师应该发挥学生推理的能力。学生通过对文本材料进行解读与推理，从而刺激自身的图式。例如，还是以音乐为例，教师在讲授门基乐队成立的情况时，可以提出5W，从而帮助学生更好地预测文本信息，之后鼓励学生通过讨论预测具体的文本内容。

③运用多媒体资料。在文化导入阶段，教师应该善于运用多媒体资料，帮助学生更好地体验文化教学的特色。通过多媒体，学生可以更直观地感受语言知识，了解中西方语言文化的差异，刺激学生的图式，让学生在激活自身图式的基础上进行下一步内容图式的拓展。

（2）读中文化渗透——深化图式

在读中阶段，教师可以在这一阶段进行文化知识的渗透，进一步对学生的内容图式加以丰富，从而让学生更好地展开阅读。在阅读教学中，教师采用扫描、略读等策略帮助学生构建灵活的图式，促进学生激发头脑中与之相关的图式，从而帮助学生更好地理解文章。在细读阶段，教师要帮助学生挖掘与语篇相关的文化内涵，扫除他们在正式阅读中的障碍。

首先，可以通过略读和扫描法，让学生大致了解文章的大意，获得对文章的总体信息与思路，这是帮助学生建构相关内容图式的有效路径。扫描法是学生根据教师的指令，在文章中找到特定的信息。

其次，可以通过细读，根据上下文，让学生明确每一个单词的含义，尤其是那些具有文化内涵的词汇，从而丰富学生的内容图式。

（3）读后文化拓展——巩固图式

在读后阶段，主要是充分发挥学生头脑中的记忆功能。一般来说，读后的文化拓展的方法主要有如下几种。

第一种是辩论。教师可以针对文本材料中的相关内容，选取一些视角展开辩论，学生在辩论中对与文本相关的内容图式加以巩固。同时，通过辩论，学生也可以更好地理解文本的文化内涵与文化背景知识。

第二种是角色扮演。学生通过学习与文本相关的文化知识，从而丰富自身的文化内容。然后,学生带着角色有目的地重新阅读文本,教师引导学生对文本进行改编或者情景模拟,从而激发学生学习的兴趣和积极性,提高他们在真实语境下对文本综合运用的能力。

第三种是总结性写作。这一方式有助于学生加深对文本的理解,让学生将文化知识从短时记忆转向长时记忆。

第四种是课外阅读。除了课后巩固之外,教师还应该鼓励学生展开课外阅读。通过大量的课外阅读,学生不仅可以提高学习的自主性,而且还能在阅读中不断丰富自身的内容图式。

二、高校英语写作教学

在英语技能教学中,写作教学是其重要的一部分。通过写作教学,学生能够不断提升自身的写作能力与思维能力,提升自己情感表达的能力,从而促进自身写作能力的提升。但是,英语写作教学也会受到文化因素的影响,因此需要将文化渗透其中。

(一)英语写作教学

写作是人们传达思想与情感的一种书面形式,其与口语是同等的地位,不是口语的附属品,都属于对语言的重要输出。

写作的过程是非常复杂的,其需要复杂的思维,并受到知识、技能、风格、内容、结构等多个层面的影响和制约。如果要想写出一部完美的作品,首先需要保证风格的统一与结构的完整。

需要指出的是,写作并不是简单地进行视觉教学编写,而是一个对各类问题与信息展开加工的过程。一般来说,写作的目的也是非常明确的。根据写作目的的不同,写作形式有论文、报告等多种形式。

通过写作,可以实现如下两大功能。

首先是为了学习语言而展开写作。通过写作,学生可以对自己所学的词汇、语法、语篇知识加以巩固。

其次是为了写作而展开写作。因为通过写作,学生可以将自身的观点表达出来,从而锻炼自身的手和脑,强化自身的写作学习,提升自身的写作能力。

简单来说,英语写作是运用书面形式传达思想与情感的。但是,语言与文化关系密切,是否能够准确地理解文化对写作有着直接的影响。汉语往往呈现整体性与象征性,而英语呈现的是逻辑性与明确性,因此在写作时,学生切不可用汉语的思维展开英语写作,这样写出的文章很难让人理解。

(二)英语写作教学中的文化因素

1. 词汇层面

词汇与文化有着密切的关系,是语言中最为弹性与活跃的部分,是文化负荷量最大的部分。因此,要想对英语词汇有真正的了解,就需要明确词汇的文化内涵。英汉语属于不同的词汇体系,词汇含义不可能是完全对应的。有的学生认为,只要掌握了一定的词汇量,那么就可以凭借常识与习惯去了解不同的文化。当然,英汉语中存在一些耦合的现象,但是耦合的并不多。如果仅仅从自身经验与文化立场出发,恐怕很难了解英语中的一些惯用法。

英语和汉语中有许多这样的词汇,如汉语中的"菊花"往往意味着高洁淡雅,但在一些西方文化中有着"死亡"的意义;中国人看到"荷花"一词可能会在头脑里产生"出淤泥而不染"的联想,而英语中的"lotus flower"则没有这种内涵意义。另外,英语中有些单词有着汉语所没有的文化内涵,如"individualism"(个人主义)。在英语中,"individualism"指的是一种社会学说,主张个人的价值和重要性在社会之上,这种学说在英语文化中广受欢迎。但在中国文化中,"个人主义"是指人际交往中以自我为中心的一种行为倾向和自私自利的一种心理取向,是汉语中一个极其贬义的词语。

2. 句子结构与段落篇章层面

除了词汇,文化因素也会对句子结构与段落篇章产生影响。在句子结构上,英语思维是先直接传达重要信息,然后再传达次要信息。尤其是表达复杂的思想时,英语习惯开门见山,先把叙述的重点放在开头,然后再运用各种手段展开分述。在西方人观念中,文章是否连贯取决于连词的使用是否符合逻辑。但是汉语中连词很少,句子与句子的逻辑是通过内容体现的。

在段落布局上,中西方思维出现了螺旋式与直线式的差别。英语直线型的思维要求开篇点题,一般会在首句点出主题,每一段的主题句与文章主题相呼应。之后每一段的具体内容与整个段落的首句呼应。但是相比之下,汉语往往采用螺旋式的思维,即先进行渲染,然后在结尾点出主题。

（三）跨文化视域下英语写作教学的原则

1. 恰当性原则

英语写作教学的恰当性是指写作任务的设计应该恰当。具体来说，写作任务需要具备如下两点特征。

一是能够激发学生思想交流的需求，使学生有内容进行写作。

二是对于学生语言能力提升有帮助，如增加词汇量、学习新句型等。

这两点虽然是作者对写作方法的要求，但是也是对写作任务的设计要求。具体来说，如果教师要想设计出一个好的写作任务，那么就需要与学生的实际情况相符，让学生有充足的内容与经验展开写作。同时，还需要符合学生实际的语言能力，这样才能完成写作，将理论知识运用到具体的实践之中。

2. 多样性原则

英语写作教学中需要坚持多样性原则，主要体现在训练方式与表达方式上。

从训练方式上说，教师应该采用多样化的方式，如可以通过扩写、仿写等办法训练学生的写作能力，同时教师应该把握好每一种方法的优缺点，让学生在多种方法下找到并掌握适合自己的方法。

从表达方式上说，教师应该引导学生在写作中运用多种表达方式进行灵活的写作。这不仅可以对学生写作中的问题加以弥补，还可以提升学生对技巧的灵活运用。这样写出来的文章才能更引起读者的注意。

3. 循序渐进原则

任何一件事情的顺利完成都需要花费时间，都是一个循序渐进的过程，英语写作教学也不例外。在英语写作教学中，循序渐进原则主要涉及以下几个方面。

（1）语言层面：由低到高

在语言层面，教师可以先让学生进行句子写作方面的练习，然后逐步过渡到段落与篇章的写作。由于课堂教学时间有限，教师可以将对句子的写作训练穿插在其他技能课中，如精读和听说课。此外，教师可以设计组织各种训练活动，如连词组句、补全句子、合并句子、扩充句子等，学生对句子写作逐步熟练后，教师就可以增加难度，过渡到篇章写作。

（2）语法结构层面：由易到难

在写作过程中，很多同学都因语法欠佳而无法使用稍微复杂一点的表达,这样势必会影响输出效果,写作质量也不会太高。因此,学生一定要重视语法学习,掌握基础的语法结构,在此基础上灵活运用更复杂的语法结构。具体来说,在写作学习中,学生要先掌握简单句,然后掌握复杂句和并列句;先掌握短句,然后掌握长句;先掌握陈述句,然后掌握虚拟句和感叹句。① 对教师来说,也要坚持循序渐进原则,在语法结构上由易到难,帮助学生巩固基础,进而攻克薄弱环节。

(3)话题层面:由熟到生

学生对于自己熟悉的话题往往更有写作兴趣,写起来也相对容易。因此,教师在写作训练中,可以先从学生熟悉又感兴趣的话题开始,等学生掌握一定的写作技巧后,可以让学生就一些社会热点问题等表达自己的观点,锻炼学生的写作水平。

(4)体裁层面:由简到繁

对学生来说,不同文体其难易程度各不相同。一般来说,记叙文的写作难度较低,其次是描写文,然后是说明文,议论文的写作难度最高。因此,在写作体裁方面,学生应从记叙文的写作训练开始,逐步向其他文体过渡。

4.文化对比原则

受文化背景的影响,英语写作教学中需要坚持文化对比原则,即教师在教学中将中西方文化的差异引入教学之中,从而为学生的写作学习奠定基础。

很多学生掌握了一定的写作方法,但是写作大多是中式思维与表达,学生直接将汉语翻译成英语,忽视了英语写作的编码与解码,文章中很多的中式英语表达很难让读者理解。

因此,在英语写作教学中应该坚持文化对比原则,让学生明确中西方语言与文化的差异,写出地道的文章。

(四)跨文化视域下英语写作教学的方法

1.重视文化知识积累

在跨文化背景下,英语写作教学应该重视让学生积累丰富的文化知识,摆脱汉语负迁移作用对学生英语写作的影响。在日常的写作中,如果学生遇到困难的句子,他们往往会选择用汉语思维对句子进行组织,导致出现了明显的语言错位,这就是受汉语负迁移作用的影响导致的。因此,

---

① 黄元龙.浅议高职英语写作教学的循序渐进原则[J].开封教育学院学报,2017(2):152.

第三章 跨文化视域下高校英语教学转型与创新实施路径

在英语写作教学中,教师除了对学生的词汇、语法等语言知识进行训练,还需要训练他们的文化知识,避免学生出现负迁移的现象。同时,教师应该鼓励学生多进行阅读,让他们在阅读中挖掘文化知识,从而对自己的语言进行充实,写出一篇得体的文章。

2. 通过阅读促进写作

无论写什么题材或者体裁的文章,要想真正地能够打动读者,就必须要言之有物。如果缺乏文化知识的积淀,那么这样的写作必然是单调与死板的。要想保证顺利展开跨文化交际,不能仅仅在自己的小圈子里说话,而应该从与他人沟通的角度展开写作。当然,在这之前,学生需要阅读大量的文章,首先充实自己,这样才能有话可写。

因此,在写作教学之前,教师可以让学生读一些相关的资料,通过收集与选择,将这些资料运用到自身的写作之中,提升自身的写作水平,培养自身的归纳与总结能力,从而写出与众不同的内容。

3. 多技能综合教学

所谓综合教学法,是指将写与听、说、读几项基本英语技能相结合,使之相互作用提升学生的写作能力和培养学生的英语综合能力。

(1)听、写结合

听是语言输入性技能,可以为写作积累丰富的素材,加快写作的输出。具体教师可以采用边听边写和听后笔述或复述的方式开展教学。

边听边写可以是教师朗读,学生记录,也可以是播放录音,学生记录。听写的内容可以是课文内容,也可以是其他故事或内容。

听后笔述或复述是指教师以较慢的语速朗读或者录音播放听写材料,一般朗读或播放两至三遍,在这一过程中学生只听不写,在朗读或播放录音完毕后,教师要求学生凭借记忆进行笔述或复述。在笔述或复述时,学生不必拘泥于原文的词句,也不用全部写出或背诵出,只要总结出大意即可。这种方式能有效锻炼学生的语言组织和概括能力。

(2)说、写结合

说与写密切相关,说是写的基础,写与说相互贯通。以说带写,可以有效激发学生的写作兴趣,提高学生的写作能力,还能锻炼学生的口语表达能力。具体而言,教师可以采用改写对话和课堂讨论的方式开展教学。

(3)读、写结合

读与写的关系十分密切,通过阅读可以获取大量写作所需的素材,通过写作可以进一步巩固阅读能力。写作作为一种输出活动,是离不开语言知识的输入的,如果没有语言知识的积累,不可能写出内容充实的文章。阅读作为积累语言知识的重要途径,能为写作奠定良好的基础。但很多学生都将理解文章内容作为阅读目的,而很少从中吸取有利的写作素材,这一点需要教师的指导。对此,教师应指导学生体会作者遣词造句的技巧,培养学生记笔记的良好习惯,从而使学生积累大量利于写作的语言知识。通过阅读,学生的阅读能力不仅会得到锻炼,写作水平也会显著提高。

总体而言,在英语教学中,要重视英语基础知识和技能的教学,并不断进行创新,从而提高教学的质量,培养学生的英语综合能力。

4. 运用语块教学模式

如前所述,受负迁移作用的影响,学生习惯用汉语思维来对文章进行组织,这样很容易出现各种错误,如句式单一、语言不通顺等。因此,在跨文化转型背景下,教师可以采用语块教学法展开写作教学。

根据语块教学法,本族语言使用者之所以能够表达顺畅,是因为他们在脑海中会存储一些特殊情境下的语块,而不是某一个词。在发话或者写作中,他们可以调用这些语块,无需进行排列加工。这样的语言输出才更有速度与质量。同样,将这一理论运用到写作教学中就是要求教师应该对学生加强语块训练,让学生脑海中形成整体的语言知识,以语块来组织写作练习,这样写出来的文章才具有整体性与格局性。

第三节 高校英语翻译教学

翻译是世界各国之间相互沟通的桥梁,其不仅涉及语言之间的转换,而且涉及文化之间的交流。可以说,翻译是基于不同语言之间转换的跨文化交流活动,其与文化之间的关系自然不必多说。因此,在英语翻译教学中,教师应基于跨文化交际视角来培养学生的翻译能力,使学生成为能够运用翻译技能流利进行跨文化交际的英语人才。本节将对跨文化视域下英语翻译与文化技能教学的理论与方法实践进行研究。

一、英语翻译教学

(一)翻译教学的内涵

翻译理论与实践相结合构成的一个重要领域就是翻译教学。在研究

第三章 跨文化视域下高校英语教学转型与创新实施路径

翻译的过程中,翻译教学是一个不可忽视的内容。要想提高翻译教学的水平,首先必须对翻译教学展开深入探究。对翻译教学实践发展起着决定性作用的就是对翻译教学理论的探究。因此,随着社会对翻译人才需求的大幅度增加,对于翻译教学的相关探究就显得极为重要。

但是,目前学界对翻译教学的内涵仍然存在较大争议。学者们对于翻译教学的范畴及翻译教学与教学翻译的区别并未达成共识。加拿大著名学者让·德利尔(Jean Delisle,1988)曾经对教学翻译(pedagogical translation)与翻译教学(pedagogy of translation)做过明确的区分。

让·德利尔指出:"教学翻译也称'学校翻译',是为了学习某种语言或者在高水平中运用这种语言与深入了解这种语言的问题而采用的一种方法。教学翻译仅为一种教学方法。翻译教学追求目标与教学翻译目的不同,翻译教学不是为了掌握语言结构与丰富语言知识,也不是为了提高外语的水平。纯正的翻译目的是要出翻译自身的成果,而教学翻译的目的仅是为了考核学校外语教学的成果。"

近些年的研究有了一些新的突破。罗选民认为,学者对教学翻译与翻译教学的阐述利于对概念的澄清,但翻译教学的概念要重新界定。他认为,翻译教学是由"翻译教学"与"专业翻译教学"组成的,将原来公认的教学翻译也纳入了翻译教学的范畴,扩大了翻译教学的范围。

(二)翻译教学的理念

1. 将翻译理论作为先导

翻译教学离不开翻译理论的指导,所以翻译教学的一个重要理念就是将翻译理论作为先导。目前,已经形成的翻译流派和内容十分繁多,如果将所有观点及相关内容都融入翻译理论中,不但会令读者感到空乏,而且缺乏科学性。不少翻译理论是源自宗教和哲学领域的,所以相对传统,也缺乏实用性。有调查显示,多数翻译理论仅适用于占每年翻译工作大概4%的文学翻译,而超过90%的实用翻译理论却很少提到。翻译理论与实践的失衡可以说明翻译理论的不切实际。

相对来说,较为实用的翻译理论是翻译功能目的论。该理论强调,译本的预期目的与功能决定着翻译的过程。实用文体翻译通常具有现实的、甚至功利的目的。这一目的在很大程度上受翻译委托人、译本接受者及其文化背景和情境的制约。目的和功能是实用文体翻译的重要依据,而功能目的论的理论核心就是目的和功能。因此,翻译的理论与实践有更可能得到较好的结合。实际上,翻译课程的开设主要是为了培养学生英语语言运用的能力,而通过实践,可以看出学生选择这门课程更多的是为了在考试中获得高分或为了工作。因此,将翻译的功能目的论作为翻译的理论依据,用于指导学生的翻译课程,更利于调动学生学习的积极性和创造性。

2.将语言对比作为翻译的基础

翻译教学首先应该从语言对比入手。对于中国的英语学习者来说,一旦脱离了说英语的环境,我们总会本能地说汉语,其特别体现在初学者身上。但是,如果我们积累了一定数量的词汇,就会很乐于说英语,在此过程中就会对英汉语言进行对比,如不会翻译某些短语,就会用汉语思维进行翻译。

二、英语翻译教学中的文化因素

(一)风俗习惯层面

中西文化差异在风俗习惯上有着显著的体现,而风俗习惯的差异对翻译也有着很大的影响。例如,在饮食方面,中西方就有着显著的差异。中国人对饮食向来十分注重,俗话说"民以食为天",中国人不仅讲究吃,而且追求美味,将美味作为评价食物的最高标准。而西方人在饮食上非常注重营养,往往以营养作为饮食的最高标准。在西方人的饮食观念中,维系生命,保持身体健康,是饮食的主要目的,饮食并不是为了享乐。在饮食对象方面,西方人主要以面包为主,而中国则通常以米饭或面食为主食,这种差异在翻译中体现得很明显。例如,英文中有 a piece of cake 这一短语,如果直译为"一块蛋糕",会让读者感到莫名其妙,不知其意,这是因为蛋糕在中国人的主食中并不常见。但是,如果将其译为"小菜一碟",那就很容易为中国读者所理解。同理,在汉语中有"画饼充饥"这一成语,译者在翻译时最好译为"draw a cake and call it a dinner",这样会更容易为西方读者理解。

(二)思维方式层面

中西方的思维方式存在明显的差异,这可以在语言上明显体现,因此必然会对翻译产生重要影响。例如,对于同一事物,由于思维方式不同,语言表达也不同,如"红茶"与"black tea"相对应,"红糖"与"brown sugar"相对应。如果将"红茶"翻译成"red tea",将"红糖"翻译成"red sugar"必然会闹出笑话。

(三)词义意象层面

语境不同,词汇的联想意义也不同。例如,"black holes"这个词不仅可以翻译为"黑洞",也可以翻译为"军营中的牢房",具体如何翻译,需要根据具体的语境来确定。如果对这两种意象不了解,很容易出现翻译的错误。

三、跨文化视域下英语翻译教学的原则

(一)循序渐进原则

翻译能力的提高不可能一蹴而就,而是要经历一个过程。相应地,翻译教学也不能操之过急,应遵循由浅入深、循序渐进的规律,所选的语篇练习也应该是先易后难,逐步帮助学生提高翻译能力。从篇章的内容来看,应该是从学生最熟悉的开始;从题材来看,应该从学生最了解的入手;从原文语言本身来看,应该是从浅显一点的渐渐到难一些的。这样由浅入深,学生们对翻译会越来越有信心,兴趣也会逐渐增强,翻译技能也会相应得到提高。

(二)精讲多练原则

精讲多练原则主要包含两个层面:精讲和多练。翻译教学如果仅从传统教学方法入手,先教授后练习,那么是很难培养好的翻译人才的。因此,在翻译教学中,教师应该不仅要教授,还需要练习,在课堂上将二者完美结合。

(三)实践性原则

翻译理论的教授很难培养出好的翻译人才,还需要进行翻译练习,这就是翻译的实践性原则。在翻译教学中,教师应该为学生创造更多的机会展开练习。例如,教师可以让学生去翻译公司实习,通过实际活动来进行体验。

四、跨文化视域下英语翻译教学的方法

（一）扩生知识面

翻译是一项包含多领域知识的活动，如果对翻译的基础知识不了解，就很难明白文本的内容，也很难准确展开翻译。到目前为止，我国很多高校的英语翻译教学过多关注翻译基础知识，而忽视翻译能力培养，尤其是很少介绍文化方面的知识，这就导致学生遇到了与文化相关的翻译内容时往往手足无措，甚至会出现翻译错误。因此，在英语翻译教学中，应该渗透文化知识，扩大知识面，培养学生对文化知识的理解与把握，帮助他们完善翻译能力。

（二）提高学生语言功底

翻译活动是一项复杂的活动，其需要学生具备双语知识。也就是说，英汉语言功底对于翻译人员都不可缺少。因此，在翻译教学中，教师不仅要教授学生英语语言知识，还需要培养学生的汉语表达能力，熟悉英汉语言国家的表达习惯。

（三）注重文化对比分析

由于教学环境的影响，英语文化的渗透还需要依赖翻译教学，其中文化对比分析是一种比较重要的方式。具体来说，在翻译教学中，教师不仅要讲解教材中的文化背景知识，还需要对文章中的中西文化进行对比与拓展，帮助学生在翻译内容时接受文化知识。另外，利用文化对比分析，学生能够建构完整的文化体系。

（四）重视归化与异化结合

在翻译策略选择上，归化策略与异化策略是两种重要的翻译策略。由于英汉语言的差异，翻译实践中如果仅依靠一种策略是很难完成全部翻译内容的，只有将二者结合起来，并进行灵活的处理，才能保证翻译出的文章更为完美。

（五）媒体教学与课外活动相结合

为帮助学生更好地展开翻译，教师应该鼓励学生多学习一些英美原

版作品,如教师可以引导学生多观看一些英美原版电影,通过电影字幕解读教授学生翻译的技巧。另外,教师应该让学生在课外多收集一些生活风俗、文化背景方面的资料,在阅读与翻译中,学习更多的知识,从而为以后的翻译做铺垫。

第四节 高校英语词汇语法教学

一、高校英语词汇教学

人们要想熟练地应用英语这门语言,首先就需要掌握大量的词汇。但是仅仅扩大词汇量是不够的,还要了解词汇的基本含义和其深层文化,这样才能算是掌握了词汇,运用词汇进行跨文化交际才算是达到了学习目标。

(一)英语词汇教学

1. 什么是词汇

词汇是构成语言整体的重要细胞,是语言系统赖以存在的支柱,"如果把语言结构比作语言的骨架,那么是词汇为语言提供了重要的"器官和血肉"。[1]可见,词汇对于语言以及语言学习非常重要。那么什么是词汇呢?关于这一问题,不同的学者有着不同的解释,可谓见仁见智,以下就对一些有代表性的观点进行分析。

路易斯(Lewis)站在较高的角度对词汇进行解释,他将词汇称为"词块"(lexical chunk),并把词块分为四种类型:单词(words)和短语(polywords);搭配(collocations);惯用话语(idioms);句子框架和引语(sentence frames and heads)。[2]

库克与博尔斯(Cook, S. & Burns, A., 2008)认为,语法涉及的内容非常广泛,如传统语法、规定语法、语用能力、交际能力、结构语法等都属

---

[1] Harmer, J. *The Practice of English Language Teaching*[M].London: Longman, 1990:158.
[2] Lewis, M. *Second Language Vocabulary Acquisition*[M]. Cambridge University Press, 1997: 255.

于语法的范畴。①

厄(Ur, P.,2009)认为,语法被认为是在一种语言中,为了能够形成更长的意义单位,对词或者词组加以组合的手段和方法。②

陆国强指出,词是语音、意义和语法特点三者相统一的整体,是语句的基本单位,而词的总和构成了词汇。

总体而言,词汇是包含词和词组在内的集合概念,能够执行一个给定的句法功能,是基本的言语单位。

关于什么是英语词汇教学,王笃勤认为,英语词汇教学是一项包含教学的进程和活动的策划在内,将词汇讲解作为教学内容,以学生充分认知和熟悉应用词汇为目标的教学活动。

简单来讲,词汇教学涵盖的范围十分广泛,而且是教学中最基础、最重要,也是最困难的环节。

2. 英语词汇教学中存在的问题

(1)教学方法单一,脱离英语语境

词汇的掌握对英语语言学习的重要性是不言而喻的,但对词汇学习和掌握的过程又是枯燥和困难的,这就需要教师用创新的教学方法来创设教学情境,营造教学氛围,激发学生学习的积极性和动力。但是就目前英语词汇教学的现状来看,教师并没有将心思花在教学方法的创新上,而是依然采用陈旧的教学方式,即教师领读单词,讲解词汇用法,学生记忆单词。基于这种课堂教学模式,学生的主体地位被忽视,学生只能被动地学习和记忆,积极性根本无法调动起来,甚至还会产生抵触情绪。此外,教师在教学中对词汇的整体性认识不足,无法将词汇放到具体的句子或情境中,最终导致学生对一词多义理解不深,限制了学生综合能力的提升。

实际上,任何一种语言都产生于实际应用中,要想掌握地道的语言,必须浸泡在相应的语境中。在我国,很多学生学习英语是为了通过考试,教师也将通过考试作为教学的最主要目标,这样一来,就将英语语境的创设与英语教学割裂开来,只追求语言的外在表达方式,而不深入探究其内在的文化与逻辑,从而使得学生用汉语思维去理解和应用英语。例如,"玫瑰"(rose)这一词语在英汉文化中都象征着爱情和美好,除此之外,在中

---

① Cook, S. & Burns, A. Integrating Grammar in Adult TESOL Classroom[J]. *Applied Linguistics*, 2008(3): 15.
② Ur, P. *Grammar Practice Activities: A Practical Guide for Teachers*[M]. Beijing: Foreign Language Teaching and Research Press, 2009: 4.

第三章 跨文化视域下高校英语教学转型与创新实施路径

国常用"带刺的玫瑰"形容那些性格刚烈的女子,而英语中常用"under the rose"表示要保守秘密。英语中"rose"的这一文化含义源自英国旧俗,如果在教学中不对此进行说明,学生很难理解和掌握其含义。但实际上,很多教师只从词汇处着手,而未创设语境,这样很难让学生充分体会英语这门语言的魅力,也难以让学生更好地投入学习。对此,教师在教学中应创设符合英语文化背景的语境,从而为学生营造一个英语交流环境,培养学生的英语思维,锻炼学生的词汇运用能力。

（2）教学效果不佳

词汇的学习和掌握要借助记忆来完成,但记忆是一个漫长的过程,如果学生不在课后及时进行复习和巩固,记住的单词往往会在短时间内忘记。在海量的词汇面前,学生常常会表现出畏惧感,由于缺乏高效的学习方式,使得学生的学习热情不高。而且教师也未能为学生提供应用的机会,这样学生通过死记硬背方式记住的词汇很快就会忘记,进而导致教学效果低下,学生的交际能力也受到限制。

（3）忽视跨文化意识培养

很多英语词语意义深刻,蕴含着丰富的文化信息,这些词语称为"文化负载词"。经调查显示,很多学生对这些文化负载词完全不了解。而这种情况在很大程度上体现了教师在词汇教学中忽视了文化负载词部分,未能有意识地运用跨文化意识来培养学生的词汇能力。具体而言,教师存在的问题体现在以下几个方面。

首先,对文化教学不够重视。具体体现为:教师在备课环节的教学目标没有文化意识目标;教师消极地跟随应试教育的脚步;学校很少组织与英语相关的活动。

其次,教师自身的文化素养不够。英语教师虽然具备了扎实了英语专业知识,但英语文化素养有所欠缺。作为学生的榜样,如果教师的文化素养不高,自然也就无法提高学生的文化素养。

最后,文化教学方法不当。教师文化教学的方法比较单一,基本上是讲授法、多媒体展示法等,大部分教师只是在课堂教学中偶尔提到一些特殊词的文化背景,而很少有意识地渗透文化知识。这种教学方式就造成学生只了解词汇的表面意义,而不理解词汇的深层文化内涵。

事实上,跨文化意识和词汇教学是相辅相成的,教师在词汇教学中融入文化知识,能够提升学生的词汇能力和跨文化意识,而词汇量的增加又能进一步帮助学生更好的理解西方文化,培养跨自身的跨文化意思。

（4）重知识记忆,轻思维锻炼

在词汇学习过程中,很多学生仅仅依靠死记硬背来记忆单词,这种方法并未将思维的锻炼融入进去,学生也很快忘记。实际上,每一个单词都有应用的语境,只有在具体的语境中,才能保证准确性,因此学生在对词汇加以理解时需要从具体的语境出发,这样才能实现学生词汇学习的效果。

忽视英语思维的培养是在长久的汉语语境熏陶下产生的惯性思维,很多学生习惯运用汉语的语言逻辑去理解、解释和使用英语,由于英语和汉语二者背后的文化与逻辑存在差异和冲突,因此必然会影响学生对英语的有效运用。实际上,无论是英语还是其他语言,只有深入了解语言的内在逻辑,才能做到自如运用。英语思维的培养不是仅仅记忆单词或背诵句子能做到的,还需要学生充分理解英汉语言背后的文化历史,这样才能真正掌握英语这门语言。

（5）语义内涵的理解程度差

我国学生是在汉语环境下学习英语的,所以在理解英语词汇的语义内涵时,会不同程度地受到汉语文化的影响,而英汉词汇之间的语义不对等现象会对学生的词汇理解带来困难。具体而言,一方面,学生在本民族文化传统的影响下会形成思维定式,在理解英语词汇时会出现文化语义的偏差;另一方面,中西文化观念冲突会让学生思维混乱,对英语感到束手无策。如果教师忽视词汇文化背景知识的输入,学生在理解英语词汇时就会出现偏差,甚至会在使用中产生误用问题。

（6）缺乏探究意识

在实际的英语词汇学习中,很多学生从教师那里被动地获取知识,而不去主动寻找其他的渠道,长此以往,词汇掌握的量也是不充分的。同时,学生不会去主动探究词汇,无法得知词汇文化的背景知识,这样的词汇学习便会使学生逐渐缺乏兴趣和积极性。

（二）英语词汇教学中的文化因素

语言是文化的载体,文化影响着语言,二者密切相关。不同民族的文化有着区别于其他民族文化的特色,而这种差异也会在语言中表现出来,并对语言起着重要的影响作用。就英汉民族而言,二者有着不同的历史文化、生活环境等,由此产生的文化差异都会对此产生一定的影响,进而对英语词汇造成影响。了解英汉文化差异以及对英语词汇教学产生的影响,可使教师和学生充分了解文化因素的重要性,进而有意识地进行文化教学和文化学习。

不同民族的语言和文化不尽相同,反映在词汇层面就会形成不同的

第三章 跨文化视域下高校英语教学转型与创新实施路径

个性,即一个民族的词汇可能在另外一个民族是不存在的,这些词汇的概念与意义对于其他民族是非常陌生的,这就是所谓的"词汇空缺"。

在英汉语言中常会见到词汇空缺现象。例如,英语中有 strong point 和 weak point 的说法,但汉语中只有"弱点"而没有"强点"的说法。再如,汉语中"长处"和"短处"的说法,但英语中只有 shortcoming 而没有 longcoming 的说法。

很明显,词汇空缺势必会对语言的转换和文化的交流造成困扰,这就需要译者在翻译过程中注意这一现象,并灵活采用一些相应的措施。

之所以产生词汇空缺,主要受如下几点的影响。

(1)地理环境差异。不同民族的人们身处在不同的地理环境,所以该民族语言中描述地理环境的词汇在其他民族中可能会不存在,也就是存在词汇空缺。例如,"泰山"在汉语中有着独特的文化内涵,其喻指德高望重的人和强大的实力,如"有眼不识泰山"。无论是泰山这一物体还是其文化内涵,都是汉语文化所特有的,其他文化中并不存在,如果按照字面意思直接译为"have eyes but fail to see Taishan Mountain,"就会丢失其文化信息,读者也会产生疑惑,不明所以。而英语中的"take French leave"(不辞而别)和"Spanish athlete"(吹牛,胡说八道的人)也是其他民族所不具有的表达,也不能按照字面意思直接翻译,否则会令读者不知所云。

(2)价值观念差异。价值观念深刻地反映着文化,因文化背景的不同,所以不同民族的人们有着不同的价值观念,这在思维方式、语言表达等方面有着显著的体现。受中国传统观念和文化的影响,中国人崇尚礼仪,讲究谦让,在与人交际时常会采用很多谦辞,如"寒舍""鄙人"等。受个人主义价值观的影响,西方人追求自由,讲究平等,在与人交际时常会直接表达,而且富有逻辑,汉语中的一些谦虚表达在英语中并没有相对应的形式。

(3)社会风俗差异。英汉民族有着各自独特的社会风俗,反映在语言上,也会导致这方面的词汇空缺。例如,中国的传统节日,如"除夕""清明""中秋"等在西方国家并没有,与之相对应的一些节日风俗,如"守岁""扫墓""吃月饼"等在西方国家更是没有,这些富有中国特色的习俗在英语中根本没有相对应的表达形式。而西方文化中万圣节的"trick or treat"、感恩节的"turkey"等,在汉语中也没有相应的表达。可见,社会风俗差异也会导致词汇空缺现象的产生。

(三)跨文化视域下英语词汇教学的原则

英语词汇教学的开展应遵循一定的原则,这样可以使教学更加有效地进行,可以更好地培养学生词汇能力和跨文化交际能力。具体而言,英语词汇教学中培养跨文化意识应遵循以下几项原则。

1. 联系文化原则

语言与文化密切相关,很多词汇都蕴含着丰富的文化,而且词汇学习的最终目的也是进行跨文化交际,因此联系文化原则也应是英语词汇教学遵循的一个重要原则。遵循联系文化原则是指,在英语词汇教学过程中,词义的讲解、结构的分析都应与文化相联系。充分理解语言文化,有助于加深对词汇的理解,全面掌握词汇的演变规律,有效地运用词汇。

2. 词汇运用原则

学习词汇并非为了单纯记忆词汇,而是为了在交际过程中有效运用词汇,因此在英语词汇教学中,教师应遵循词汇运用原则。这一原则是指教学中教师不仅要讲授词汇知识,还要引导学生对词汇加以运用。具体而言,教师在教学中要设计符合学生学习特点的教学活动,让学生积极参与教学互动,进而锻炼词汇运用能力。

3. 新潮性原则

在科技迅速发展的大数据时代,学生们有着开放的思想、新潮的想法,而且无论是学习还是生活,都与信息异常密切。对此,英语词汇教学应顺应社会的发展趋势和学生的需求,与时俱进,具有新潮性。教师除了教授教材中的词语,还可以适时传授一些热门新词,如"selfie"(自拍),"bestie"(闺蜜)等,这样学生就会切实感受到语言的鲜活性和延展性,学习词汇的积极性兴趣也会随之提高。

4. 循序渐进原则

任何教学都应遵循循序渐进的原则,英语词汇教学也不例外。具体而言,在词汇教学中遵循这一原则是指教学中在数量和质量平衡的基础上对所教内容逐层加深。基于循序渐进原则,英语词汇教学不能仅仅重视学生对词汇数量的掌握,也应重视学生对词汇质量的把握,要做到在增加学生词汇数量的基础上,提升学生对词汇使用的熟练程度。

逐层加深是指英语词汇教学应由浅入深、层层递进地进行,因为课堂教学中不可能一次性教授词汇的所有语义,学生也不可能一次性掌握全部知识。总体而言,在英语词汇教学中,教师要避免急于求成,应由浅入深地推进教学,让学生一步步加深对单词意义的了解和对单词用法的掌握,进而提升学生的学习效率和英语词汇水平。

5. 情景性原则

词汇教学不应孤立进行,而应做到词不离句、句不离段,设置情景,借助情景教授词汇。学生善于模仿、记忆力好、听觉敏感,所以教师应抓住学生的这些特征,为其创设真实的语言情景。教师应根据教材的内容,努力为学生创设良好的语言环境,让学生在较为真实的语言情景中,积极开展练习活动,坚持听、说、做相结合的原则。在情景中教授英语单词,一方面利于学生对词义的理解,加强记忆;另一方面,方便学生将所学单词应用于交际活动中。

6. 重复性原则

遗忘是伴随着记忆而行的,在学生的词汇学习中,不可避免地会产生遗忘问题,每天如果不加以复习和巩固,将很难掌握词汇,对此英语词汇教学应遵循回顾拓展原则。这一原则是指在教学中将新旧词汇结合起来,利用已教授过的词汇来教授新的词汇,以便让学生对旧的词汇加以共通,同时有效拓展和掌握新的词汇。

7. 对比性原则

英语词汇中的大量词汇均有与其意义对应的词,通过对比、对照等方式将学生容易混淆的词以及内容上联系密切的成对的概念找出来,加强单词的识记。根据神经系统的对称规律,当两种性质不同的语言材料同时出现时,会促进大脑皮层的互相诱导,强化"记忆痕迹",活跃思维活动。

(四)跨文化视域下英语词汇教学的方法

目前,英语词汇教学存在着诸多问题,教学现状并不佳。对此,为了切实提高英语词汇教学的效果,提升学生的词汇水平,培养学生的跨文化意识,就需要在遵循基本教学原则的基础上,对教学方法进行优化,即选用新颖有效地方法开展教学。

1. 讲授文化知识法

在词汇教学中,教师可以采用教授法开展文化教学,即教师直接向学生展示文化承载词的分类及内涵等,同时通过图像声音结合的方式列举生动的例子加以说明,直观地培养学生对文化学习的兴趣。只有熟悉了英语文化,才能让学生透彻地了解英语词汇。学习语言时不能只单纯地学习语音、词汇和语法,还要接触和探索这种语言背后的文化,在语言和文化的双重作用下,才能真正掌握英语这门语言。采用直接讲授法讲授文化,既省事又有效率。而且这些文化不受时空的限制,方便学生查找和自学。

例如"山羊"/"goat",在汉语环境中,"山羊"一般扮演的是老实巴交的角色,由"替罪羊"这一词就可以了解到;在英语环境中,"goat"则表示"好色之徒""色鬼"。这类词语还有很多,如"landlord"(褒义)/"地主"(贬义)、"capitalism"(褒义)/"资本主义"(贬义)、"poor peasant"(贬义)/"贫农"(褒义)等,这些词语代表了人们不同的态度。在词汇学习过程中,要深入了解和尊重中西方文化,这样才能更好地将词汇运用于交际。

再如,根据当下流行的垃圾分类,教师可以让学生翻译这四类垃圾:干垃圾、湿垃圾、有害垃圾、可回收垃圾。大部分学生都会将"垃圾"一词翻译为"garbage",实际上正确的翻译应是"waste"。由这两个词就可以看出中西方文化差异。在英语中,"garbage"主要指事物或者纸张,"waste"主要是指人不再需要的物质,可以看出"waste"的范围更广,其意思是"废物"。当翻译"干垃圾"和"湿垃圾"时,学生又会翻译得五花八门,实际上"干垃圾"是"residual waste","湿垃圾"是"household food waste"。所以,学生必须深入了解中西方文化的异同,这样才能学好词汇,才会形成英语思维,进而形成跨文化交际能力。

2. 创设文化情境法

语言只有在语境中才能焕发生机与活力,单独去看某个词汇很难在其中发现个中韵味,但是一经组合和运用,语言便有了生命力。因此,教师应创设信息丰富的环境,为学生提供真实的语言环境和大量的语言输入,给学生提供学习和运用词汇的机会,使学生在逼真的语境中学习英语。教师可以设计一些活动,如组织学生观看电影,然后指导学生进行角色扮演,让学生经历真实的跨文化交际情景,培养学生的跨文化交际能力。

除组织跨文化交际活动外,教师还可以组合一些课外活动,让学生切实感受英语文化,扩生的词汇文化资源,培养学生的跨文化交际能力。例如,《疯狂动物城》这部动画片深受学生的喜爱,但大部分学生并没有注意这部影片的名字 *Zootopia*,也没有对其进行探究,觉得这是电影中虚构的一个地方。如果学生知道乌托邦的英文是"Utopia",可能会理解这个

第三章　跨文化视域下高校英语教学转型与创新实施路径

复合词"Zootopia"是由"zoo"(动物)和"Utopia"(乌托邦)结合而来。实际上,很多学生连汉语文化中的"乌托邦"都不了解,更不用说英语文化了。其实,"乌托邦"就是理想国,"Zootopia"就是动物理想国,动物之间没有相互杀戮的地方。如果学生在观看电影前能对其中的文化进行探索,或者教师稍微引导,那么观影的效果就会更好,而且在欣赏影片的同时能掌握文化知识。

3.词汇知识扩充法

词汇学习不能仅依靠教师的课堂讲授,还要依靠学生的课外自主学习,对此教师应有效引导学生充分利用课外时间来自主扩充词汇量,丰富词汇文化知识。

(1)推荐阅读

教师可以向学生推荐一些课外读本,如《英语学习文化背景》《英美概况》等,让学生利用课余时间进行阅读。通过阅读英语名著,学生不仅能充分了解西方文化背景知识,扩大文化视野,还能积累丰富的词汇,了解词汇的运用背景以及词汇的文化含义,更能培养学生良好的自主学习习惯,促使学生终身学习。可见,阅读英语书籍对学生的词汇学习而言是非常有意义的。这不仅能培养学生的自主学习能力,还能丰富学生的文化知识,扩充学生的词汇量。

(2)观看英语电影

现在的学生对英语电影有着浓厚的兴趣,对此教师可以借助英语电影来提高学生的词汇能力。具体而言,教师可以选取一些蕴含浓厚英美文化,并且语言地道、通俗的电影让学生观看。这样学生可以在欣赏影片的过程中,切实感受英美文化,提高文化素质和词汇能力,同时提升学习词汇的兴趣。

二、高校英语语法教学

在语言中,语法是其构架,是语言中词、短语等进行排列组合的方式,其对于语法学习有着十分重要的作用。要想对一门语言予以掌握,就必须弄清楚其排列的规律,因此英语教学中也离不开语法教学。但是需要注意的是,随着社会的不断发展以及文化的巨大影响,英语语法教学也应该将文化融入其中,让学生能够使用语法知识来展开恰当的跨文化交际。本节就来具体分析跨文化视域下英语语法教学的理论与方法实践。

（一）英语语法教学

1. 什么是语法

对于语法的内涵，不同的学者有不同的界定。

弗里曼（Larsen-Freeman, D., 2005）认为，"语法包含语形、语义、语用三个层面，三者关系紧密，如果任一层面发生改变，其他层面也会随之发生改变。"[1]

许国璋教授（1995）指出，"语法制约着句子中的词汇、词汇关系。一种语言中的语法是对该语言中规则、规约制度的反映。基于这些规则、规约制度的指导，词汇才能组成合适的句子。"

从上述定义中可知，人们对语法的界定更接近语言的本质。语法本身涉及静态与动态两种形式。就广义来说，人们的听、说、读、写、译五项技能需要语法手段的参与与描写。

2. 英语语法教学中存在的问题

（1）语法教学弃而不教或边缘化

英语教学一直都在不断变革，教学内容随之不断改变，而随着2004年教育《英语课程教学要求》的颁布，英语语法教学内容退出了英语教材，英语语法教学也从英语教学中退出，最终导致英语语法弃而不教或边缘化。这具体体现在两个方面，首先教材中没有了语法内容，教师便失去了教授语法的依据和大纲，学生也将无法系统地获取语法知识；其次可使安排不合理，英语教学中多是精读课与泛读课，没有相应的语法课，及时教师讲解语法知识，也是零星的和碎片化的。实际上，语法对于英语语言的学习是至关重要的，语法贯穿于英语学习的始终，对英语综合能力的提升起着重要所用，所以教师不应忽视语法教学，而应积极开展语法教学，丰富学生的语法知识，提高学生的语法能力，为学生的英语综合应用能力打好基础。

（2）教学方式单一

英语语法知识繁多，学习起来十分枯燥，因此很多学生都与语法学习缺乏兴趣。想要改善这种现状，就需要教师创新教学方法，增添语法教学的乐趣，激发学生学习的积极性。但是，当前的英语语法教学并不乐观，教师依旧采用陈旧的方式展开，占据课堂的主体，这样学生处于被动的学

---

[1] Larsen-Freeman, D. *Teaching Language: From Grammar to Grammaring*[M]. Beijing: Foreign Language Teaching and Research Press, 2005: 49-58.

第三章 跨文化视域下高校英语教学转型与创新实施路径

习,不仅与教育理念不符,也不利于学生的学习,很难发挥学生的主观能动性。

(3)语法意识薄弱

学生在中学阶段已经进行了很长时间的语法学习,普遍感到枯燥乏味,因此他们认为到了大学阶段就没有必要重点学习语法了。实际上,尽管到大学阶段,语法依然是英语学习的重要内容,不掌握丰富和准确的语法,是不可能准确、流利地进行交际的。

(4)缺乏有效的学习方法

大多数学生的语法学习的效率非常低,其中一部分学生是因为掌握的学习方法不正确,从而使得语法知识的掌握较为松散,不能成为一个系统。在语法学习中,学生往往比较被动,通常是遇到新的问题之后才会回去学习语法知识,而当他们学习完一篇文章之后,又把语法学习抛之脑后,这样的学习是很难提升学生的语法能力的。

(二)英语语法教学中的文化因素

语言与文化密切相关,文化差异在语言中有着集中的体现,一方面体现在词汇上,另一方面则体现在语法上。因此,文化差异对英语语法教学有着显著的影响,而了解这种影响,对明确英语语法教学的目标,改善英语语法教学的现状具有重要意义。

1. 思维模式层面的影响

不同的民族,其思维模式也不相同,这种差异也会在语言中有所体现。英汉民族的思维方式在语法上的体现为英汉语法差异,具体表现是英语是形合语言,汉语是意合语言。

形合又称"显性",是指借助语言形式,主要包括词汇手段和形态手段,实现词语或句子的连接。意合又称"隐性",是指不借助语言形式,而借助词语或句子所含意义的逻辑联系来实现语篇内部的连接。形合注重语言形式上的对应,意合注重行为意义上的连贯。形合和意合是使用于各种语言的连接手段,但因语言的性质不同,所选用的方式也就不同。英语属于形合语言,其有着丰富的形态变化,语法规则众多,力求用内涵比较丰富的语法范畴来概括一定的语法意义,对句法形式要求严格。

英语句子多使用外显的组合手段,因此句子中的语法关系清晰有序。但汉语句子多用隐形的手段,语法关系并不那么清晰,而是十分模糊,如"知己知彼,百战不殆;不知己而知彼,一胜一负;不知己不知彼,每战必殆。"这句古汉语就足以体现了汉语意合的特点。汉语属于语义型语言,受传统哲学和美学思想的影响,形成了注重隐含关系、内在关系、模糊关系的语言结构特点。所以,汉语主要靠词序和语义关系来表现句法关系,并不刻意强求语法形式的完整,只求达意即可。

具体而言,受思维模式的影响,英汉语法之间的差异体现在以下几个方面。

第一,汉语句子注重达意,英语句子注重形式上的联系。例如,"已经晚了,我们回去吧。"这句话用英语表达是"Let's go home, as it is late."为符合英语的表达习惯,添加了相应的连接词。

第二,英语主要借助词形的变化来组句,汉语则主要借助词序和词在句中的作用及句子的意思来组句。

第三,英语倒装句多,汉语相对较少。为了表示强调,英语句子常将主动词放在主语前面,或者是没有助动词的情况下,在主语前面加"do"、"does"或"did",形成倒装句。汉语表示强调就相对简单,有时将宾语提前,一般是不改变词序增加某些具有强调意义的词。

总体来讲,受思维模式的差异反映了汉文化的综合整体与英文化的分析细节的思维方式的不同。在具体的英语语法教学中,教师引导学生充分了解文化差异对语法的影响,同时向学生输入相关的文化因素,使学生切实了解英汉语法的异同,进而提高学生的语法能力。

2. 语序因素层面的影响

语序指的就是词在短语或者句子中线性的排列顺序。语法语序就是表现语法关系的语序。例如,汉英都有并列式的合成词,尽管并列式都是由同等成分构成的,但是仍然存在较大差别。英语叙述说明事物时,习惯于从小到大,从特殊到一般,从个体到整体,先低级再高级;汉语的顺序则是从大到小,从一般到特殊,从整体到个体。此外,英汉语言中出现多个定语和多个状语时,定语和状语的排列顺序也是有差别的,这些实际上都源于文化的差异。因此,在英语语法教学中,教师应注重培养学生的文化素养,进而促进学生语法能力的提升。

(三)跨文化视域下英语语法教学的原则

1. 综合性原则

综合性原则是指英语语法教学要采取恰当的教学方式,具体体现在以下几个方面。

(1)归纳教学和演绎教学相结合。这两种教学方式各有所长,教师

第三章 跨文化视域下高校英语教学转型与创新实施路径

在语法教学中要根据具体的内容,将二者有机结合,以归纳为主,演绎为辅。

(2)隐性教学与显性教学相结合。隐性语法教学在教学中避免直接谈论所学的语法规则,主要通过情景让学生体验语言,通过对语言的交际性运用归纳出语法规则。显性语法教学侧重在教学中直接谈论语法规则,语法教学目的直接、明显。根据小学生的生理、心理特点,教师应尽可能避免机械、反复的语法识记和操练,应注重让学生在一个有意义的情景中感知、理解所教语法项目;然后为学生创设生动有趣的情景,让学生在交际活动中模仿、操练、巩固语法知识;最后,在学生理解并会运用的基础上,教师帮助学生总结归纳语法规则。语法教学应以隐性教学为主,适当采用显性教学,这样能激发学生学习语法兴趣,帮助于学生增强语法意识,培养语言使用能力。

(3)寓语法教学于听、说、读、写教学之中。学生的听、说、读、写四大基本技能的培养离不开语法,语法是为这些技能服务的。所以教师要把语法教学贯穿在听、说、读、写教学之中,使语法真正服务于交际。

2. 实践性原则

传统的英语语法教学只重视知识传授,不重视技能培养,忽视语法的交际功能。《英语教学指南》注重学生能力的培养。教师要明确英语语法教学只是培养语言实践能力的桥梁,其目的是更好地培养学生听、说、读、写语言实践能力,进而达到用英语进行交际。因此,语法教学必须突出其实践性原则。

行为主义学习理论认为,外语学习基本上是一个形成习惯的过程。其他流派也从不同角度提出了练习在培养言语能力中的作用。英语语法主要出现在单词、句型、文章中,教师在语法教学中必须以多种方式对语言知识进行实践练习,根据具体情况适当点拨,让学生在精读多练的基础上,熟练掌握语法知识,形成语感,从而建立一套新的语言习惯。

3. 交际性原则

在英语语法教学中,教师应遵循交际性原则,即恰当地运用多媒体设计课堂教学,创设合理的语言交际环境,使语言交际环境符合实际环境,从而帮助学生更好地掌握语法知识,提升交际能力。提高学生成绩并不是语法教学的最终目的,与语法知识的使用才是语法教学的本质,所以语法教学应结合实际生活,培养学生的语法思维,提升学生的听说读写能力,提高学生的语言交际能力。

4. 文化关联原则

语法作为语言的内部规律,与文化有着密切的联系,即蕴含和反映着丰富的文化信息。对此,在英语语法教学中,教师应重视文化因素对学生语法学习的影响,并有意识地进行文化教学,创设英语语言环境,从而丰富学生的文化知识,切实提高学生的语法能力和语言交际能力。

(四)跨文化视域下英语语法教学的方法实践

1. 文化对比法

文化对于语法教学影响深远,因此教师可以采用文化对比的方法展开教学,让学生不断对英汉语法的差异有所熟悉,培养他们的跨文化交际意识与能力。

众所周知,我国学生是在母语环境下来学习英语的,因此不知不觉地会形成母语思维方式,这对于英语学习而言是非常不利的,甚至在组织语言时也夹杂了汉语的成分。基于这样的情境,英语教师就需要从学生的学习规律出发展开对比教学,使学生不断认识到英汉语法的差异,这样便能在发挥汉语学习正迁移的前提下,使学生掌握具体的英语语法知识。

2. 创设文化语境法

在英语语法教学中,教师可采用情境教学法开展教学,情境教学法有着包含语法规则和知识的真实环境,可以充分调动学生不同的感觉器官,激发学生学习的兴趣,可以让学生在接近真实的情境中确实参与到学习中,使学生系统地掌握语法知识。语法教学通过情境化实现了认知与情感的联合,颠覆了过去只讲述语法规则的陈旧方法,学生有了使用语言的空间。而且通过情境化教学,课堂氛围更加活跃,师生关系更加和谐,学生的语法能力和交际能力会得到显著提升。具体而言,情境教学的教学途径包含以下几个。

(1)融入音乐,创设情境

青少年通常对音乐有着强烈的兴趣,因此在语法教学中,教师可将音乐与语法教学相融合,营造轻松愉悦的气氛,在聆听中学,在欢唱中学。例如,在讲授现在进行时这一语法时,教师可以让学生先欣赏歌曲,并让学生认真阅读该曲的歌词,然后找出歌词中含有现在进行时的句子。这样既能激发学生的学习兴趣,分散学习的难点,又能使学生在不知不觉中学到知识。

第三章 跨文化视域下高校英语教学转型与创新实施路径

（2）角色扮演，感受情境

在英语语法课堂教学中，教师还可以组织学生进行角色扮演，让学生身临其境地学习语法知识。学生可以通过自己扮演的角色，体验相应情境下人物的言行举止、思想情感，深化所学知识，提高学生的人文素养。

（3）运用媒体，展示情境

在语法课堂教学中，有些教学情境因条件的限制无法创设，但随着多媒体技术的发展及其在教学中的运用，这一缺陷被弥补了。多媒体教学素材丰富多样，包含图像、图形、文本、动画以及声音等，将对话的时空体现得生动和形象，图像和文字都得到了充分得体现，课堂范围不再沉闷死板，学生的感官得到了调动，加深了学生的印象，提高了学生参与课堂教学的积极性，教学和学习效率也得到了显著的提升。

（4）设计游戏，领悟情境

设置符合学生心理和生理特征的语法教学游戏，可以激发学生的学习积极性，让学生积极参与其中。而且生动活泼的游戏可以调动学生的多种感官，使学生原本觉得困难的语法结构也变得简单许多，从而使学生在潜移默化中掌握语法知识。

3.翻转课堂语法教学法

翻转课堂也是随着信息技术的发展而产生的一种新型教学模式，将该教学模式运用英语语法教学，可有效调动学生学习语法的兴趣，促进学生的自主学习能力，提高学生的独立思考能力，进而培养学生的语法能力。翻转课堂这种教学模式不再以教师为中心，而是以学生为中心，教师只是起到辅助作用，学生是教学环节的重点，师生之间处于互动的状态。翻转课堂语法教学模式流程如图4-2所示。

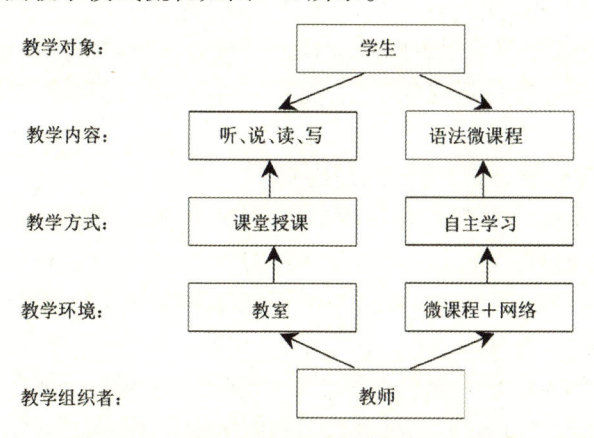

图4-2 翻转课堂语法教学模式的流程

（资料来源：张晨晟，2019）

（1）提升微课制作水平,借鉴网络教育资源

相较于传统的语法教学模式,翻转课堂最大的特点在于以视频微课代替了"黑板+粉笔"的教学方式。但已经习惯了传统教学模式的英语教师来说,很难在短时间内适应视频微课这种新式,因此教师首先要熟练掌握微课的制作技术,灵活运用各种制作软件；其次要重视视频微课内容的整合与加工,在内容选择上要微课课本语法知识,并借鉴网络上优质的教育资源制作短小精致、内容丰富的数字化课程资源。

（2）拓宽师生互动渠道,确保语法教学效果

制作视频微课是翻转课堂语法教学的前提,后期的检查、实施和监督是更加重要的部分,因此师生之间应保持多维互动。首先,教师要指导学生观看视频微课,并对学生的学习内容和时间进行计划,把握学生学习的进度；其次,教师要利社交软件建立 QQ 群和微信群等,加强与学生线上线下的互动,对学生在自主学习中遇到的问题进行解答,促进师生和生生之间的讨论,实现英语语法知识的消化和吸收。

（3）关注语法难点,提升教师答疑解惑的能力

基于翻转课堂,教师将制作好的视频微课上传到网络平台,学生自行下载,并在固定时间内完成自主学习,而对于遇到的语法知识难点,除了课堂学习小组讨论外,更多由教师在课堂上统一解答或个别辅导。对此,英语教师应不断充实自身的语法知识储备,提升自己的语法能力,从而更好地解答学生的疑难问题。

（4）开展差异化教学辅导,促进学生自主学习

在翻转课堂教学模式下,教师要更新教学理念,改变传统的教学模式,主动融入和参与学生学习的各个环节,成为学生学习的指导者和监督者。由于不同学生之间存在的巨大的差异,有着不同的基础水平和认知结构,因此教师需要采用不同的辅导方式来对不同层次的学生加以辅导,特别是对那些自律性不强的学生,更要采取有效方式来加以辅导,促进他们进行自主学习。

（5）重视教学评价,建立激励机制

翻转课堂语法教学重在学生的自主学习,为了掌握学生自主学习的频率以及参与程度,确保翻转课堂教学的效果,对学生进行考核评价就显得十分必要,而且这种考核要贯穿于课堂教学的全过程,并且评价形式要多样化,包括学生自我评价、小组评价、教师评价等多种考核评价形式。这种全方位的考核评价机制有利于教师掌握学生对语法教学的参与度和配合度,便于教师了解学生对语法知识的掌握程度,而且对学生有着正向的激励作用。

第四章 跨文化视域下高校英语教学中的教师与教材

教材是教学的依据,离开了教材,教学将无内容可教授。教师是教学的主导者和组织者,离开了教师,教学将无法开展。教材和教师在英语教学中发挥着十分重要的作用。随着英语教学的跨文化转型,英语教材与教师也发生了相应的改变,本章将对跨文化视域下高校英语教学中的教师与教材进行研究。

第一节 高校英语教学中教师跨文化意识的培养

一、英语教师的角色定位与素质要求

(一)英语教师的角色定位

说到角色,一般人会觉得其与身份、地位有关,认为角色是对人们身份、地位的诠释。在当今社会,教师扮演着十分重要的角色,他们以各种方式调动与引导学生参与活动,并引导学生在自己设定的环境中展开探索。传统的英语教师所扮演的角色已经很难适应当今社会的需要。在这个多元化的社会,教育具有多样性,需要适应不同层次、不同族群人的需求。教师需要作为文化传承执行者的角色展现在人们的面前,通过间接的形式逐渐实现文化传递。只有具有多元文化教育观的教师,才能与多元文化社会教育相适应。也就是说,教师不再是知识的传授者与复制者这些简单的角色,而是被赋予了新的多样角色。下面就具体分析英语教师角色的转变。

1. 知识与技能引导者

（1）语言知识的诠释者

英语教师是英语语言知识的诠释者,他们在开展课程教学之前,首先必须具备渊博的知识。简单来说,英语教师需要对英语专业知识有系统的、全面的把握,并能够从这些知识中分析出语言现象。一般来说,英语教师需要掌握的专业知识包括理论知识、语境知识、实践知识等,这些知识中囊括了语音、词汇、语法、语篇、文化等知识,英语教师只有掌握了这些知识,他们才能解决学生学习中遇到的实际问题,帮助学生提升自我,实现更好地语言输出。

（2）语言技能的传授者

当然除了英语知识,英语教师还需要掌握语言技能,并且将这些技能传授给学生。在学生学习语言的过程中,掌握语言知识是基本条件,而最终目的是为了提升自身的语言技能。一般来说,语言技能包含听、说、读、写、译五项。就语言的发展规律而言,听说居于重要地位,读写译其次,但就外语教育的角度而言,读写译居于重要地位,听说其次。这就说明高校英语课程教学的目标是让学生具备一定的读写译能力,而听说能力是实现读写译能力的前提与基础。高校英语教师要想能够提高教学质量,熟练地驾驭英语这门课程,就必须掌握这五项技能,并且保证五项技能的有机结合,从而提升学生的语言综合技能。

（3）课堂活动的组织者

无论是英语课程教学还是其他教学,课堂活动都是必不可少的一部分。在高校英语课程教学中,课堂教学是其重要的载体与媒介。英语教师要想提升自身的教学质量,必须要设计出合理的课堂活动,如辩论、对话、对话表演等,这些都是能够让学生参与其中的活动,让学生有真实的语言训练机会,提升自身的语言表达能力。在这之中,学生也会不断加深对英语语言知识与技能的印象,巩固自身的知识体系。

（4）教学方法的探求者

英语教师在英语教学中不能仅使用一种教学方法,应该承担起教学方法开发者与设计者的角色,创新教学方法,使教学课堂更多样有趣。与其他学科相比,英语教学具有极强的实践性,因此其与教学方法的关系更为密切,甚至教师对语言知识的分析、学生语言技能的掌握、教师课堂活动的组织等都需要考虑相应的教学方法。

随着很多学者对英语教学进行深入的研究,探索出了很多教学方法,如语法—翻译法、交际法、任务法、情境法等,这些教学方法各有利有弊,

第四章 跨文化视域下高校英语教学中的教师与教材

高校英语教师需要考虑教学的实际情况以及学生的实际水平,选择适合自己的教学方法组织教学,有时候甚至需要多种方法并用,从而传达出最佳的教学效果。

2. 多元文化驾驭者

(1) 多元文化环境的创设者

学校的文化环境会对学生的学习产生影响。作为一种社会化机构,学校的目标、功能、管理等都属于主流文化,如果教师不知道如何对学校的教学环境进行塑造,就很难在家庭—社区—学校之间构建一个平衡点,很难让学生予以适应。因此,教师要努力创建多元文化教育环境。具体来说,可以从如下几点着手。

首先,师生之间要构建信任关系。师生间的人际关系对学生的成绩产生重要影响,文化差异的存在、教师的偏见容易造成师生之间的隔阂与误解。如果师生之间存在这种隔阂与误解,就会对学生的自我观念产生负面影响,让学生受到挫折,甚至孤立无援。

其次,教师要努力构建一种积极的家庭式氛围。教师要为学生提供一个尊重与关怀的环境,让学生领略到家庭语言与文化。教师要对学生的文化背景有充分的了解,不断搜寻相关的信息,并将这些相关信息自然地融入教学之中。

总之,教师只有充当一名多元文化者,才能对学生所处的文化环境有清楚的了解,对学生的文化价值观有清楚的把握。同时,教师只有从多种角度对文化加以理解,才能为每一位学生创造合适的教学策略与内容。

(2) 中西文化差异的解释者

在多元文化背景下,英语教师充当了中西文化差异的解释者的角色。由于中西方文化传统不同,二者在价值观、思维模式上存在明显差异,而这些差异逐渐成为学生跨文化交际的障碍。

就社会文化角度而言,语言属于一种应用系统,具有独特的规范,是文化要素中的一项重要组成部分。因此,在英语教学中,英语教师除了要教授英语知识与技能,还需要囊括文化背景知识,实现英语知识、英语技能、文化背景知识三者的融合与补充。

就语言文化知识的内容而言,除了要教授本土文化知识,还需要讲授西方文化背景知识。中西方语言文化的差异性主要体现在风俗习惯、思维模式、价值观念等层面,而这些差异性在语言上有明显的呈现,无论是词汇中,还是篇章中,因此高校英语教师应该充当中西方语言文化的解释者这一角色,将中西方语言的差异性解释给学生,让学生在了解这些差异的基础上,掌握好英语语言。

需要指出的是,教师在充当中西方语言文化的解释者这一角色的时候,对中西方文化要保持中立态度。文化没有优劣之分,因此高校英语教师在选取素材时,应该尽量选择那些不会对其他文化造成伤害的素材,避免引导学生对某些文化产生偏见,从而使学生对不同的文化有清楚的认识。

(3)本土文化知识的传授者

前面提到英语教师应该对西方文化背景知识有清楚的了解,除此之外,他们还应该对本土文化有清楚的了解与认识,甚至需要成为本土文化的专家,挖掘本土文化所蕴含的特色与思维形式。英语教师既是知识的引导者,也是文化的传承者,他们应该以一个真诚的面孔展现在学生面前,将本土文化知识融入自己的课堂之中,与学生展开平等的交流,从而为英语教学提供更为广阔的空间,同时构建和谐的师生关系。

教师要比其他人对本土文化知识有更敏锐的直觉,对本土文化知识的价值更注重保护与发展,并且懂得如何对学校所处社区的本土文化知识进行挖掘。在英语教学过程中,英语教师应该对学生在本土社会中获取的知识予以尊重,而不是一味地否定或者贬低。教师可以引导学生对本土文化知识与书本知识进行比较,培养学生将本土文化知识与书本知识紧密融合,从而创造出新的知识体系。

3. 网络技术应用者

(1)语言单元任务的设计者

要想实现单元主题目标,就必然需要对单元任务进行设计,这是英语教师的一项重要任务。学生通过教师设计的这些真实的任务,可以拓宽自己的语言知识面,还能够提升自身解决具体问题的能力。因此,在英语学习中,语言单元训练任务的设计是非常重要的。这要求教师应该在网上设计相应的单元任务,让学生在规定的时间内完成,最后提交完成任务的结果。通过这种方式,学生可以降低自身的压力,让他们愿意参与其中。

另外,通过网络,学生可以根据自身的实际情况选择教师设计的任务,遇到问题时也可以与教师或其他同学进行网上交流,最后呈现自己的作品或观点。显然,这种方式不仅锻炼了学生的英语语言水平,还有助于提升学生的兴趣和积极性,加强人与人之间的交往与合作。

(2)有效主题教学模式的设计者

在新形势下,英语教学要求教师不断探求新的教学模式与方法。具体来说,英语教师不仅需要发挥网络的优势,还需要提升学生学习的效

第四章 跨文化视域下高校英语教学中的教师与教材

率。对此,英语教师在设计主题教学模式时,应该选择学生感兴趣的话题,并且整个教学模式都围绕这一主题开展,以小组合作讨论的形式完成任务,最后提交讨论结果。

当然,由于处于网络环境下,英语教师设计的每一个主题应该能让学生在网络上找到丰富的资料,包含这一主题的文化背景与发展动态,然后由学生进行总结与归纳,进而学生在网上进行讨论,这样的设计模式实际上帮助学生摆脱了课本的限制。

另外,在设计有效主题教学模式时,英语教师要尽量链接一些有效网址,帮助学生接触更多的国内外文化知识。英语教师还可以下载一些前沿性的资料,以吸引学生,提升他们的求知欲。当然,对于一些敏感性的话题,英语教师要进行正确指导,避免学生出现文化偏见。

(3)学生网络学习的帮助者

在英语教学中,网络能够起到监控的作用。通过网络监控,英语教师可以对学生的学习过程有所了解与把握,从而帮助学生实现自己的学习需要。高校英语教师是学生进行网络学习的帮助者,尤其对于差生而言,英语教师更是发挥了不可磨灭的作用,他们通过记录学生浏览网页的情况,了解学生是否参与其中,从而清楚学生在学习中遇到的困难,之后帮助学生解决实际的问题。

另外,由于不同的学生遇到的困难不同,因此英语教师应该给予分别指导,促进不同层次学生各自的进步。显然,英语教师对学生网络学习的帮助更具有人情味,不仅有助于提升优等生的水平,还有助于避免差生的畏惧心理,帮助不同层次的学生解决不同的问题,真正帮助他们实现有效的自主学习。

(4)在线学习系统的建立者

网络为学生的英语学习提供了便利,而教师在这之中充当了调控学生学习、提供个别指导的作用,但在这之前,首先就需要建构一个完善的在线学习系统。在这一系统中,有教师与学生两个端口。学生通过填写自己的信息,向教师端提出申请,教师负责审核,使学生加入到这一系统中。

根据在线学习系统的导航提示,学生可以获取自身所需的资料,也可以下载下来。例如,某一在线学习系统可能包含"单元测试"与"家庭作业"两个项目,在"单元测试"中学生可以进行训练与测试,在"家庭作业"中学生可以提交自己的作业。之后,学生可以通过论坛、QQ等平台和通讯工具与教师进行讨论,实现网上交互。

(二)英语教师的素质要求

1. 解读多元文化的能力

在文化自信视野下,教师需要具备对多元文化进行正确解读的能力,具体而言表现为如下三点。

首先,多元文化是一种历史事实。不同的文化具有差异性与多样性,这是人类文化从诞生开始所体现出来的一种客观存在。就历史角度而言,多元文化的差异性与多样性是一个不争的事实。就宏观的世界历史而言,早期有古希腊文化,中国有春秋战国文化、隋唐文化、明清文化等。这些都可以说明,历史时期不同,文化自然也不同。因此,多元文化是一种历史事实,指的是在一个地域、社会、区域等特定存在的、相互关联的却又具有独立文化特征的几种文化。

其次,多元文化是一种政治诉求。多元文化不仅是一种事实存在,还是一种价值存在,是人们在文化上所秉持观念的展现。多元文化源自于不同族群在争取平等的经济、文化权益斗争的结果,是一种对经济、文化等平等的追求。多元文化不仅仅限于文化层面,而是包含了不同民族、不同族群的经济、社会等多种概念。

最后,多元文化是一种思维方式。从哲学的角度而言,多元文化体现的是一种思维方式,对多元文化的理解就是对多元文化差异性、多样性的承认,并要认识到所有文化都应该是平等的,彼此之间会产生直接或者间接的影响。与之相对的认识就是对客观世界的认识,人们对其认识不应该从单一的角度出发,而应该从多个视角来认识和理解。多元文化这一思维方式打破了传统的一元的思维方式。

多元文化是一种历史事实、政治诉求,也是一种思维方式。教师应该对多元文化进行正确的解读,从多样的视角对不同文化予以尊重、学习与理解,不能毫无保留地全盘接受社会主流文化,对其他文化全盘否决,应该批判地看待不同文化。需要注意的是,教师在对多元文化的解读中,应该持有平等、公正、多元的理念。

2. 师德素质

师德是英语教师必备的素养,也是英语教师从事教育活动的动力源泉。教师的师德具体体现在对学生的热爱、对事业的忠诚、对教学的执着和对高尚人格的追求。与此同时,教师的师德直接影响着学生的成长。因此,英语教师在日常的工作中要有理想信念,科学的世界观、人生观、价

第四章 跨文化视域下高校英语教学中的教师与教材

值观,忠于人民的教育事业,具有爱岗敬业的奉献精神,热爱学生。可以说,英语教师只有先懂得奉献、体现公正、具有责任感,才可能实现言传身教。

(1)教师职业道德的形成

同其他事物的发展一样,教师职业道德品质的形成有其内在的规律性。从品德心理学的角度看,教师职业道德的形成也是一个知、情、意、行的培养过程。为此,教师职业道德品质的培养也需要从道德观念、道德情感、道德意志、道德信念、道德行为和道德习惯几方面入手,进行全面培养和提升。

其一,增强教师的职业道德观念。教师在职业道德形成的过程中要理解和掌握教师道德的基本原则,提高道德认识。为此,学校领导、各级教育行政部门应该加强对教师进行教师职业道德基本常识和基本理论的教育,使教师懂得自己哪些行为符合教师职业道德,哪些行为违背教师职业道德,这样就能首先在思想认识上构筑起一条道德防线,为教师教育教学行为的合道德性奠定思想基础。

其二,坚定教师的职业道德信念。教师有了坚定的职业道德信念,就会使其道德行为表现出坚定性。教师的职业信念一旦确立,其道德行为和道德观念的一致性就不可动摇。

其三,陶冶教师的职业道德情感。教师的职业道德情感是关于教师在教育教学过程中的言行举止,是否符合职业道德规范而产生的情绪体验。作为教师,应该有高尚的职业道德,这就需要教师不断陶冶自己的道德情感,使自己对善与美的认识具有价值认同感。

其四,磨砺教师的职业道德意志。教师职业道德意志是教师在道德修养实践中克服困难的一种力量。教师要培养治学严谨的品格,就必须有一种顽强的意志。教师有时为了证明一道数学题,往往会牺牲自己很多休息的时间,如果没有顽强的意志是做不到的,正是在这样的实践中,教师的道德意志得到了磨砺,同时也培养了教师良好的职业道德品质。

其五,培养良好的道德行为和道德习惯。教师的道德行为是教师的道德观念、道德情感、道德意志和道德信念支配下采取的行动。教师在教育教学活动中的道德行为,是评价教师道德品质好坏的重要标志。教师在职业道德修养中有良好的道德行为,久而久之,就形成了教师良好的道德习惯。从道德观念到道德行为,再形成道德习惯,是教师职业道德形成的全过程。

综上所述,教师职业道德形成过程中有教师职业道德观念、教师职业道德情感、教师职业道德意志、教师职业道德信念、教师职业道德行为习惯诸要素。它们是相互联系、相互促进、相互作用的。只有这样,教师才能在实践工作中达成崇高的教师职业道德,表现出高尚的职业道德品质。

（2）教师职业道德发展的阶段

从教师的专业成长历程来看,教师职业道德的发展阶段可以分为职前教育阶段、职业实践阶段和终身追求阶段。

其一,职前教育。教师职业道德是社会道德的重要组成部分,是道德在教师职业领域中的特殊表现。职前教育的目标主要在于使教师成为一个具有良好道德修养的人,这是保证教师职业道德的底线达标,即先为人,后为师。

其二,职业实践。职业实践是教师职业道德养成的根本保证,在教育教学过程中,教师会遇到各种各样的问题,在解决这些问题时,教师总是被要求要具有自己的独特方式,即要有所创新。因此,教师需要不断提升自己的专业素养,在实践中不断践行职业道德规范,提升职业道德水准。

其三,终身追求。社会在发展,知识在更新,教师要想跟上时代发展的脚步,必须要不断学习,终身学习。当然,教师所追求的职业理想也是没有止境的,教师必须不断学习,自觉从各方面抓住一切机会来提高自己。另外,教师需要在面对学生和教学工作时产生一定的成就感,这样才会拥有不断进行学习的动力,否则,教师容易出现心理倦怠,从而缺乏追求理想的动力。

3. 以学生为中心的教学意识

在现在的英语教学模式中,所有的学生形成一个多元文化语境,他们来自于不同的地区,具有不同的成长背景,这就使得他们有着不同的接受能力、不同的思维方式等。如果教师对所有学生都一视同仁,那么必然会削弱学生学习的积极性与主动性,也势必会导致教学效果不佳。对此,教师应该"以学生为中心",教师自身的角色也应该发生改变,从原本对课堂的控制者转变为对学生英语学习的辅助者,同时对待每一位学生都应该持有平等、公平的姿态。教师要认识到不同学生的文化差异与多样性,对不同的学生采用不同的方法,使学生成为教学的主体,展现自身的个性,从而更好地在多元的环境中习得英语这门语言。

4. 信息素质

信息能力是指人获取信息、加工处理信息和利用信息的能力,具体包括文献信息检索能力、信息分析能力、信息加工处理能力等。具体体现在人们对信息存储机构,如图书馆、互联网等的应用能力和运用计算机、网络、通信技术的能力。当今世界已经进入知识经济时代,信息与智能革命正席卷全球,在这种背景下,产品的智能成分大大增加,劳动者智能劳动成分也大大增加,信息技术的发展将成为新技术的核心。作为21世纪的英语教师,便捷、高效地获取信息是从事教学、科研与社会服务活动的基础,有效地搜索、分析、利用信息既是自身发展的需要,也是英语教师所必须掌握的技术和必备的能力。

(1)信息获取能力,英语教师应能根据学科的教学要求,主动地、有目的地去发现信息,并能通过互联网等现代信息平台,快速有效地收集到所需要的信息。

(2)信息处理能力,英语教师能够将浩如烟海的信息进行分析筛选,判断其可信度,再对信息进行取舍。

(3)信息利用能力,能否利用所掌握的信息,使用信息技术或其他手段,分析、解决自身生活和学习中的一些实际问题。

(4)信息传输能力,指通过某种载体和方式,把教育信息传输到信息接收者的过程,具体包括利用传统的语言、文字、图像传输信息的技能及利用计算机网络和通讯设备把信息、知识传递给学生进行教育的能力。

(5)信息创新能力,在信息加工时,通过分析、归纳、抽象、联想等思维活动,挖掘出具有相关性、规律性的信息,或者能从表面现象分析出事物的根源,得出创新的信息。

(6)信息评价能力,即根据现代化教育的目的、要求和标准对信息的传输者和接受者进行评价的能力。

二、教师跨文化意识

(一)知识层面

在知识层面,教师应具备文化知识、语言知识和专业知识,并且这些知识要符合跨文化交际能力培养的需求。

就文化知识而言,教师应掌握一定的目的语文化知识,具备一定的文化素养。虽然教师没有必要了解所有目的语国家的文化知识,也没有必要成为文化方面的专家,但是有必要了解一些目的语国家的社会文化。此外,教师应具有多元文化意识,了解本民族文化、目的语国家的文化和其他国家的文化,清楚不同文化之间的差异,了解那些容易引发交际误解、导致交际失败的文化知识。教师要有意识地与目的语文化密切接触、保持联系,了解和掌握多样化的文化知识,进而提高自身的文化意识和素养。

就语言知识而言,由于学生基本都是在母语环境下学习外语的,如我国学生是在汉语环境下学习英语的,母语对英语知识的习得产生较大的影响,母语可能会对英语学习产生正迁移,也可能对会对英语学习产生负迁移,因此这就需要教师切实掌握英语在使用语境中的语用规则,并且透彻了解母语和英语两种语言的区别。

就专业知识而言,教师应掌握跨文化交际的基本含义和相关理论,具备与之相关的社会文化和心理层面的知识;清楚跨文化教学的综合和具体目标;了解跨文化教学的核心思想、基本原则和有效方法,掌握语言文化教学的主要理念,具备开展跨文化教学的策略。

(二)能力层面

在能力层面,教师应具备三种能力,即语言能力、跨文化能力和学习能力,以满足跨文化交际能力培养的需求。首先,教师应具备扎实的语言能力,这是教师开展跨文化教学的基本前提和保障,教师要具备语言交际能力和非语言交际能力,并且具备一定的交际技巧和策略。其次,教师应具备一定的跨文化能力,这是有效实施教学的重要保障。教师应具备跨文化意识,同时要发展自己的本族文化身份认同,以更加有效地进行跨文化教学。最后,教师应具备一定的学习能力,能在教学中和学生一起进步,共同成长,培养和提高跨文化意识和跨文化交际能力,从而使教学开展更加顺利和有效。

(三)态度层面

在态度层面,在面对他族文化时,教师要持有尊重、理解和宽容的态度,对不同的文化具有一探究竟的兴趣,愿意积极主动地与其他民族的人们进行交流。有研究表明,那些乐观、具有好奇心、灵活、善于思考、对他族文化具有浓厚情趣的教师,即使不参加文化培训,也能很好地将语言教学与文化教学相结合,完成跨文化教学任务。

(四)素养层面

在素养层面,教师要具备两方面的素质。首先教师要具备与跨文化交际相关的个人品质,具备积极、活泼、富有感染力的性格,并且具备相应的理论知识,包括心理学知识和教育学知识,从而改变学生对文化学习的态度,激发学生学习文化知识的兴趣。其次,教师要具备移情和包容能力,教师要能够站在学生的角度考虑问题,能够推断和猜想学生的需要,包容

第四章 跨文化视域下高校英语教学中的教师与教材

学生,从而使学生学会移情和包容。最后,教师要了解文化差异,并且正确对待文化差异,从而引导学生避免产生文化偏见。

三、高校英语教学中教师跨文化意识的培养策略

在新形势下,英语教师的专业发展面临着专业意识欠缺、专业能力薄弱等问题。对此,教师应该展望世界,培育自身的专业意识,丰富自身的专业能力,大胆反思,从而成为适应当前社会需要的高素质教师。具体来说,主要从以下几个方面着手。

(一)提高专业意识

当前很多年轻教师由于教学时间短、缺乏教学经验,也没有过多参与课题研究的机会,因此经过一段时间的教学工作后,往往比较厌烦,这都是自我专业发展意识薄弱的表现。因此,在当前的跨文化教育背景下,大学英语教师应该不断提升自身的专业意识,具体而言可以从如下三点着手。

1. 理想意识

教师的理想对教师的专业发展起着十分重要的作用,为教师指明了前进的方向。大学英语教师的专业理想主要指的是他们对工作的热情。只有具备了热情,他们才能富有积极性,才能具有专业认同感,愿意在自己的工作中付出努力。

2. 科研意识

通过记录专业中的关键事件与自我专业发展保持对话,并对未来的发展规划做出适当的调整,教师在专业化发展的过程中必有大成。教师能否具有科研意识,决定了教师能否尽自己所能投入到科研活动中。也就是说,教师要想从事科研工作,就必须具备科研意识,他们要在思想上对科研有所重视,在理论上不断加强学习,获得科学的理论指导,在时间上还要不断提升自身的问题与思考意识等,这样才能真正地投入到科研活动中,并为大学英语教学研究贡献一份自己的力量。

(二)提升专业能力

教师要想在跨文化教育背景下提升自身的跨文化意识,首先就需要提升自身的专业能力。具体来说,可以从如下几点着手。

1. 实行专业引领

当前,我国的英语教学在不断革新,先进的理念需要有骨干、研究者的带领,才能促进自身的专业发展。一般来说,教学专家、资深教师等都可以起到专业引领的作用。普通大学英语教师要向他们学习,接触先进的思想与经验,从而推动自身的专业化发展。一般来说,专业引领具有如下要求。

(1)要发挥专家与普通大学英语教师之间的能动性与积极性。不同的引领人员,所侧重的层面也必然不同。科研专家对教学理论非常注重,因此在其引领上更注重理论与实践的结合。骨干教师注重教学实践,因此在其引领上更注重具体操作。但是无论是哪一种引领,他们都需要较高的引领能力,既能够在理论上进行指导,还能够在具体操作中提供建议。对于普通的大学英语教师而言,他们应该配合专家与骨干教师,对他们给予的建议要认真听取,并择优采纳,从而分析与总结自身的教学问题,对自己的教学活动进行反思,提升自身的专业素质。

(2)英语教师要保证内容、目标等的正确,采用的方法要恰当。英语教师专业发展的总目标在于让他们能够对新知识、新信息予以把握,并且能够在这些新知识、新信息的基础上提升自身的专业素质。不同的英语教师存在着个体的差异,因此在专业发展、水平上也必然不同,因此在进行专业引领时,需要考虑不同教师的具体情况,对不同的教师制订与他们相符的方法,从而实现专业引领的合理性与有效性。

从上述分析可知,专业引领对于英语教师专业素质提升非常重要,具体而言可以从如下几个层面着眼。

首先,阐述教学理念。就很大程度而言,英语教师的教学行为往往会受到教学理念的影响,因此在专业引领中,专家、骨干教师等应该尽可能引导普通的大学英语教师熟悉与掌握教学理念,可以采用讲座或者报告等形式。

其次,共同拟定教学方案。当普通的英语教师对先进的理念进行掌握之后,专家、骨干教师应该与普通的英语教师共同探讨先进的教学方案。在这一过程中,专家、骨干教师不仅是引领者,还需要对普通的英语教师的教学设计提出建议、给予指导,从而让普通的英语教师的教学设计更为完善。在专家、骨干教师等的引领下,普通的英语教师能够顺利地制订出与教学理念相符的教学方案,并将这一方案付诸实践。

最后,指导教学实践尝试。当制订完教学方案之后,就需要将其付诸实践,从而对教学方案进行验证。在验证时,专家、骨干教师应该参与其

第四章 跨文化视域下高校英语教学中的教师与教材

中,对教师的教学行为进行记录,从而与具体的方案进行对比,找出差距。在授课结束课堂之后,专家、骨干教师与普通的大学英语教师进行分析与探讨,对教学方案进行修订,从而使方案更完善、更切合实际。

2.提高教师实施能力

英语教师的教学实施能力是教师专业素养的核心部分,是在教师专业知识的基础上促进教师专业理念、专业智慧生成的根基。开展英语教师教学实施能力训练,必须在扎实掌握英语教师专业知识的基础上,切实将所学的学科知识、教育理论转化为从师任教的行为方式。

(1)英语教师教学实施能力的基本认知

英语教师的教学实施能力,指英语教师为保证教学成功,达到预期目的,对整个教学活动进行计划、控制、检查、评价、反馈和调节的能力。这种能力包括以下三部分内容。

第一,英语教师对自己的教学活动的事先计划和安排。

第二,对教学活动进行有意识地监察、评价和反馈。

第三,对教学活动进行调节、校正和有意识地自我控制。

教学活动包括的内容和涉及的因素多种多样。因此,英语教师的教学实施能力也具有多方面的内容和多样化的表现。英语教师的教学若想走在新课程改革的前沿,则需要通过课堂实践,探索既符合新课程精神,又符合英语教师自身实际的教学方式,不断提高各方面的能力。

通过提升英语教师教学实施能力的专题实践研究,我们期望在学校的课堂教学中切实实现以下方面的转变:将知识传授为中心转向以学生发展为本;由过去"依教案教学"转向"以学定教";由过去只关注教学结果转向兼顾结果与过程,特别是关注学习过程中学生获得的自信、养成的科学态度和习惯以及培养出来的人文精神等,这比单纯追求拥有知识的多少更有价值。

这样才能最终使广大英语教师基于新课程标准理念下的教学设计,在现实的课堂情境中尽可能高质量地达成课堂教学的目标。作为一项研究的专题,确立的研究目标如下。

其一,理清影响英语教师教学实施能力提升的因素。英语教师教学实施能力的提升受到多方面因素的影响,通过实践研究与反思发现,影响英语教师教学实施能力的因素主要包括以下几个方面。

英语教师的教学基本功。英语教师的基本功,除了传统的板书、班级管理外,还包括对专业知识的理解,对课程标准和教材的整体把握,对英语教师心理的了解,沟通与合作的能力,搜集、整理、运用信息的能力,主动学习并积极反思的能力等。

英语教师的主观因素。通过调查问卷发现,英语教师的主观因素对教学的实施能力及效果也产生明显的影响。

英语教学的经验主义。近40%的英语教师选择"我心中有数,常常提前一天考虑第二天的工作"。关于课堂设问,超过1/3的英语教师选择"心里知道是哪几个问题,但谈不上精心"等。这表明在现实中,英语教师的思想相对滞后。不少英语教师习惯于运用传统教学模式,存在思想守旧、满足于现有的办法与成绩,改革创新意识不强,有畏难情绪,缺乏实施新课程的主动性等。

英语教师工作负担过重,也是参与课改的积极性不高的重要原因。

其二,自觉反思的习惯。绝大多数的英语教师缺乏系统、深入的反思。超过一半的英语教师只在脑子里回顾一下或是在教案后稍作记录,多数英语教师会"和同事就某一方面展开讨论"。问卷还反映出多数英语教师"不知如何表述"反思或是苦于没人能指导,这也从侧面反映出培训不到位。虽然进行了大规模的培训,但无论是全员培训还是学科培训,基本属于通识培训。不少专家阐释的有关课改的理论材料,形式上的东西还较为明显。

其三,追求卓越的意识。问卷显示,绝大多数英语教师认为"态度决定高度,专业发展的高低跟自身的努力追求成正比";3/4的英语教师反映平时很注意"想出各种方法使自己的课生动有趣",并意识到对教育科研应积极了解、参与,对自己的专业发展会有帮助;42%的英语教师将"提高自身素质"作为未来发展的第一需要,这显示了英语教师非常关注学科教学的"软实力"——关注自身的学科教学素养、学科的内在价值和学科教学的实施过程,这种内驱力与英语教师的专业发展紧密相伴且更易长久保持。

其四,情绪波动的情况。超过四成的英语教师承认"前一节课上得不愉快,会影响自己下一班级的教学";并且,情绪产生的时间与进行教学的时间间隔越短,对教学的影响越大。这就向我们提出一个问题——课间的时间短暂,英语教师应如何调节自身的情绪,以达到最佳教学状态?也许我们可以通过系统的心理知识讲座、特聘心理专家、开设网络信箱等为英语教师提供心理疏导,以提升英语教师自我心理调节能力。

其五,自身的沟通需求。调查显示,近四成的英语教师自认"与受教育者的沟通能力一般",两成多英语教师认为自己最擅长与受教育者进行"全班整体交流",而这样的交流相对而言是缺乏个体针对性的,效果较差。当前教育强调"以人为本",但更多的时候,人们停留在关注"共性"

的"人",而忽略了"个性"的"人"。

其六,职业的归属认同。调查显示,绝大多数英语教师认同教学这门职业,喜欢任教的学科,自己工作的热情自然就高。近七成的英语教师明确表示以学科为单位常态的教学研讨对于促进职业的认同感和提升自己的教学实施能力帮助很大。这说明教研组的建设是较成功的,得到了大多数英语教师的认可,成功地为英语教师营造了集体归属感;英语教师队伍的师德建设、职业成就感的培养也是成功的。

(2)提升英语教师教学实施能力的机制与保障

其一,制订教学能力自我提升计划。英语教师教学能力提升培训的基础上,每个英语教师参照评课标准进行自我教学能力的测评,根据结果制订相应的教学能力自我提升计划。通过英语教师教学能力自我提升计划的实施,计划由学期到学年,可侧重每学期重点改进的一个方向,目标分阶段,力求合理化。这让每位英语教师自我的改进方向变得更明确、更具体、易操作、易测评,促使英语教师课堂教学水平明显改进和提高。

其二,以英语教师专业发展电子平台为载体,提升教学质量。英语教师专业发展电子平台建立后,要求全体英语教师定期上传自己的教案、案例、教学随笔和论文。电子平台如同档案室,也像阅览室,可以真正地交流,不限地点与时间,实现真正地便捷。在英语教师的成长历程中,电子平台上的教学设计、案例、课例、课件绝大多数是常态课,不像公开课那样遥不可及,具有极强的实效性、真实性。

以前被推广展示的都是公开课的教学设计与课件,但一堂公开课的工作量之大,是日常教学不可能保持的;台前幕后参与的方方面面之多,也是日常教学所做不到的。这就是为什么听讲座报告时心潮澎湃,但过后这份澎湃却因发现不实用或是自身没能内化而烟消云散;听公开课、优质课时,感觉非常好,因欣赏而照搬设计,却发现效果不能复制,因为我们没有看到被呈现的理论、理念的背后,没有机会感受过程,缺乏过程的支持,理解的深度与反思自然不足。在平台上我们可以看到同伴的日常教学,以及互动教研后改进的教学设计与反思,感受整个过程,这份真实、这一过程,对英语教师成长的帮助将更实在、更有效。可以说,电子平台建立之前,教研活动主要是针对公开课;建了电子平台,教研活动转向主要立足于常态课。这样的校本教研、校本培训才真正体现出"校本"的优势、特色及意义。

当然,互联网上也会有许多的案例、课件、教学设计,但由于教材不同(全国各地同一年级、同一学科,教材版本众多),英语教师背景不同,自然没有身边同事教师的东西来得亲切、实在、实用。另外,时常会发生这样一种情况：当我们在教育教学中遇到问题，尤其是课堂突发事件时，往往会第一时间在办公室里发出感叹，但这种感叹大多属于一种即时的情感宣泄，同事的回应大多是与我们的情绪相呼应的，希望能够给我们些安慰。

这时人们分析问题往往带有极强的主观性和情绪，强调客观原因，归因分析表面化，不能平心静气地从学科知识思维方式、学习方法、学生的视角等方面客观地分析问题的本质，反思性地看问题，更多的时候感叹过后一切归于平静，甚至被遗忘，问题并没有解决，不了了之。敬业的英语教师会把这些写成教学随笔，及时记录下自己的感想、反思、困惑、问题，以备一段时间以后再回顾、梳理，看看是否会有新的感悟或解决策略。但能够定期将自己的教学随感进行重温的英语教师并不多，而且自己的回顾毕竟依然局限于个人的思维。因为按中国人的文化习惯，常态课一般不会主动把教案、教学反思拿给到别人看，请别人提意见。有了电子平台后，这一切都在悄然地发生变化……

在以往的教学管理中，要求教师每节课后，至少每个章节教学后，必须完成书面的教学反思，以培养教师养成记录教学反思的习惯。现在如果大家能及时将自己的教学随感写在电子平台上，既可以完成资料的积淀，又便于梳理资料，同时还可避免局限于个人的思维。借助电子平台，同事可以随时浏览，他们瞬间的思维灵感可以与我们形成互动，课题或策略就在这种积淀、梳理、互动中生成了。或许当你在第一时间用语言宣泄时，同事们由于忙于自己的事情，或者由于当时的心境、情绪等，没有什么想法，而浏览电子平台时，由于心境、情绪的不同，思维状态自然也不同，就会有新的思维火花。

电子平台的又一优越性是持续的开放性。它让校本教研可以随时随地进行。也许初看时没有感觉，但当自己在工作中遇到困惑时，哪怕是无意中的浏览，也会引发共鸣，产生交流互动，这也是在平台上开展校本教研的价值所在。尤其是在本校内，因为学生、班级都很熟悉，某种意义上说可谓零距离接触，更易产生共鸣，更具现实意义，更易产生校本研修的课题。

这样一个多元、开放的载体，让教研活动形式更多样，范围更扩大，并可改变传统上教研活动多局限于本学科组内的弊端。平台上的各类信息向所有的英语教师开放，不同学科之间在教学方法上，对学生的分析上，对科研课题的筛选上，对教育问题的反思上都是相通的。平台上的对话、交流甚至碰撞，既可弥补按教研组划分办公室而造成的年级组英语教师间交流的缺乏，又可避免按年级组办公而造成的教研组交流的缺失。

其三，进行英语教师创新教育能力培养。英语教师创新教育能力的激励和培养涉及很多方面,大到社会环境、教育体制,小到学校管理、培训教育、物质条件和实践机会都是其中基本的因素,都对英语教师创新教育能力的形成与发展产生直接而重要的影响。学校环境是对英语教师创新能力的形成发展产生影响的多种因素之一,其中较为重要的有学校的校长、学校管理、教学的评估体系等。适宜、合理的学校环境是英语教师创造力顺利发展的必要条件。

其四,学校各层面执行政策不走样。学校各层面切不可搞"上有政策、下有对策",只有校级、中层、基础层都很好地贯彻和执行政策——相关管理与评价制度,使政策不走样,才能提高英语教师课堂实施能力。

其五,多渠道培养英语教师的学习习惯,养成愿意学习的心态。平心而论,英语教师今天面对的诱惑与生活的琐事也远多于以前,我们的心"收"住了吗?我们还有苦读的精神吗?我们面对新理念、新教材、新教法这些我们赖以立身的新知识,我们在"自主学习"还是在"被动接受"?鉴于上述思考,高校应实行并完善一系列制度,促进教师在态度、习惯等方面正向发展。

第二节 高校英语教师跨文化教学能力构建

教师是教学的灵魂,是提高教学质量的关键,并且对学生的跨文化交际能力培养起至关重要的作用。为了适应英语教学的跨文化转型,实现英语教学跨文化能力培养的目标,英语教师的素养和跨文化能力等都应满足教学要求,即提高教学素养,培养跨文化能力。

一、教师的跨文化教学能力

教师在教学中培养学生的语言能力和跨文化交际能力,就要向学生传授语言知识,发展学生的语言能力,提高学生的跨文化意识,培养学生的跨文化交际能力。而这也对教师的专业水平和教学能力提出了较高的要求,要求教师具备一定的跨文化教学能力,具体包含以下几个方面。

(一)教材的评估、选择和使用

教师的教学要以教材为依据,因此教师要具备对教材评估、选择和使用的能力。具体而言,教师应从跨文化角度出发来评价和选择相应的教材,能够根据教学需要合理地选用教学材料,并保证教学材料的真实性,能够根据具体教学情况和学生学习情况对教材进行调整和改编,从而达到跨文化交际教学的目标。关于教材的选择和使用,上文已有所介绍,因此这里不再赘述。

(二)跨文化课堂教学

跨文化课堂教学是英语教学跨文化转型的重要途径,也是培养学生跨文化交际能力的重要环节,因此教师应具备有效开展跨文化课堂教学的能力。首先,教师应对学生进行分析,了解学生对目的语文化的态度,了解学生对目的语文化知识掌握的程度;能够针对具体的教学环境、不同的教学目标和基本教学原则选择教学内容、选择教学方法、设计教学活动。其次,在教学过程中,教师要客观地看待教学,将教学视为动态的过程,积极鼓励学生参与教学活动,确保师生、生生主动地交流。最后,具体到语言文化教学,教师应适应教学的素质要求,合理运用语言文化教学方法;帮助学生掌握文化知识,比较不同文化之间的差异,避免学生在跨文化交际中出现失误。

(三)课外学习与实践的组织和指导

课外活动是课堂教学的延伸与补充,二者紧密相关、相辅相成。教师除了要在课堂上做学生的引导者和帮助者,也要做学生课外的文化学习的组织者和指导者,鼓励学生积极参与课外学习和实践,扩充接触知识的途径,扩大文化知识的积累。通过对学生课外学习与实践的组织和指导,教师要能够帮助学生丰富文化知识,提高文化能力,使学生可以与来自不同文化的人们顺利进行交际;教师要能够激发学生学习文化知识的兴趣和欲望,帮助学生梳理本族文化和他族文化之间的关系,使学生树立正确的价值意识。

(四)跨文化交际能力评价

英语教学的跨文化转型要求教师具备对学生跨文化交际能力进行评价的意识和能力。现在很多的英语评估和测试都忽视了对跨文化意识、跨文化交际能力的评价,即使是评估,也多采用书面测试,或者传统的个人陈述、角色扮演、案例分析等,而很少采用其他方式,也缺乏学生的自我评价。对此,教师应充分考虑文化因素,调整测试模式,设计符合跨文

第四章 跨文化视域下高校英语教学中的教师与教材

化交际能力培养要求的测试活动,对自己的教学和学生的学习进行双向评价。

(五)现代信息技术使用

现代信息技术的快速发展以及在教育领域的广泛使用,对教学产生了巨大且积极的影响作用。在跨文化教学中,教师应充分利用现代信息技术来丰富学生的文化知识,提升学生的跨文化意识,培养学生的跨文化交际能力能力。教师应根据教学和学生的需要,合理运用现代化信息技术创设跨文化交际语境,为学生提供实践的机会,有效开展跨文化教学。

简单来讲,在瞬息万变的社会发展中,教师不仅要懂得语言文化知识和技能,还要紧跟时代发展的步伐,合理使用现代化信息技术,将信息技术与教学相结合,优化教学环境,提高教学效果。具体而言,教师在现代信息技术使用方面应具备以下能力。

首先,教师教师应具备基本的信息技术知识,对信息技术与语言教学的整合有系统的理解,能够使用常用的办公软件,能够利用PPT制作课件,了解相关的多媒体和网络知识。此外,教师应具备扎实的信息技术应用能力,能在教学中正确的选择和合理地运用信息技术,并将信息技术与教学相整合,包括将信息技术用于课程准备、课程设置、课程管理等方面,能够将信息技术、信息资源和课程内容有机结合起来,高效完成教学任务。其次,教师应成为网络资源的探索者和研究者,成为促使学生有效进行网络学习的帮助者,帮助学生恰当地借助信息技术和网络资源进行语言文化学习。最后,教师应通过便利、交互的网络环境进行学术交流和学习,提升自己的专业能力,促进自身不断发展。

具体到教学实践中,教师应有效运用信息技术组织教学和管理教学。在课前结合教学内容和网络资源制作各种课件,然后将课件、教学计划和安排发布到网上,方便学生预习。课堂上充分利用多媒体和网络资源,激发学生的学习积极性,促进学生互动,使学生吸收和内化课堂知识。教师还应利用信息技术将课堂教学延伸至课外,通过 E-mail、QQ、微信等通讯工具与学生、家长进行课外沟通,做好教学反馈,完善教学体系。

总体而言,信息技术教学的开展有赖于教师的努力和负责,在教学过程中,教师首先要掌握信息技术知识和技能,然后精心指导学生丰富知识、进行学习实践。

二、高校英语教师跨文化教学能力的培养方式

(一)教师跨文化教学能力的培养目标与内容

教师的素质与能力是决定教学质量的重要因素,是教学改革成功的关键,没有教师素质的提高,就不可能有较高的教学质量,没有教师的教学发展,就不会有学生的进步。

有学者指出,教师培养目标与内容的制定要综合考虑教师的现状,依据教师在教学中所扮演的角色,明确教师所需要的知识、技能、态度、价值观等,以及教学所需要的专业知识和跨文化交际能力。

就我国英语教师而言,教师发展应满足跨文化交际能力培养的需要,要转变教学观念,提升跨文化交际能力和跨文化教学能力。转变教师观念,增强教师跨文化交际能力培养的信念,是教师发展和培训的重要内容之一。在知识方面,教师应丰富跨文化知识和理论,增强对文化差异的敏感性。在能力方面,教师应注重跨文化交际能力和跨文化教学能力的提升。

(二)教师跨文化教学能力培养的途径

1. 专业政策扶持

政策可以为教师提供制度保障,降低教师专业实践可能面临的风险与代价。提供专业政策扶持、完善教师政策可以从以下几个方面着手。

(1)政策制定着眼长远

目前国家和地方出台的一些涉及教师的政策,大多属于短期、暂时性质,即针对公众舆论反映较为强烈的问题出台相应规章。这样的政策往往针对教师群体中某类突出现象,其出台不过应一时之需,对教师长远能力提升和自主意识确立并无明显效用。

真正的教师专业发展往往在一线实践和系统化专业支撑体系相融合的基础上产生。因此,应从战略角度看待中小学教师和高校教育研究之间的联系,从国家层面供给相应政策促动这种融合形成。这意味着,借助政策驱动打破职前与职后藩篱,实现大学与中小学教师培养深度联合,将一定比例的师范生课程安排在中小学完成,同时让更多一线教师重新进入大学进修,相互取长补短以谋求合力。这还意味着推进教师专业不断走向高端化,促进教师学历标准由"中师—专科—本科"体系向"专科—

第四章　跨文化视域下高校英语教学中的教师与教材

本科—研究生"层次升级。

（2）政策文本严谨规范

一方面，政府部门应避免各自为政导致政策价值取向过于分离，追求政策间相互融合；另一方面，则应对政策文本中那些模糊的、想当然的概念保持必要警醒。

（3）顾及教师切身利益

考虑到社会财富不断增加和国民整体生活质量不断提高，教师的地位、待遇与其贡献依然不相称，教师的实际政治、经济地位低于其应然地位。

近年来，对发展不利地区和学校的教师在津贴、补贴、专业机遇等方面给以更大政策倾斜，提升他们的专业满意度，降低他们的离职意向，规定小学教师也可以受聘正高级专业技术职务等，一定程度上体现出决策者对教师专业价值的认知正趋于深化。

（4）参与主体应更多元

首先，应改变公权部门决策专断的局面。其次，增加一线教师的实质性话语权才可能降低教师在政策实施中的惰性与抵制。再次，专业性较强的政策交由非官方教师协会、基金会主导制定，关涉政府与教师利益分配的政策则应由第三方中介机构监督制定。最后，加强政策执行监督，避免有制不依，鼓励社会力量、新兴传媒参与监督。

2. 学校专业管理

学校是教师专业发展核心场域，教师专业面貌是学校的基本校情，重视教师专业发展是学校爱师的表现。绝大多数教师专业发展事件都在学校遭遇、发生，教师专业发展各个时期都需要学校提供支持与引导，校本化也是教师专业发展新趋势。

学校专业管理是教师能否顺利发展的外部因素。调控和优化这一因素在教师专业认知生成、专业自主性提升等方面不可或缺。倘若一所学校教师精神涣散、工作懒散、教学懈怠、离职现象严重，提升学校教学质量及社会声誉的期许自然难以实现。对于教师而言，教师也必须要回应学校的诸多专业要求。在学校，教师专业实践因此遭遇来自校方的复杂影响。这要求教师洞悉学校专业管理意图及旨趣，并在自身需要与学校管理产生冲突时学会自我调适。可以从实现学校管理理念转换、反思学校专业管理规范、学校专业管理实践准则几个方面着手进行。

3. 教师培训机制

教师培训早已成为教师专业发展的重要途径，最初，教师培训主要针对教师学历偏低、教学理念滞后与基本技能欠缺。而后,培训扩展至新手教师专业适应、前沿教育科研方法、高端信息技术应用、现代课堂管理乃至教师情商修炼等领域。注重校本教师培训是非常重要的。

当前,校本培训形态需要不断充实,减少理论型讲授、讲座、报告,增加对教师专业变革有实质性改善的培训内容,以问题为中心进行研究式培训。校本培训在培训时空、培训内容、培训方式及结业评价等方面应采取开放、多元价值理念。培训的最终评价应以教师在学校现实情境中成功"做"出来为最终准绳,因此校本培训尤其提倡做中学、干中学、例中学、探中学。在全员培训理念下,评价的目的并非是要所有教师都成为学者型教师,而在于借助培训让每位教师都有所获,体验到专业价值并努力践行这些价值。

4. 教师自我完善

一切教育归根结底都是自我教育。一般认为,自我完善是教师有意识地依据专业标准及自身专业定位,积极主动地利用外在环境条件,通过自我认知、自我评价、自我管理不断弥补自身不足、提升自身能力的内部引导机制。专业竞争日益加剧、专业要求普遍提高、专业发展不确定性增大也使教师自我完善成为必然。

首先,教师需要丰富自我内涵。自觉对已有知识体系加以取舍、补充、优化和重组,适时调整知识结构,拓宽知识视野,促进自身知识更有效地迁移,避免过时守旧的知识观影响专业效能;在接触学生、辅助技巧、课堂评价、自学讨论、引导学生自我检查、发现学生的疑难问题、分析教材、以学定教等方面不断磨炼自己,了解学生的时代特质及发展规律,对学科内容和学生状况心中有数,基于学生的知识、经验背景设计教学、组织教学活动;学会理清教学内容间的关联性、层次性及难易等级,拓展可供选择的教学策略范围,做到教学环节衔接合理自如,教学行动自然流畅,策略选择审慎而合理。

其次,学会自我管理。一般认为,教师自我管理的具体策略包括:行动,不仅包括外在行为本身,还包括行为背后的观念支撑或知识体系;行动反思;剖析核心问题;搜寻替代方案;进行新尝试。应避免惯性思维,摒弃自以为是的成见,注重对专业实践进行观念和技术层面的重建。

最后,实现自我价值。一方面,教师应在市场思潮中秉持正确的专业价值观。另一方面,教师应坚持自我完善与自我价值内在统一。

第三节 高校英语教学中教材的多维度开发

一、高校英语教材的开发要求

英语教学的跨文化转型对英语教材开发提出了新的要求,不仅要求英语教材符合外语教材的基本特征、基本编写原则,而且要求教材中的文化知识内容、教材的建设等均符合跨文化交际能力培养的要求。

(一)把握基本特征与原则

在英语教学的跨文化转型背景下,英语教材作为教学的主要载体,应该满足教师的教学需求,更重要的是能够满足学生的不同需求,能够潜移默化地丰富学生的文化知识,培养学生的文化素养,锻炼学生的自主学习能力、语言应用能力和跨文化交际能力。可见,切实将教材的编写与学生跨文化交际能力、实践创新能力的培养相融合并落到实处十分重要。具体而言,新时代的英语教材应具备以下几个基本特征。

第一,教学内容和语言与时代发展相吻合,能够反映快速发展和变化的时代。

第二,要梳理好专业知识、学科知识和语言训练之间的联系,并处理好它们之间的关系。

第三,教材不能局限于知识的传授,要着眼于对学生思维能力、鉴赏批评能力、文化能力和创新能力的培养。

第四,教学内容要重点突出,具有针对性和实用性。

第五,教材要能够与多媒体、网络等先进的教育技术相结合,并能充分利用这些教学手段。

就编写原则而言,英语教材的编写应遵循系统性原则、交际原则、认知原则、文化原则和情感原则。具体而言,英语教材应系统地介绍英语的基础语言知识和基本语言技能;英语教材中材料的选择和练习的设计要具有可操作性和实践性;英语教材中语言材料的编排和练习的设计要充分考虑英语学习的基本规律;英语教材中语言材料的选取要体现主流文化。

（二）弄清英语教材中的文化内容

英语教学的跨文化转型对英语教材的文化内容提出了相应的要求。大部分的教材都十分关注和重视对学生语言能力的培养，却忽视了对学生文化意识和跨文化交际能力的培养。实际上，英语教材应能够培养学生的实际交际能力，能帮助学生在实际生活中进行交际，教材中的文化内容应满足学生跨文化交际能力发展的需要。具体而言，英语教材的文化内容应体现以下特征。

第一，英语教材中的文化内容应体现国际性和跨文化特征，除了要涵盖英语国家的文化知识，还要包括丰富的国际性文化知识。在经济全球化和文化全球化背景下，英语已经成为一门世界性语言被人们广泛使用，越来越多的并非以英语为第一语言的人们开始学习和使用英语，并试图和不同对象进行交际，因此英语教材中不仅要包含英语国家的文化背景知识，还要包含其他非英语国家的文化背景知识，也就是国际文化知识。

第二，英语教材的文化内容应覆盖面广，并且具有多样性，能够体现关于人本身、环境、生活方式、文化等方面的多样化知识，能够体现文化内容的核心，即价值观。

具体来讲，英语教材的文化内容应体现在以下几个方面。

首先，英语教材应具有真实意义，也就是说英语教材中应包含目的语国家的文学、艺术、音乐等内容。

其次，英语教材应具有社会意义，也就是说英语教材应反映目的语国家的习惯、家庭、娱乐等。

再次，英语教材应具有语义意义，也就是说英语教材应体现语言的概念系统。

最后，英语教材应具有社会语言意义，也就是说英语教材应体现礼貌原则，能够让学生了解社会地位、年龄等对语言的影响，并能够帮助学生熟悉不同的写作文体。

除此之外，英语教材应包含本民族文化知识，丰富学生的本民族语言和文化知识，帮助学生树立文化自信，使学生能够用英语传播本民族文化。

二、高校英语教材的开发主体与维度

（一）开发主体

在整个课程教学活动中，教师居于主导地位，对整个教学活动有着重要意义。当然,他们也是教材多维度开发的主体。

虽然大学英语教师在展开授课之前都配备相应的教材,但是这些教材内容繁多、零散,因此对于大学英语教师而言,他们不仅需要将教学内容加工成与学生密切相关且操作性极强的任务,还需要激发、组织学生积极参与到具体的课堂教学实践中,引导学生完成学习任务。作为课程的实施者,大学英语教师需要不断适应既定课程,了解与挖掘课程设计者的主旨与意图,从而针对现有学生的水平与接受能力,设计恰当的课程资源,提升自身的教学实践能力。

(二)开发维度

一般来说,大学英语教师在实际的教学中可以对语言、内容与语境、教学过程、课程管理等层面进行加工与改编。笔者认为,教材的多维度开发也可以参考这些层面,具体总结为如下几个维度。

1. 语言维度

语言是一切教材内容的载体,其涉及的领域非常广泛,大体可以划分为两种:语言内容与语言技能,前者包含语音、词汇、语法、话语、语体,后者包含听、说、读、写、译等。这些内容纷纷呈现于教材的各个角落,并渗透于各种解释、课文、练习中。因此,就语言维度来说,大学英语教材的多维度开发大体需要考虑如下几个问题。

(1)教材是否符合学生的学习需求。

(2)教材是否包含语音训练,如连读、重音等的训练。

(3)教材中是否保证了恰当的词汇数量,并且难度是否得当。

(4)教材中词汇的呈现是结构化的呈现,还是任意形式的呈现。

(5)教材中包含了哪些语法项目,是否设计了专门的语法练习。

(6)教材中是否充分覆盖了听、说、读、写、译这些项目,是否考虑了这些项目的融合。

2. 内容维度

就内容维度而言,大学英语教材的多维度开发需要考虑的是其中是否包含情感、文化层面的内容。语言与情境有着密切的关系,语言不能脱离语境而独立存在。如果教材开发者仅仅将语言视作抽象系统,那么这样的教材是很难提升学生在具体语境中的语言能力的。这就要求教材中必须呈现真实的语言运用内容,并融入一定社会文化主题,这样才能真正提升学生的语言运用能力。

3. 结构维度

语言内容是根据一定的结构进行排列的，但是不管选择何种内容、用何种形式进行排列，都需要考虑学生学习的目的。虽然教材的结构体系可能有所不同，但是其与情境、功能等是紧密结合起来的。也就是说，大学英语教师需从学生的接受水平、认知能力出发，选择合适的内容组织排列教材，在具体的实践中还要不断调整教材的顺序与进度，以满足学生的实际需要。

4. 能力维度

在交际中，知识与能力有着密切的关系，但是二者的获取途径存在明显差异。知识往往通过呈现、发现等手段获得，即便学生当时学会了，以后也可能会忘记；能力是依靠具体联系获得，学生一旦掌握了，那么就很难忘记。

在大学英语教材的多维度开发中，教师除了设计学生需要的语言知识、社会文化知识，还需要设计相应的语言技能。这是因为，语言技能是学生学习的最终目的。具体来说，大学英语教师应该在教材中呈现听、说、读、写、译这五项技能，并保证听力材料、口语材料的真实性与恰当性、阅读材料的地道性与充足性、写作材料、翻译材料的适切性等。

三、高校英语教材的选择和使用

（一）英语教材的选择

随着英语教学的跨文化转型，现在的英语教学已经将跨文化能力的培养提升到了与语言能力培养同等重要的地位，在选择英语教材时就应对此加以注意，并体现这一理念。英语教材的选择应充分考虑跨文化交际能力培养的需要，在选用教材之前，教师和管理者应深入分析教材的优缺点，对教材进行全面评估，进而选择最佳的教材。

具体而言，在选择英语教材时，要充分考虑学生的学习动机、学习兴趣和语言水平；考虑所涉及的文化内容的广度以及系统性，注重文化信息和主题的呈现形式，注重文化传播的过程；考虑教材运用的实践性和可操作性；注重文化意识和跨文化交际能力的培养。当选择原版教材时，就要注意教材要满足教学实际的需要，也要考虑学生的语言能力和需要。

第四章　跨文化视域下高校英语教学中的教师与教材

(二)英语教材的使用

课堂上如何使用教材,即如何保证学生、教材、教师之间的交互质量,对学生的文化学习和跨文化交际能力的培养起着重要的作用。

每一个教学环境都有其独特性,而且受多种因素的影响,如学生的学习动机、资源的可供性、课堂的动态性等、教学大纲的限制等。为了更有效地开展教学,切实培养学生的跨文化交际能力,教师需要对教材进行必要的改编。

具体而言,教师在使用教材过程中要具有一定的自主性、灵活性和创造性。教师在教学实践中以课本为主,同时辅助其他教学材料,也可以根据实际教学情况对教材进行必要的增减、改动和替代,科学、有效地使用教材。自主、灵活、创造性地使用教材具有显著的优势,即通过课本,教师可以获得课堂教学的通用框架,使教学有据可依;采用其他教学材料,可以弥补课本的不足;对教材进行必要的调整,能够有效满足学生的需要,也为多样性教学活动的开展和教学技术的运用提供了空间。对此,教师除了要依据教学大纲、教学目标、学生需求使用核心教材,还要自主地、灵活地、有选择性地利用、整合其他各类教材内容和多媒体技术、网络资源、影视节目等课程资源,并且根据学生的实际情况和教学需要对这些资源进行改编、加工等,以激发学生的学习兴趣,为学生提供练习的机会,满足学生的学习需求。需要注意的是,教师在教材进行改编时,要首先对教材和教学环境有深入的了解,同时要充分考虑学生的实际情况,包括学生的学习动机、学习兴趣和学习风格等。

总体而言,教师在使用教材过程中,应不拘泥于课本,从实际情况出发,合理筛选、整合、利用教学资源,灵活、创造性地使用教材。

第五章　跨文化视域下高校英语教学中的教学测试与评价

当今时代,高校英语教学改革势在必行,这就需要一套与时俱进的教学评价体系与之相契合。想要形成一套完备的评价体系,除了应有本身的传统评价方式,还需要附加多元的评价体系才能实现。简单来说,就是要考虑当前教学的实际情况,用创新的思维丰富高校英语教学评价的内容与手段,从而提升高校英语教学评价的效果。因此,本章就对跨文化视域下高校英语教学中的教学测试与评价展开全方位、多角度的分析。

第一节　教学测试与评价简述

教学评价是教学目标得以实施的保障,评价内容、评价方式都会对教与学产生直接的影响。教学评价是英语教学的一项重要组成部分,其有助于提升教师的教学能力与学生的主动性。那到底什么是教学评价?下面对其进行简述。

一、评价、评估与测试

很多人一提到评价,就将其与评估、测试等同起来,其实三者有着一定的区别与联系。简单来说,测试为评估与评价提供依据,评估为评价提供数据,评价是对教与学效果的整体评估。三者的关系可以表示为图5-1。

从图5-1中可知,三者有着紧密的联系,又有着明显的区别。就关系层面来说,三者体现了一种包含与层级的关系。测试充当其他两者的支撑信息。在包含与层级关系的同时,三者又存在明显的区别,具体表现为如下三个层面。

第五章　跨文化视域下高校英语教学中的教学测试与评价

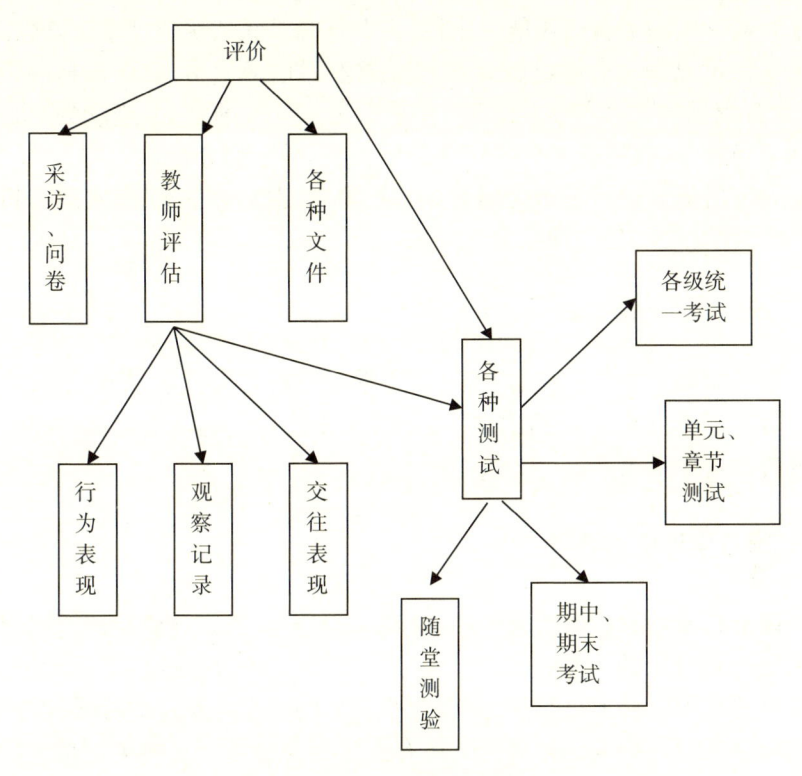

图 5-1　评价、评估与测试的关系

（资料来源：黎茂昌、潘景丽，2011）

（一）目的层面

三者的目标不同。就某一程度来说，测试主要是为了满足家长、学校的需要，因为他们需要知道自己的孩子或学生的情况，且与其他学校是否存在差距。当今社会仍旧以应试为主，因此测试为家长、学校提供了很多信息，也是家长、学校关心的事情。

评估主要是为了教师、学生提供依据，如学习效果、学习中遇到的问题等，有助于教师提高教学的质量，也有助于学生提高自身的学习效率。

评价有助于行政部门制定政策，对教学进行合理配置。

可见，三者的作用不同，导致开展的范围与采用的方式也有明显的不同。

（二）数据信息层面

测试所收集的数据一般是学生的试卷信息，反映的也是学生的语言水平。从学生的语言运用能力来说,有些部分是无法用测试来评判的。

评估可以划分为终结性评估与形成性评估两大类,前者依据的是测试,后者依据的是教与学的过程,注重学生对任务的完成、概念的理解等层面。当然,其依据更多的是定性分析,而不是定量分析。

评价所依据的信息多为问卷、访谈、测试、教师评估等,是定量分析与定性分析的结合,是一种综合性评估。

(三)展示方式层面

测试的展示方式往往是考试,这在前面已经有所论述,最终结果也通过分数排序来展现。而相比之下,评估与评价往往是以鉴定描述或等级划分的方式展现出来。

二、教学评价的界定

评价在人们的社会活动中广泛存在。有人认为,"评价是确定课程能否达到既定目标的一种手段。"[1] 也有人认为,"评价是运用不同的渠道,对学生的相关资料加以收集,并将这些收集的资料与预定的标准相比较,进而做出判断与决策的过程。"[2] 还有人认为,"评价是对相关信息进行收集、综合、分析,从而用这些信息促进课程的发展,对课程的效度、参与者的态度进行评定。"[3]

但是,更多的人将评价等同于价值判断。就英语教与学来说,评价指的是学生能否习得某项能力,学生能够实现课程目标,教师的教学与学生的学习能否帮助学生实现既定目标的一种判断手段。

三、教学评价的划分

由于评价的方式、内容等存在明显的差异,因此对评价的划分也有所不同,具体而言可以划分为如下几种。

---

[1] B. Tuckman. *Evaluating Instructional Programs*[M]. Boston: Allyn & Bason Inc., 1979: 1.
[2] K. Montgomery. *Authentic Assessment: A Guide for Elementary Teachers*[M]. Beijing: China Light Industry Press, 2004: 8.
[3] 李雁冰. 课程评价论[M]. 上海: 上海教育出版社, 2002: 113.

第五章　跨文化视域下高校英语教学中的教学测试与评价

（一）过程性评价与目标达成评价

所谓过程性评价，即在学习过程中，对学生的学习活动进行评价与判断，目的在于将学生的学习行为能否与学习目的相符解释出来，且用于评判学生能否实现学习目标。评价的内容包含学习策略、阶段性成果、学习方式等。

目标达成评价既可以对课堂教学目标达成情况的评价，也可以是对单元学习目标达成情况的评价，还可以是对学期教与学目标达成情况的评价，其包含理解类、知识类与应用类三种目标达成评价方式。理解类目标评价方式表现为解释与转化，往往会采用阅读理解、听力理解等方式，对阅读文本、听力文本进行选择与匹配等。知识类目标评价方式主要表现为对知识掌握情况的评价，并采用再次确认的方式，一般选择填空都属于这类评价方式。应用类目标评价方式即采用输出表达的方法，要求学生根据阅读与听力材料，进行转述或表达。

（二）表现性评价与真实性评价

所谓表现性评价，是指让学生通过完成某一项或者某几项任务，将自身所掌握的知识与技能表现出来，从而对其获得的成就进行评价。[1] 简单来说，表现性评价就是通过对学生完成任务的表现情况及获得的成就进行的评价。表现性评价属于一种发展性评价，其核心在于通过学生完成现实的任务，将自身所掌握的知识与技能展现出来，从而促进自身学习的进一步发展。一般来说，表现性评价具有如下几点特征。

（1）属于教学过程的一部分，其要与课程教学相互整合。

（2）其关注的是学生知识与技能的发展，而不是对知识与技能的再次确认与回忆。

（3）一般情境都是真实的，往往需要学生对现实学习中遇到的问题进行解决。

（4）学生需要完成的任务一般较为复杂，往往需要学生将多个学科的知识与技能相融合。

（5）对于学生的发散性思维是非常鼓励的，也允许不同的学生给出不同的答案。

---

[1] 魏亚琴．新课程下学生评价方式的变革——浅谈表现性评价[J]．辽宁教育行政学院学报，2004（110）：63-64.

（6）其是形成性评价与终结性评价的结合。

综合来说，表现性评价有助于对学生的学习过程与学习结果展开更真实、更直接的评价，能够将学生的文字、口头等表达能力以及想象力、应变能力等很好地展示出来，因此对于英语教学是非常适用的。

所谓真实性评价，是指基于真实的语境，对学生的表现进行评价，是一种要求学生完成真实任务之后，对自身所学知识与技能的掌握与运用情况进行的评价。与表现性评价相比，真实性评价更加强调真实，即任务的真实，一般来说其任务都是人们现实生活中遇到的问题。

真实性评价也具有表现性评价的那些特征，是表现性评价的一大目标。由于真实性评价要求评价成为教学过程的一个重要组成部分，因此真实性评价也具有形成性评价的特征。同时，真实性评价又注重任务的整体性与情境性，对终结性测试有很大的影响，因此真实性评价又具有了终结性评价的特征。可以说，真实性评价融合了多种评价手段，是多种有效评价手段的结合。

（一）形成性评价与终结性评价

所谓形成性评价，即在教与学的过程中，通过对信息进行收集及整合，进而促进教与学的发展。简单来说，形成性评价即在教学过程中，教师与学生获得反馈信息，对教与学加以改进，让学生真正地掌握知识的系统评价手段。一般来说，形成性评价具有如下几个特点。

（1）往往作为教与学的一部分而在教与学过程中呈现。
（2）不是将等级划分作为目标，而主要将指导、诊断、促进等作为目标。
（3）学生往往充当主体的作用参与其中。
（4）评价的依据是在各个情境下学生的表现。
（5）通过有效的反馈，教师确定学生的水平是否达到预期。

所谓终结性评价，是一种对教师的教学与学生的学习结果的评价，是在教学结束之后，对教与学目标实现程度所进行的评价。[①] 因此，其又可以称为"总结性评价"。从定义中可以看出，终结性评价往往出现在教与学结束之后，用于对目标达成情况进行的评价。因此，这一评价方式有时可以等同于之后要讲述的目标达成评价。

[①] 鲁子问，王笃勤. 新编英语教学论[M]. 武汉：华中师范大学出版社，2006：215.

第五章　跨文化视域下高校英语教学中的教学测试与评价

四、英语教学评价的功能

英语教学评价能够不断促进学生在学习过程中的成功与进步,从而使学生能够真正地认识自我,促进他们综合能力的发展。另外,英语教学评价能够为教师提供反馈信息,从而不断改进自己的教学情况,提升自身的教学水平。总体而言,英语教学评价有如下几点功能。

(一)导向与促进

英语教学评价应该有助于英语教学目标的实现。我们知道,英语教学评价不仅需要评价学生对知识的掌握情况,还需要评价学生的学习态度、发展潜能等,只有通过综合性评价,学生才能在英语学习中保证积极的态度,从而形成有效的学习策略,并且具备跨文化的意识。英语教学评价应该为英语教学目标服务,这样就要求学生应该从目标出发,对自己的学习计划加以制订,并不断检验自己的学习方法与学习成果,这样才能将自身的潜力挖掘出来,提升自身的学习效率。因此,英语教学评价对于学生来说有着积极的导向作用。

英语教学评价会对学生日常学习表现、学生学习中获得的成绩、学生学习的情感与态度等展开评价,通过对学生学习的激励,可以帮助学生对自己的学习过程加以调度,让他们逐渐获得自信心与成就感,培养学生之间的合作精神。为了让评价与教学过程有机融合,学校与教师应该采用宽松、开放的评价氛围来评价学习活动与效果,可以建立相应的档案袋等,这样对教师与学生进行鼓励,从而实现评价的多元化。

(二)诊断与鉴定

英语教学评价对教与学的情况进行了整体评判。在教学过程中,学生往往会通过评价量表等对教师的教授情况、学生的学习情况展开检测,这样便于学校、教师、学生了解具体的教与学情况,判断学生学习过程中有无偏差,从而找出出现问题的原因,加以改进与提高。

(三)反馈与调节

师生通过问卷访谈等,发现教与学中的优点与不足,对教与学过程中的得失进行评价。通过评价,教师以科学的方式反馈给学生,促进学生建立更为全面与客观的认识,为下一阶段的教与学规划内容与策略,有效地开展教与学活动。

（四）展示与激励

英语教学评价对学生的学习过程是非常关注的，让学生认识到自身学习中的成功之处，不断鼓励自己，获得更大的成功。当然，教师还需要适当的提点学生学习中的错误，让他们产生一种焦虑感，从而更加勤奋地参与到英语学习中。这种正反鼓励方式，都会不断提升学生学习的主动性与积极性。

五、高校英语教学测试与评价的基本原则

在英语教学评价中，还需要以一些评价原则作为基准，教师才能更好地制订出与学生实际情况相符合的评价手段与方法。本节就对英语教学评价的基本原则进行探讨。

（一）主体性原则

所谓主体性原则，即英语教学评价主体需要考虑教学价值主体本身——学生的需求，对教学价值客体进行评价。

在学习中，学生处于主体地位，但是传统的英语教学评价仅将教师作为核心地位，认为教师充当的是教育主体的地位，是知识的灌输者，而学生仅是知识的被动接受者，这样导致教学评价主要针对教师，评价的内容也主要是教师的教学情况。表 5-1 是一个典型对教师评价的体现。

表 5-1　教师课堂教学评价表

项目	内容	权重	得分
教学目标	（1）是否体现明确的教学目标、教学大纲、教材的特点，是否与教学实际相符 （2）是否落实了教学知识点，是否培养了学生的能力 （3）是否将德育教育寓于知识教育之中	15	
教学内容	（1）教材的处理是否恰当，是否突出了重难点，是否突破了重难点 （2）教学组织是否有清楚的条理，是否简明扼要，是否准确严密，是否难度适中 （3）教学训练是否定向，是否有广度，是否保证强度适中	25	

第五章 跨文化视域下高校英语教学中的教学测试与评价

续表

项目	内容	权重	得分
教学方法	（1）教学的设计是否得当,是否体现了教学改革的精神,是否处理好主导与主体之间的关系问题 （2）教学是否有合理的结构,是否做到教学方法的灵活性,是否将各个环节分配恰当 （3）教学是否有开阔的思路,是否采用现代化的教学手段,是否能够将学生的学习兴趣激发出来 （4）教学是否注重学习方法与学习习惯的指导	25	
教学基本功	（1）教学中是否运用了清晰、生动、规范的语言 （2）教学中是否保证书写的清晰与特色鲜明 （3）教学中是否有自如的神态,且保证大方得体	15	
教学效果	（1）教学中是否保证热烈的气氛,是否给学生留下了深刻的印象 （2）教学中是否能够面向全体同学,是否完成了教学任务,是否实现了良好的教学效果	20	
综合评价		总分：	等级：

（资料来源：任美琴,2012）

显然,从表5-1中可知这类评价主要是评价学生能否接受教师传授的知识以及接受的程度;评价学生的学习情况来对教师的教学内容与教学方法的合适程度进行审查;评价教师的学习策略是否得当等。简单来说,这种教学评价是为教师服务的,并没有展现出学生的主体地位。

当前的教学强调有效教学,即发挥学生的认知主体地位,因此教学评价的对象需要从以教师为主导转向以学生为主体,对学生学习情况的评价内容与手段应该从单一转向多元,如对学生学习动机、学习兴趣等都可以进行评价。基于此,教学评价的对象才能转向学生,当然这里并不是说不对教师进行评价,只是说以学生的评价为着眼点,创造更多适合学生学习的环境,且对教师的评定标准也是根据学生的学习需求来制订的。

因此,主体性原则要求将学生作为评价主体,即评价活动以学生的发展作为目标,评价设计要有助于学生的多元化、个性化发展,发挥学生的主观能动作用,帮助学生形成积极的态度,同时对学生予以爱护与尊重,不损害学生的自尊心。

（二）过程性原则

英语教学评价应该坚持过程性原则,这主要体现为两点。

其一,要全程性,即评价要在学生学习的全过程得以贯穿。

其二,要动态性,即对发展过程加以鉴定、诊断、调控等,对整个过程的发展方向加以把握。

英语教学评价对于过程评价非常关注,正是这一点,有助于提升学生的学习兴趣,增强学生英语学习的动机与主动性,从而有助于他们的自主学习。

(三)多样化原则

英语教学评价应该坚持多样化原则,这主要体现为三大层面。

其一,评价主体要多样化,即不仅涉及教师,还涉及家长、学生等,通过宽松、开放的评价氛围,对教师、家长、学生的参与予以鼓励。

其二,评价形式要多样化,即对学习过程予以关注,要从不同的内容与对象出发,考虑采用自评、互评等多元化评价方式。

其三,评价手段要多样化,即可以是教师观察,也可以是学生量表等,教师根据不同学生的学习情况,采用恰当的评价手段,选择适合他们自己的评价方式,从而彰显出学生自身的优势,让每一位学生都可以体会到成功的喜悦。

(四)实效性原则

英语教学评价强调实效性,即主要是从教育的现实意义与评价行为等层面考量的,其要求在具体的评价实践中,能够将评价的实用价值体现出来。

英语教学评价的实效性原则体现在评价方式上是非常方便的,即不要使用烦琐的程序,但是要保证评价的时机与质量,因此在设计评价内容与方式时,不能与英语教学的目标相脱离,要非常关注评价之后产生的实际效果。

(五)发展性原则

英语教学评价应该为学生的发展服务,注重学生信心的树立,发现学生发展过程中所出现的问题,通过反馈对这些问题进行解决,促进他们更好地向前发展。对于发展性原则,一般包含如下几点。

其一,发展性原则要求英语教学评价应该从学生主体出发,将学生的需求作为出发点与落脚点。

其二,发展性原则要求英语教学评价的目的是促进学生的发展,即只

第五章　跨文化视域下高校英语教学中的教学测试与评价

要是对学生发展有利,任何手段与技术都可以运用其中。

其三,发展性原则要求英语教学评价对每一位学生的个性特点与原有基础有所把握与关注,从而为每一位学生获得最佳的发展而做出努力。

通过评价,教师才能更好地引导学生对原有基础、认知水平等进行鉴定,认识自己在发展过程中的不足,从而有针对性地进行改进与调整,对自己的学习过程进行优化,使学生获得最佳的发展。除此之外,发展性原则还要求教师对学生的态度、情感等进行关注,以帮助学生形成正确的价值观。

六、高校英语教学测试与评价的基本方法

当前的高校教学主要以终结性评价为主,而为了保证与当前社会发展相适应,还需要实行形成性评价,这样才能使教学的属性完整地体现出来。

(一)学习档案评价法

学习档案评价法是当前应用较为广泛的评价方法。所谓学习档案评价法,是指对学生个体的各种信息进行收集。一般来说,其收集的内容具有多样性与动态性。

学习档案积累的材料代表的不仅仅是结果,而是学习过程与学习活动,其包含选择学习内容、比较学习过程、进行目标设置等[1],学习档案评价可以有效提高学生的自主学习能力[2]。在档案建立之前,教师可以组织家长与学生阅读学习大纲,理解档案构建的必要性,并对如何构建、使用学习档案进行指导,为以后有效地使用档案做准备。一般来说,构建的流程如图5-2所示。

(二)自我评价表

自我评价表(self-evaluation questionnaire)的设计可以采用量规(rubric)方式,也可以采用问卷调查表的形式。

---

[1] 罗少茜.英语课堂教学形成性评估研究[M].北京:外语教学与研究出版社,2003:38.
[2] 刘梦雪.通过自我评估训练促进自主式英语学习的实证研究[J].疯狂英语(教师版),2009(4):54-57.

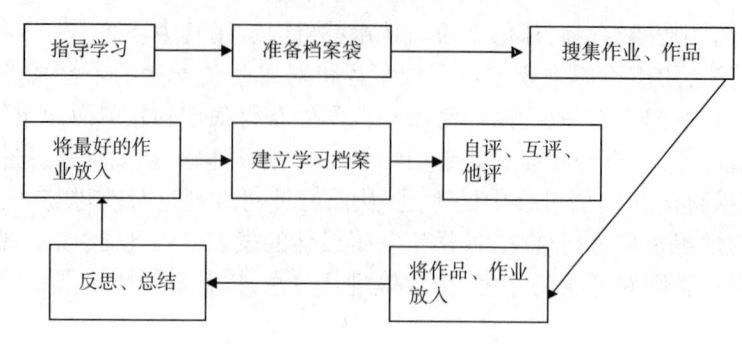

图 5-2　学习档案构建流程

（资料来源：任美琴，2012）

（1）量规

量规是一种结构化的定量评价标准，往往是从与评价目标相关的多个方面详细规定评级指标，具有操作性好、准确性高的特点。

在评价学生的学习时，运用量规可以有效降低评价的主观随意性，可以教师评，也可以让学生自评或同伴互评。如果事先公布量规，还可以对学生学习起到导向作用。此外，让学生学习自己制定量规也是很重要的一个评价方法。

（2）问卷调查

问卷调查是通过提问题，让学生通过自己的实际情况进行判断，并做出回答。问卷调查表可以帮助学生通过回答预先设计好的问题来产生某种感悟，从而促使他们对自己的学习过程和学习结果进行重新审视和修改，提高他们的自主学习能力。

（三）行为表现评价法

所谓行为表现评价法，即教师通过对学生在某项活动中的表现，对他们的行为进行的评价。从学生的行为来评价，有助于教师和学生发现自身的优缺点，从而制订出符合学生的学习计划。混合教学质量评价对行为表现评价法非常看重，并将其作为评价的一个重要手段。

一般来说，行为表现评价法具有如下特点：要求学生对学习成效加以展示，对演示过程的细节提前进行展示，对演示的过程进行直接的观察，根据标准对行为展开评价。

由于评价需要根据一定的标准，因此在制订行为表现评价法的标准时，需要考虑：从学生的实际情况出发来制订，标准不高不低；目标要细化、具体，便于学生明确；标准具有诊断性的特征，便于学生明确自身的

第五章　跨文化视域下高校英语教学中的教学测试与评价

优缺点；标准要具有连续性的特征。

制订了评价标准之后，学生的学习行为便有了方向。接着教师就需要进行评价，具体可以采用如下几种方法。

（1）观察

在行为表现评价法中，观察法是主要的手段，教师根据教学目标，对学生的课堂表现进行观察，从而做出判断，并做出有深度的、细致的分析。有时候会运用录音、录像等手段，便于之后的分析与判断。一般来说，教师进行观察时需要注意如下几点。

其一，观察学生是否向目标迈进。

其二，观察学生是否获得预期发展。

其三，发现学生学习中的问题，并制订计划进行改进。

其四，观察学生是否体会到学习的乐趣。

其五，观察学生是否重复运用一些学习技巧。

其六，观察评价标准是否与学生实际情况相符。

观察的方式有很多，其中日常记录是非常重要的手段，即对学生的学习情况进行记录。

（2）量表

评价量表是对观察进行记录的工具，其使用往往以表格形式呈现，对教学的某一层面加以描述，或对某一特定行为进行描述，量表的运用有助于教师和学生了解自身的优缺点。

（四）信息技术评价法

信息技术评价法的评价过程可以划分为制订评价标准、应用评价标准进行测量、划分测量结果等级、给出评价结论4个步骤，如图5-3所示。

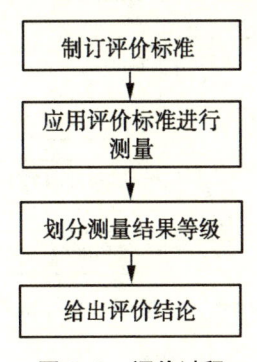

图5-3　评价过程

（资料来源：赵波、段崇江、张杰，2014）

1. 制订标准

制订评价标准的过程就是把评价目标的主要属性细化为一系列具体、可测量的指标的过程。划分好的指标构成一个相对完整的评价指标体系，它能反映评价目标的主要特性。经过划分后可以得到多媒体作品质量评价的一个指标体系，如图5-4所示。

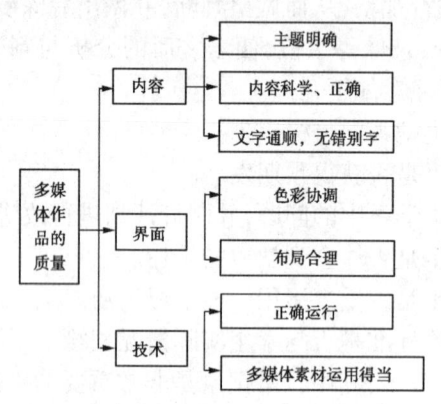

图5-4 多媒体作品质量评价的一个指标体系

（资料来源：赵波、段崇江、张杰，2014）

每一个指标对于反映评价目标来说，重要性程度是不一样的。一般来讲，重要性程度用权重来表示，教师可以给多媒体作品质量指标体系赋予分值，如图5-5所示。

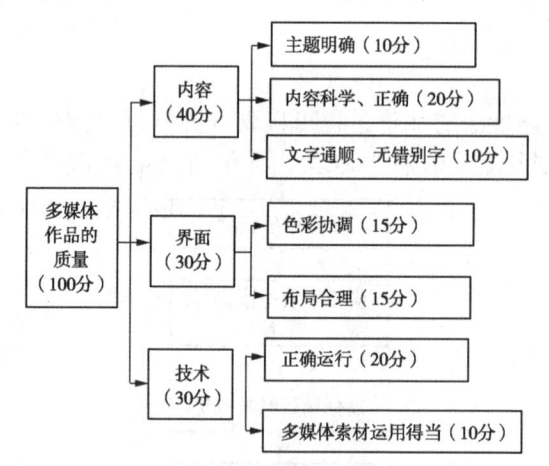

图5-5 多媒体作品质量评价指标体系及指标权重

（资料来源：赵波、段崇江、张杰，2014）

第五章　跨文化视域下高校英语教学中的教学测试与评价

2.进行测量

测量是依据评价指标体系,用数值来描述评价对象的属性的过程。测量是一个事实判断的过程,即测量是反映评价对象的客观状态,不对这种状况进行主观评判。凡是测量都需要有测量的标准或法则,这是测量的工具。教学中的测量工具不像测量身高用的皮尺、测量体重用的秤一样直观,需要评价者按照评价标准中的每一个指标对评价对象做出实事求是的判断。依据图5-4,可以制作出测量多媒体作品质量评价表,如表5-2所示。

表 5-2　多媒体作品质量测量表

评价目标	一级指标	二级指标	得分
多媒体作品质量 （100分）	内容（40分）	主题明确（10分）	
		内容科学、正确（20分）	
		文字通顺、无错别字（10分）	
	界面（30分）	色彩协调（15分）	
		布局合理（15分）	
	技术（30分）	正确运行（20分）	
		多媒体素材运用得当（10分）	
总分			

(资料来源:赵波、段崇江、张杰,2014)

3.划分等级

教师需要对评价对象实施测量以后的测量结果进行界定,界定这个结果达到了什么程度。

4.给出结论

评价的最后一步是根据测量结果对评价对象进行价值判断,给出评价结论。评价结论包含了被评价内容能否通过评价的判定,有时候也会对评价对象达到什么水平进行界定,并且对评价对象的优势与不足做出判断。根据以上的过程来看信息技术混合教学质量评价,可以发现教学中通常采用的纸笔考试并不是评价的全部。考试是评价中的测量环节,考试成绩(即测量的结果)并不是评价要得到的唯一和最终结果,如何使用学生的考试成绩分数是每一位教师都应该关注的问题。

第二节 高校英语教学跨文化转型中的测试与评价内容

评估反映的是高校英语教学的目标和内容,而文化评估必然反映的是高校英语文化教学的目标和内容。当前,文化评估是高校英语文化教学中的薄弱环节,也是最难解决的问题,其主要原因有两点:一是缺乏一套与真实文化能力相关,同时又能被观察与分析的教学目的;二是传统的高校英语教学中的评估的思想和方法过于陈旧,亟待更新。基于这些问题的存在,对高校英语文化教学中评估的内容进行分析显得尤为重要。

一、评估文化意识

在高校英语教学中,培养学生的文化意识显得十分必要,因为这样有助于学生在跨文化交际实践中了解不同背景下人们的行为方式,对他国文化有所了解,并采用积极的心态对他国文化进行学习与认知。因此,高校英语教学评估的内容必然包含文化意识评估这一项。

二、评估文化知识

在跨文化交际视角下,文化知识评估也是高校英语教学评估的一项重要内容,具体表现为如下两点。
其一,交际双方的社会文化知识。
其二,交际双方在交际过程中,需要运用到的对交际进程加以控制的社会文化规则等知识。

三、评估文化技能

除了文化意识与文化知识,文化技能评估也是跨文化交际视角下高校英语教学评估的一项重要内容,具体包含如下两点。
其一,对两种文化进行理解与说明的技能。
其二,对新信息得以发现、并在交际中得以运用的技能。

第五章 跨文化视域下高校英语教学中的教学测试与评价

第三节 高校英语教学跨文化转型中的测试与评价方法

一、跨文化视域下高校英语文化教学评价方法多元化的必要性

(一)传统教学评价落后于前沿理论

目前,我国教育体系已经进行了多方面的改革,取得了较大的成果,这导致传统教学评价已经落后于当前的教学系统,表现在重视结果、轻视过程;重视定量,轻视定性;重视教师;轻视学生。

1.重结果、轻过程

在传统英语教学中,教师多使用终结性评价方式来评价学生,很少使用形成性评价方式。利用终结性评价,教师往往只重视对结果的评价,无法对学生学习过程中的情况进行把握。换言之,教师只有在期中、期末考试中才能了解学生掌握知识的情况,是否达到了学习目标,而对学生学习过程中的学习情况丝毫不知情。此外,期中、期末考试题目设计有限,教师并不能把一个学期所讲授的所有内容都放在考试题目中,因而所选择的考试题目或许存在片面性、偶然性,这对于学生的整体学习而言都是极其不利的。

2.重定量、轻定性

在传统英语教学评价中,教师往往只重视定量评价学生,完全忽视了从定性层面来评价学生。虽然定量评价具有一定的优点,如可以准确反映评价对象的学习成果,并且方便对评价成果进行统计与分析等,然而对于学生学习过程中并不能进行量化的内容,定量评价就无法进行合理评价,所以想要全方位对学生展开评价,就不能仅采用定量评价方式,而需要将定量评价与定性评价相结合来进行。然而,定性评价在高校英语教学中受到的重视程度依然不够,还需要教师在这方面努力改进。

3.重教师、轻学生

在传统教学与评价过程中,教师都是主体,是不可或缺的部分,教师对于学生而言,始终处于居高临下的地位,学生往往处于被动或者被忽略,这对于学生自主学习积极性的培养来说是十分不利的。

（二）传统教学评价难以适应时代发展

在我国英语教学的发展过程中,很长一段时间采用的都是应试教育方式,教学评价的目的很明确,即选拔人才,将考试作文评价教师教学成果以及学生学习成绩的重要方式。然而,时代在发展,社会在进步,全球化格局的形成将世界上的各个国家带入一个多元化的格局中,各国文化都进行着前所未有的交流与碰撞。另外,科学技术也飞速发展,将人类带入信息化时代。在这样的发展趋势下,我国应试教育的弊端也越来越明显。

应试教育不合理的评价方式导致英语教学评价内容的不全面,仅重视学生学习中认知的发展情况而忽视智力的发展情况。事实上,兴趣、态度、情感、习惯等非智力因素对学生的英语学习产生着重大影响。如果在教学过程中仅重视对语言知识的学习,忽视对语言能力的培养,那么就会造成学生只是记住了英语知识,并不能将这些英语知识运用到具体的交际实践中。由此可以看出,对传统英语教学评价进行改革十分必要。

二、跨文化视域下高校英语教学评价方法创新的表现

（一）文化意识评价的方法

对文化意识的评价主要可以采用以下几种方法。

1. "社会距离"量表

在跨文化交际中,文化背景不同人,社会心理距离也必然存在差异,社会距离量表就是对他们进行的社会心理距离测试,如表5-3所示。

表5-3 "社会距离"量表

	1.作为结婚对象	2.作为亲密朋友	3.作为邻居	4.作为同事	5.仅作为认识的人
法国人					
西班牙人					
美国人					
英国人					
日本人					
阿拉伯人					
俄国人					

（资料来源:严明,2007）

2. 问卷评价

在跨文化交际视角下,问卷评价是一种常用的评价方式,主要对学生的自尊心进行检测。一般来说,问卷评价的方式可以是口头的,也可以是书面的,受试者通过回答同意与不同意来进行测试。

3. 单一文化态度评价

单一文化态度评价是由格赖斯提出的,受试的题目是对多种态度的描述,受试者需要根据自身情况来进行评判。

(二)文化知识与技能评价方法

上面分析了文化意识的评价方式,下面来分析文化知识与文化技能这两个层面。

1. 语言和社会变量的相互作用

人们的话语与行为往往会受到一些变量的影响和制约,如年龄、性别等。在跨文化交际中,交际双方需要对这些变量有所把握,这样才能使交际更加有效、顺畅。因此,在高校英语教学评价中,对学生的语言与社会变量的评价是一个重要的方法。

2. 对文化观点的评价

学生应该具备概括英语国家文化的能力,同时对已有观点加以评价与修改。对文化观点的评价,一般有如下方法。[1]

题目:评价10个用英语给出的对德国文化做出的概括,分别给出下列结论。

(1)可能正确。

(2)可能错误。

(3)我不知道其是否正确。

对于可能错误的概括,需要找出对错误进行驳斥的依据。对于不知道是否正确的概括,需要给出你所认知的附加信息,以便添加这些信息后得出结论。

要求:10个概括应在评价时给出。答题时间为45分钟。

评分标准:必须答对80%或80%以上。

---

[1] 严明.跨文化交际理论研究[M].黑龙江:黑龙江大学出版社,2009:204.

在跨文化交际视角下，高校英语教学评价可以是填空形式、判断形式、选择形式，也可以是主观题形式，但是无论采用何种方式，目的都是为了评测学生的文化知识掌握情况，以便将评价的效果体现出来。

第六章 高校英语教学与思政教育

在提倡"课程思政"建设的背景下,高校的课程建设应该促进思想政治教育与专业课的有效结合,以"课程思政"为契合点来增强教学的育人功效。要求专业课教师应当将"课程思政"的要素融入专业课程中,促使专业课教学的多元化育人。本章主要针对高校英语教学与思政教育进行研究。

第一节 高校英语思政教育的时代背景

一、新时代的出现

习近平在党的十九大上向世界庄严宣示,"中国特色社会主义进入了新时代,这是我国发展的新的历史方位。"这具有划时代的意义,是面向新时代的政治宣言和行动纲领。"新时代"不是抽象概念,而是有科学依据、有丰富内涵的理论创新重大成果。从多个维度探讨解析"新时代",能帮助我们更清楚地把握大势。

（一）继往不平凡,开启新时代

党的十九大提出,"不忘初心,牢记使命,高举中国特色社会主义伟大旗帜,决胜全面建成小康社会,夺取新时代中国特色社会主义伟大胜利,为实现中华民族伟大复兴的中国梦不懈奋斗。"这意味着我国继续前进,全面建成小康社会进入决胜阶段、中国特色社会主义进入新时代。新时代从哪里来？中国国际经济中心总经济师陈文玲认为,"改革开放以来,我国经历了近40年的经济高速增长,让人民群众有了更多获得感。过去五年,以供给侧结构性改革为主线推进新旧动能转换,实现换挡升级,进入经济新常态。也是这五年,中国日益走近世界舞台中央,成为第二大经济体。五年来的经济成就,为进入中国特色社会主义新时代打下了坚实的物质基础,也为实现经济从高速度增长迈向高质量增长的转变奠定了坚实基础。"李君如说:"新时代,是在新中国成立以来,特别是改革开放以来我国取得重大成就基础上得来的,是从十八大以来党和国家事业发生历史性变革的进程中做出的科学判断。"中央党校教授辛鸣认为,"中国共产党的理论从来不是闭门造车,而是写在13亿中国人民的心中,写在中国共产党96年奋斗历程上。"

(二)方位决定道路,道路决定使命

中央党校校委委员、副教育长兼科研部主任韩庆祥认为,中国特色社会主义进入了新时代,这是整个十九大报告的总定位。报告从经济、政治、文化、生态、军事、外交、国防、党建等方面谈基本方略,都立足于这个新的历史方位。

二、新时代的鲜明主题

中国特色社会主义新时代,是继往开来的一项革命,是基于新的历史条件夺取的中国特色社会主义伟大胜利的时代。中国走进新的时代,导致我国的历史方位的发展发生了改变,也导致社会主义矛盾的变革。但是,社会主义初级阶段的国情并未发生改变,我国在世界发展中国家的地位也未发生改变。当前,我党要坚持中国特色社会主义,发展中国特色社会主义,高举中国特色社会主义的伟大旗帜。也就是说,我党要视中国特色主义这一主题为治国理政的第一要务,要在党的领导下,努力实现"两个一百年",让中国特色社会主义之路更加辉煌。

当然,中国特色社会主义并不是凭空想象的,是我党和人民共同努力的结果,是党和人民千辛万苦换取的结果,是党和人民付出巨大代价换来的成就,因此应该将其作为我国发展与进步的根本方向。

自鸦片战争以来,不得不承认社会主义是中国的唯一走得通的道路,中国的实践也证明了只有走社会主义道路,中国才能发扬光大,才能繁荣富强。在社会主义建设时期,传统的计划经济使社会主义的生命力逐渐丧失,使中国人事到走封闭僵化的老路是很难让中国发展起来的,也很难振兴社会主义。苏联解体、东欧剧变的经验也告诉我们,与西方接轨并不是社会主义的选择与发展方向,走改旗易帜的道路显然会使得社会主义葬送。但是,改革开放的实践证明,中国特色社会主义是唯一能够发展中国、实现中华民族伟大复兴的选择。

三、新时代的世界担当

中国特色社会主义新时代是我国不断为人类做出努力的时代,是人们日益走进世界舞台中央的时代。

习近平总书记指出:"中国共产党是为人民谋幸福的党,是为人类进步努力奋斗的党。"可见,共产党的努力是为人民谋得福利,为中华民族的复兴而奋斗,为世界的和平与发展做出贡献。

21世纪,随着中国经济不断振兴与发展,资本主义世界体系面临挑战。尤其是2012年以来,中国不断加快和平发展的脚步,日益迈向世界舞台的中央地位。这种趋势是不可逆转的,是人类数百年来未曾有过的大的变局。

在世界经济危机之后,整体经济出现了赤字化现象。习近平总书记提出了"一带一路"的倡议,要求推动丝路基金、基础设施投资银行的建立,为全球的经济发展做出努力。为解决治理赤字问题,习近平同志还指出要创建人类命运共同体,提出要建构共商共建共享的全球治理观,推进新兴国际关系的建立,推进国际关系向着民主化的方向发展。为解决和平赤字问题,习近平同志指出要实现对话而不对抗、结伴而不结盟的国家交往观,尊重各自发展的道路,尊重彼此的社会制度,实现综合、共同、可持续的新安全观,为维护世界和平做出努力。

总而言之,中国特色社会主义新时代从本质上讲,就是中华民族走向富强的时代。我们要基于全面建设小康社会,到21世纪,努力实现富强、民主、文明、和谐、美丽的社会主义现代化强国,实现中华民族伟大复兴的中国梦。

第二节 高校英语思政教育的内涵解析

《大学英语》通识课程是高等教育中的一个必不可少的环节。现阶段的大学英语课程,教师教学过程形式较为传统和单一,不能较好地激发学生兴趣,而兴趣又是学生学好英语最为关键的步骤。将"课程思政"潜移默化的融入大学英语教学,让学生在大学英语多样性的学习中,既能学到丰富的大学英语课程知识,又能接受到创新方式的思想政治教育,从而激发学生对大学英语的学习情感和推进思想政治教育。发掘大学英语"课程思政"对落实教育育人和立德树人起到根本性的作用,推进大学英语课程建设在知识上、思想上和应用上的教学功能,对培养学生形成正确的世界观,人生观和价值观,都具有十分重要的作用。[1]

思想政治教育包括:爱国主义教育、集体主义教育、社会主义教育,进行理想、道德、纪律、法制、国防和民族团结的教育。在大学英语教育活动中应当继承和发扬中华民族优良的传统文化,汲取人类发展中一切对学生发展有积极作用的外来语言、文化,特别是先进的教育方法和教育理论,优秀的文学作品、文化思想、艺术鉴赏以及生活习俗等。如何把以上思想政治教育的主要内容融入高校专业课程建设是我们每一个高校教师应该思考的问题。下面将以"课程思政"融入通识课程《大学英语》的课程建设为例,探讨如何在大学英语课程建设中教授学生英语课程知识又能加强学生对思想政治教育的认识。

一、爱国主义教育与《大学英语》

语言是文化的载体,语言输入既有语言知识的输入,也包含文化知识的输入。将"课程思政"融入大学英语教学,通过西方语言与中国的语言对比分析;西方文化与中国文化对比分析,使学生可以"不忘本来,吸收外来,能更好地构筑中国精神、中国价值、中国力量"。在让学生对自己的文化有自信的同时,向世界"传播好中国的历史、讲好中国的故事、宣讲好中国的特点"。学生既要学习西方优秀语言和文化,又要继承和弘扬中华优秀传统美德,立足本国,放眼世界,向世界传播和发扬中华传统文化以及现代文化的创新成果。

二、集体主义教育与《大学英语》

将"课程思政"融入《大学英语》课程不仅要提升大学生的个人语言听说读写综合应用能力、跨文化交际能力,还应该通过课堂活动和课后活动帮助学生培养团结协作的意识和能力,将集体主义教育融入教学活动中。通过小组活动、角色扮演等方式既能锻炼学生语言实操能力,又能培养学生之间沟通交流的能力,团结协作的能力,为集体服务的意识,从而

---

[1] 罗晨瑞雪,李阳,吴映梅."课程思政"背景下的大学英语课程建设[J].湖北开放职业学院学报,2021,34(01):95-96+109.

第六章　高校英语教学与思政教育

培养学生的集体主义和集体荣誉的意识。①

三、社会主义教育与《大学英语》

在大学英语教学中,教师可以通过英语时事新闻对学生进行社会主义教育。实时更新国内外时事会议、时事发布会、时事论坛的英文版本,带领学生共同学习。如 2020 年全国两会召开后,向学生推送两会报告的英文版本。引导学生从报告中不熟悉、不认识的词汇着手,带领学生识记具有中国特色的词汇表达。在学生对词汇有所掌握后,进而分析报告中形式多样的极具中国新时代特色话语的不同句型、语法、方式和表意,引导学生识记并能输出这些具有中国特色的句型表达,教学过程层层递进,直至学生全部掌握报告的丰富内涵,从而由易到难深入对学生进行时事社会主义教育。再如,引导学生关注 CGTN 中国国际电视台的英语新闻播报,并在大学英语课程中选取 2019—2020 年抗击新型冠状病毒中涌现出来感人的好人好事的英语报道,从词汇到句型层层给予学生正面的教育,用正面的典型事例鼓励他们,培养他们为社会主义事业努力奋斗的决心。

四、民族团结教育与《大学英语》

将"课程思政"融入《大学英语》,课程不仅教授西方语言和文化,还应该注意到中华民族团结教育。让学生在了解中国的民族的基础上了解西方民族的现状,批判地认识世界,树立民族平等,自觉维护民族团结和祖国统一的思想。在教授大学英语时,教师可以引导学生将英语学习的语言知识融会贯通到学生的母语,特别是少数民族语言中,鼓励学生将大学英语中学习到的英语的语音、词汇、句型、语义、语用等知识迁移到母语中进行比较分析,从而深入地认识汉语和少数民族语言的结构,加强对汉语的发扬和少数民族语言的保护。②

---

① 陈静."课程思政"理念下的高职英语课程建设[J].海外英语,2020(20):223-224.
② 罗晨瑞雪,李阳,吴映梅."课程思政"背景下的大学英语课程建设[J].湖北开放职业学院学报,2021,34(01):95-96+109

第三节　跨文化交际与思政教育的融合模式

本节将以《新世纪大学英语系列综合教程2》第二单元"Optimism and Positive Thinking"为例,分析如何将"课程思政"融入大学英语该单元实操的课程建设中,使学生在获取知识的同时,建立文化自信,正确认识西方的语言和文化,发扬中国传统文化,形成正确的世界观、人生观和价值观,争做社会主义的人才。

一、"课程思政"与导入

课程导入选取该单元中的 Quotes 名人名言部分,该部分有西方名人——雨果、王尔德、丘吉尔和海伦凯勒关于乐观主义的名人名言。在对学生进行以上名人名言中单词和句型的讲解后,引导学生查找和收集中华传统文化中如苏轼、瞿秋白等有关乐观主义的名人名言,并翻译成英文。这样的教学设计让学生既能了解西方的文化,又能探寻和发扬中华传统文化,还能对中英文的名人名言有更好的翻译认知和学习。

二、"课程思政"与听力

听力选取 2019—2020 年 CGTN 和 *China Daily* 中有关新型冠状病毒爆发后,中国政府、医务工作者和全国人民积极乐观应对疫情的相关内容,让学生在听力中再次感受到祖国的强大,推进爱国主义教育。通过该部分的听力练习,既能让学生学习该单元中乐观主义的主题,提高学生的听力能力,又能让学生及时地了解时事,加强爱国主义教育和社会主义教育。

三、"课程思政"与词汇

该单元的词汇出现如:optimism, optimistic, optimist, optimistically 等一系列通过词根"optim"增加词缀"-ism,-tic,-ist"来改变词性或词义的单词。该部分词汇的讲解可以引导学生用自身母语的词汇形态进行对比分析,如学生的母语为汉语,那汉语词汇形态将对应着偏旁部首;或如学生的母语是苗语,苗语的词汇形态同样有相对应的词根词缀且词缀数量仅有四个前缀。词汇部分的课程设计很好地将民族团结教育融入到了该单元的课程建设,该部分既加强学生对汉语语言结构的深入认识同时也树立民族语言平等的思想,起到推动汉语的发扬和少数民族语言的保护作用。[①]

四、"课程思政"与阅读

该单元的第一篇文章是 *Choose Optimism*。通过对该篇文章的单词、句子、文章结构的讲解疏通,在理清楚该篇文章的主旨和结构的基础上引导学生领悟到该篇文章的德育观点——乐观与成功的必然联系和乐观主义更关心积极有建设性的解决问题,并潜移默化地对学生输入乐观主义对学习和生活的重要性,从而让学生树立正确的价值观和人生观,最终实现教育育人。

五、"课程思政"与作业

该单元的课后作业要求学生按以下要求写一篇 150 词左右的作文。

The authors of the text A and text B in the textbook convey to us the information that we need to look at the optimistic and positive side of anything that comes to us. In our daily life, we need to take an optimistic and positive attitude. Write an essay about 150 words, in which you should share your ideas with the following hints:

What is meant by "thinking positively"?

What is the connection between success and optimism?

How can we keep an optimistic and positive attitude?

区别于传统的个人独立完成的作文,该部分的作文设计要求学生以小组合作形式完成。三人一组,可以是平均分配,一人回答一个问题,每人完成 50 字左右的段落书写,再组合调整成一篇完整且有逻辑的作文;也可以是组内自行安排,以多种方式共同完成该部分写作任务。该单元作文的设计能让学生锻炼沟通交流的能力,培养团结协作的能力和集体主义的意识。

在大学英语教育活动中凡是对学生发展有积极作用的外来语言、文化,特别是先进的教育方法和教育理论,优秀的文学作品、文化思想、艺术

---

① 陈静."课程思政"理念下的高职英语课程建设[J].海外英语,2020(20):223-224.

鉴赏以及生活习俗等,都应该积极地予以吸收与采纳。将"课程思政"融入《大学英语》的课程建设,是促进学生思想进步的前提,能够有利于学生未来的综合发展。因此各个高校应该重视并提高"课程思政"和《大学英语》的有效结合,这不是一个一蹴而就的过程,需要高校教师团队协作在英语课堂教学之中将"课程思政"长期地、多维度地加以探索和实践。

第四节 跨文化交际思政教育的培养目标

一、理想信念

大学生理想信念教育对于高校思想政治教育与跨文化英语教育来说,始终具有关键的核心意义和作用,拥有不断丰富的教育内容和坚实的学科支撑,党和国家领导人始终对其给予了高度关注,理想信念教育对于全方位育人来说具有积极意义。

我国高校一直重视思想政治教育与跨文化英语教育,坚持育人为本、德育为先的教育方针,在开展教育的过程中全面贯彻党和国家对教育的要求,在实施思想政治教育与跨文化英语教育工作的过程中始终重视理想信念教育,将其作为培育未来社会主义事业合格接班人的首要工作。到了20世纪90年代,我国高校积极响应国家号召进一步加强思想政治教育与跨文化英语教育的实施,将学习建设有中国特色社会主义的理论作为中心内容,进一步加强党的基本路线和爱国主义、集体主义、社会主义教育,帮助广大师生员工树立正确的思想理念与跨文化英语教育观念,帮助他们树立积极健康的世界观、人生观和价值观。

在理想信念教育中,必须结合理论与实践,理论作为旗帜可以为教育实践指明方向。在大学生中开展理想信念教育,引导他们树立共同理想,必须有坚实的理论教育为基础。坚实的理论基础是实现坚定的政治的基础,只有拥有较高的马克思主义理论素养,才能帮助我们把握世界发展的趋势,并顺应发展进一步坚定推进共同理想和共产主义理想的实现。

(一)融入马克思主义中国化的最新成果

邓小平同志在我国改革开放初期就告诫全党:"要特别教育我们的下一代下两代,一定要树立共产主义的远大理想。一定不能让我们的青少年做资本主义腐朽思想的俘虏。"开展理想信念教育的一项重要内容

第六章 高校英语教学与思政教育

就是马克思主义理论教育,通过学习马克思主义理论,帮助大学生更深入地理解马克思主义世界观和社会发展规律;帮助大学生掌握正确的方法论,以此为基础帮助他们正确地判断、分析和解决实际生活中遇到的各种问题,只有以扎实的理论基础为保障,才能使我们对社会主义的前途充满必胜的信心,从而实现理想信念到实际行动的有效转化。

随着社会发展,中国特色社会主义理论体系不断丰富和完善,在开展高校思想政治教育中应该融入社会主义核心价值体系,要构建符合当前社会实际的共同理想信念与道德规范。随着全球化进程的深化,价值观多样化成为常态,这就要求我们必须通过马克思主义理论正确引导大学生,帮助他们正确地认识国情、认识世界。建设中国特色社会主义是中华民族的事业,当然包括大学生,教育工作者需要通过有效教育帮助大学生切实了解自身的历史重任,使他们将共同理想作为自觉的追求,而这就要求我们运用马克思主义特别是马克思主义中国化的最新成果武装大学生的头脑。这样才能帮助大学生正确地认识资本主义社会基本矛盾及其发展的历史趋势,同时让他们深刻了解社会主义事业的长期性、艰巨性、复杂性和社会主义制度的强大生命力。只有保证构建符合人类和社会发展规律的科学的共同理想,才能使中国特色社会主义成为当代大学生的共同理想。

(二)有机结合个人理想与共同理想

每个人都有自身的理想追求,大学生也是如此。马克思曾提出,"人们为之奋斗的一切,都同他们的利益有关"。因此,我们应该让大学生明确看到中国特色社会主义的奋斗目标可以为他们带来什么利益,只有这样才能促使他们团结奋斗。也就是说,必须将中国特色社会主义共同理想教育与大学生的实际追求和利益有机结合,以此促使大学生自觉地将自身理想信念融入中国特色社会主义共同理想,使他们从真正意义上接受并理解社会主义共同理想,而只有这样才能引导大学生积极投身于中国特色社会主义的建设中。

在社会主义初级阶段,经济、文化等各方面条件还存在一定制约,因此人们会根据自身需求选择不同的理想追求,比如人们希望有良好的生活环境、优渥的薪资、良好的自然环境等。但是有些人过于重视个人理想,使其凌驾于社会主义共同理想之上,并不认同社会共同理想,认为只有实现个人理想追求才是实实在在的。但实际上,社会主义共同理想与个人理想追求有很多共通之处。在社会中,全体人民的共同利益与个人利益之间具有紧密联系,而这也决定了全体人民的共同理想只能是有中国特色的社会主义现代化建设事业。

因此,应该引导大学生正确认识个人理想和共同理想之间的关系,使他们了解自身成长与社会发展的同步性,将自身成长和追求与中国特色社会主义事业和国家的繁荣富强相联系,通过有效教育引导他们将自身的个人理想追求融入中国特色社会主义的共同理想中,充分理解追求共同理想也是实现个人理想的过程。教育工作者要运用共同理想来整合引导大学生的个人理想,帮助他们在为实现社会主义共同理想的过程中,构建共同理想与个人理想之间的良性关系。引导大学生正确认识中国特色社会主义的共同理想,让他们意识到这是符合我国当前发展阶段和人类个体发展的必然选择。思想政治教育工作者应该明确的意识到,成长成才是当代大学生的最大利益需求,因此必须主动关怀他们的实际需求,帮助他们解决实际问题,在此过程中树立他们的正确理想信念。

理想会随着时代的变化而变化,当前我国正处于社会转型的关键阶段,而实现社会主义现代化是最紧迫的任务。对于当代大学生来说,应该充分结合个人理想与社会发展实际,这样才能担负历史重任,才能在当前的时代背景下有所作为。如果大学生的个人追求脱离时代背景,那么即使再完美的理想也难以实现。

通过以上分析可以看出,共同理想与个人理想之间的关系表现为相互依赖、相互渗透,是辩证统一的。一方面,共同理想在很大程度上决定和制约了大学生的个人理想,个人理想不可以凌驾于共同理想之上。第一,共同理想在很大程度上决定了个人理想的选择。共同理想追求的是整个国家、民族根本利益,其包含的是全体社会成员所追求的共同利益,包括社会生活的各个方面,因此,个人理想的选择必然是在共同理想的指导下进行的。第二,共同理想在一定程度上制约着个人理想的实现。理想是时代的产物,因此追求个人理想必须尊重共同理想,只有结合共同理想的个人理想才能顺利实现。

另一方面,个人理想是共同理想的具体表现。虽然从内容、形式上来看,不同的个人理想存在很大差别,但是不论哪种个人理想都是在一定的社会历史条件下树立和实现的,因此其必然会受到社会发展的客观规律的制约。此外,通过个人理想也可以在一定程度上体现共同理想,人们在实现个人理想的过程也是为共同理想的实现而不断奋斗的过程。共同理想的实现在一定程度上是以个人理想的实现为基础的,因为共同理想是通过全体社会成员的艰苦奋斗、共同努力而实现的。

改革开放以来,我国在政治、经济、文化等诸方面都取得了举世瞩目的成就。随着我国不断发展,当前我们已经到了全面建成小康社会的关键时期,当前大学生是在这样的时代背景下走向历史舞台的。个人理想的树立和实现是在一定时代背景下成立的,在一定程度上来说,个人理想的实现有赖于国家、民族事业的发展,改革开放的伟大实践是个人理想力量的源泉所在。因此,当代大学生必须有机结合个人理想与共同理想,要将社会主义优良品德融入自身价值观念中,只有这样个人理想才会有深厚的社会基础和持久生命力。

二、价值观

通过明确社会主义核心价值观有效地简化了人们对社会主义核心价值体系的理解,其是社会主义核心价值体系的凝练和概括,体现了社会主义意识形态的本质,从价值层面阐释了中国特色社会主义的共同理想的基本内涵。实际上,社会主义核心价值观从价值层面规定着从个体到社会的理想内容,从价值层面为理想信念教育指明了正确方向。在大学生中培育和践行社会主义核心价值观的,可以有效地提升理想信念教育的境界,以此为基础,进一步实现教育路径和内容的拓展和丰富。

(一)社会主义核心价值观提供了价值指向

社会主义核心价值观国家层面的内容作为社会主义核心价值观在发展目标上的规定,构成了中国特色社会主义理想的基本特征。实际上,就当前的人类社会发展而言,社会主义是至今最先进的生产关系和社会制度,在极大程度上解放了社会生产力,因此,以此为基础形成的物质文明和精神文明必然会达到一个更高的层次,也必然会为人类社会带来更高形态的社会民主与和谐。就近代中国发展实际来说,最重要的任务就是实现国家的富强、民主、文明、和谐,这也是中国人民不断追求的理想目标。近代以来,有很多仁人志士为此理想目标而不懈奋斗,不断贡献自身力量。对于我国当前的社会发展来说,实现国家富强、民主、文明、和谐是人们的共同意愿,是实现中华民族伟大复兴的具体追求和体现,是一个凝聚人心、振奋精神的价值理想。这一价值理想从国家层面规定中国特色社会主义的发展方向,体现了中国人民的共同理想信念,鼓舞人心,鼓励中国人民始终斗志昂扬。

在我国的发展过程中,始终坚持中国特色社会主义道路,可以引领中国实现社会转型,实现社会的进一步发展。随着中国特色社会主义的建设,改革开放处于不断深化的过程中,社会经济、科技等不断变化和发展,利益格局不断改变,同时随着全球化进程加深,外来文化不断涌入我国社会,人们的思想受到了巨大冲击,而人们的思想活动也发生了重大转变,开始越来越具有独立性、选择性、多变性、差异性等特征。在这样的社会环境中,必须进一步加强思想政治教育,加强培育和践行社会主义核心价值观,以此引导人们培养判断能力和抵御能力,在多元化的社会环境中具有坚定的社会主义理想信念,开放包容、引领思潮、形成一元共识,满足中华民族伟大复兴对文化软实力提出的要求,对于大学生来说更是如此。党的十八大报告深刻把握时代潮流,强调通过"三个倡导"来积极培育和践行社会主义核心价值观,丰富了社会主义核心价值体系建设思想,为进一步培育社会主义核心价值观提供了新的指导和新的思路。党的十九大报告中指出,"文化自信是一个国家、一个民族发展中更基本、更深沉、更持久的力量"。

理想信念从价值观的层面体现了人们的奋斗目标,价值目标决定了人们的奋斗目标。对于我国大学生的思想信念教育来说,一方面应该引导大学生自觉将其个人追求融合于社会共同追求,保证个人追求与社会主义核心价值观的价值取向一致;另一方面要使理想信念教育上升教育高度,使其成为社会主义核心价值观的社会、国家层面的教育。对于具体教育而言,要充分结合大学生的实际需求和追求,引导大学生进一步明确其个人追求中正确的、合理的因素,帮助他们剔除幻想的、空想的成分,通过在大学生中培育和践行社会主义核心价值观,引导他们正确地认识和判断各种社会思潮,从而树立正确的价值取向、价值尺度和价值标准,为构建科学理想信念打下扎实的思想基础。社会主义核心价值观是对中国优秀传统文化价值观的继承和弘扬,也是对中国当今时代问题的回应,更是中国"两个一百年"奋斗目标的精神支撑。在开展理想信念教育时,必须保证自身具有社会主义核心价值观的价值取向,只有这样才能保证理想信念的正确性和科学性,只有这样才能实现个人理想与社会共同理想的有机结合。

(二)社会主义核心价值观升华了教育境界

实际上,价值在一定层面上就是意义,而社会主义核心价值观就是一种对于中国社会来说正确而崇高的意义。社会主义核心价值观是对人和事物最基本的、符合我国国情的社会主义的价值取向、价值标准和价值目标的集中概括。社会主义核心价值观可以有效地提升思想信念教育的教

第六章 高校英语教学与思政教育

育境界,具体来说这体现在两个层面。第一,理想信念教育应该加强对大学生的价值观教育,加强对他们进行正确的价值观引导,引导学生可以自觉追求理想人格,不断提升自身的人生境界;第二,社会主义核心价值观进一步充实了理想信念教育的内容,为其提供了坚实的价值取向的观念基础。

从本质上来说,理想信念教育是一种觉悟教育、境界教育。对于人类来说,每个个体都拥有自身的梦想和追求,这是根据人类的自身需求而衍生出的必然结果。可以看出,这本质上是一个从自发到自觉的过程。但需要注意的是,这种自觉具有程度和境界上的区别。通过开展合理有效的理理想信念教育,可以引导人民从对梦想的自发追求转成对理想的自觉追求和践行。有禅语道,"终日吃饭,未曾咬着一粒米;终日着衣,未曾挂着一缕丝。"实际上这就是指自觉程度和境界不到,导致一些人虽然每日也吃饭穿衣,但是并没有在真正意义上理解生活的本质。因此,在大学生中开展理想信念教育的一个重要核心就是帮助他们理解和领域境界,引导他们对境界产生自觉追求,使大学生不仅对幸福生活产生向往,更重要的是将这种追求上升为一种精神家园,引导他们从小乐趣上升为大境界,进一步完善他们的理想信念的价值内容,使其在追求个人理想的过程中不断提升层次,使理想信念成为人生境界的追求。具体来说,应该引导大学生充分领略大自然的美丽,从内心接受并感谢自然对人类的恩赐;教导学生从冬天取暖、夏天乘凉、日常洒扫应对中获得乐趣,帮助他们在人际交往中获得全新的生命意义,使他们从更高的人生境界上体会生命的意义和快乐。不论是普通人还是伟大的人,都不可能在其有限的生命中穷尽宇宙和生命的奥秘,但是所有人都可以在个人的人生体验上不断获得新的意义和快乐,享受各种常情。人们通过享受美好的常情,可以引发自身对真善美的关爱,使自身更友善的看待自然和社会,从而帮助他们更好地处理自身与自然、社会之间的关系。在这样的理念催化下,人们的生命会得到净化和升华。由此可以看出,理想信念对于人类而言具有不可替代的重要作用,正因为这些理想信念,世界才更加多姿多彩。

理想信念是一种深层次的价值观念,因此其需要丰富的价值理念作为有力支撑。社会主义核心价值观就是社会主义核心价值体系凝练的表述,有着丰富的内涵和崇高的境界。构建科学理想信念的一个重要基础就是以社会主义核心价值观作为有力支撑,并从中获取养分。只有保证理想信念包含了社会主义核心价值观的基本概念,才能说其是完满、科学的理想信念,也只有这样才能充分发挥理想信念的重要作用。社会主义核心价值观可以直接构成科学理想信念的价值取向和价值目标。由此可以看出，在大学生中开展理想信念教育必须充分结合社会主义核心价值观的培育。以社会主义核心价值观为引导，可以有效地拓展理想信念教育的价值目标，提升理想信念教育的价值境界。实际上，理想信念教育本身就是一种价值观教育，其本身与社会主义核心价值观教育具有重要联系，是从目标层次、信念层次开展的价值观教育。对于理想信念教育来说，社会主义核心价值观为其提供了有力价值观支撑，从基础层面和核心层面提升了理想信念的教育境界。

3. 社会主义核心价值观丰富了教育内容

随着中国的改革开放和马克思主义的中国化，理想信念教育不断丰富着自己的教育内容。其中，社会主义核心价值观就是马克思主义中国化的一项重要成果，同时也是大学生理想信念教育的一项重要内容。

观察人类社会的发展可以看出，社会主义是至今最先进的生产关系和社会制度，它极大程度上解放了社会生产力，因此在这样的生产关系和社会制度下，必然会产生更发达的物质文明和精神文明，这种社会形态会为人们带来更高级的民主与和谐。随着我国不断发展，实现国家的富强、民主、文明、和谐成为我国近代以来最主要的追求和目标，这也是中国人们肩负的历史重任。近代以来，许多仁人志士为这一事业奉献自我，为了实现国家富强、民主、文明、和谐的目标而不懈努力。就当前我国的实际发展情况来说，实现国家繁荣昌盛、民主清明，人民幸福安康、社会和谐，最终实现中华民族伟大复兴，顺应近代以来中国人民的共同意愿，昭示中国特色社会主义伟大事业的美好前景，始终是一个凝聚人心、振奋精神的价值理想。富强、民主、文明、和谐是从国家层面指出了中国特色社会主义的发展方向，可以团结人民、鼓励人民，引导人民为中国特色社会主义的建设而贡献力量。

自由、平等、公正、法治，反映了中国特色社会主义社会的基本属性，体现了现代社会的基本精神要素和价值追求。中国特色社会主义的建设目标是建设文明社会，而这不是仅仅满足国家富强就能实现的，社会的自由、平等、公正、法治具有不可抹灭的重要意义。马克思主义一直强调人的自由而全面发展，强调以此为基础的自由而全面地发展的社会，并认为这才是社会主义的终极目标。这也是实现真正意义上的公平正义的基本条件，是需要实现整个社会实行生产资料公有制，是要不断解放劳动生产力并推进其不断发展，以此为基础促进人们在社会劳动中做到人人参与、人人共享、人人受益，从而促使人类个体的自由而全面发展。在中国共产党成立之初，就将实现和维护社会公平正义、人的自由发展作为始终不渝的奋斗目标,并在其发展过程中通过实践不断探索和推进,在实现社会自由、平等、公正和法治方面作出不懈努力。党领导人民夺取新民主主义革命胜利,建立社会主义制度,为实现自由、平等、公正和法治的社会奠定了根本政治前提和制度基础。

爱国、敬业、诚信、友善,是对中华传统美德的继承和发扬,是中国特色社会主义对其公民价值追求和道德准则的根本规定,体现了社会主义公民道德行为和价值追求的本质属性。爱国主义一直是中华民族的传统美德和道德规范,也是中华民族传统美德的灵魂所在。爱国体现了人民和国家之间的关系,尤其反映了社会主义国家中人民与国家的价值关系,是一种崇高的思想道德境界。敬业是最基本的职业道德,这不仅体现了一个人在职业领域的基本道德,同时还反映了一个人的人生态度,体现了个体对待生活积极向上的态度。诚信是中华民族始终强调的重要品德,在当前的社会主义市场经济体系下,诚信的重要性更被凸显,这是社会主义市场经济得以继续发展的基础。友善是中华民族的优良传统,其强调的是一种友善的人生态度。"人与人的和谐"是"人"与人类社会应该体现"天道"的要求。随着人类社会的不断进步和发展,人们面临的是多样、复杂的社会关系和利益关系,而友善则是帮助人们在复杂的关系中保持平和的重要品德,也是构建和谐社会必不可少的重要力量,友善可以帮助人们在复杂的社会环境中得到温暖和慰藉。爱国、敬业、诚信、友善,涵盖了社会主义公民道德行为的各个环节,从社会、家庭、职业和个人等各个角度提出要求,集成了中华民族传统美德、中国共产党人革命道德和社会主义新时期道德的精华,全面、系统地对人们的行为方式和思想观念进行科学规范。

由此可以看出,社会主义核心价值观具有十分丰富的价值内涵,它切实反映了中国特色社会主义事业的发展要求,同时也顺应了中国社会主义制度的本质规定。在大学生中开展理想信念教育,必然要与社会主义核心价值观教育结合,因为其可以有效地丰富理想信念教育的内容和价值内涵,是理想信念教育成为更具价值的素质教育。

4. 社会主义核心价值观拓展了教育路径

在大学生中培育和践行社会主义核心价值观,实际上就是一个树立科学理想信念的过程。判断社会主义核心价值观培育成果的一个重要标志,就是观察通过开展教育是否在社会上形成社会主义核心价值观的风气,人们接受教育后是否树立了科学的理想信念。可以看出,社会主义核心价值观教育实际上是实现理想信念有效教育的一条基本途径。习近平总书记曾在北京大学师生座谈会上指出:"核心价值观的养成绝非一日之功,要坚持由易到难、由近及远,努力把核心价值观的要求变成日常的行为准则,进而形成自觉奉行的信念理念。"从中可以看出,针对大学生培育和践行社会主义核心价值观提出的要求,实际上也是树立大学生科学理想信念的道路。

建设中国特色社会主义是一个复杂而庞大的系统工程,包括政治、经济、文化等各个方面。具体来说,富强、民主、文明、和谐是指导人们生活的社会主义精神价值,自由、平等、公正、法制是人们在生活中秉承的价值理念,爱国、敬业、诚信、友善则是贯穿于人们工作、生活等各个方面的具体体现。培育与践行社会主义核心价值观是从不同角度出发最终融汇于同一终点的,它可以从各个层面引导人们的价值取向,起到规定了国家和社会发展的基本方向的基本作用。实际上,社会主义核心价值观并不是完全依靠社会自发形成的价值观,而是要在科学研究、正确认识其内在产生和发展规律的基础上,在国家对人民进行引导的基础上,长期持续地进行价值体系的建设和培育,系统地阐述社会主义核心价值观的重大意义、理论基础、历史渊源、科学内容、现实要求、实践途径等重大问题,从教育宣传、政策制度等各个角度加以辅助,从而最终形成人们自觉的价值取向、价值追求、价值尺度和价值原则。

需要注意的是,核心价值观不可以脱离社会的基本制度而单独存在,那样的核心价值观无法引导人们在学习、生活中形成具有核心价值观属性的理想信念。贯彻社会主义核心价值观的一个基础是保证我国的基本制度符合其基本要求,其中包括基本经济制度、政治制度与基本政策等,涵盖了经济、政治、文化、教育、医疗、婚姻、社会福利等各个方面的内容,必须保证社会各方面制度与社会主义核心价值观的要求保持一致。此外,在大学生中开展社会主义核心价值观教育,必须将教育渗透到他们的日常学习和生活中,只有这样才能促进社会主义核心价值观转化为他们的日常价值观和生活实践,才能真正得到他们的认同和信服,在此基础上才可以形成他们的内在信念和自觉行为。学校、家庭和社会都应该积极倡导社会公德、职业道德、家庭美德和个人品德,这样使大学生处于一个良好的环境中,从而使社会主义核心价值观成为人们共同遵循和维护的价值取向、价值追求、价值尺度和价值原则,使其发生于人们的思想意识深处,并通过实践自觉转化为与人们生活实际紧密联系的各种形式,如社会准则、社区公约和学生守则等,使大学生可以从社会生活的各个方面了解并感受到核心价值观,并以此为基础进一步上升到国家法律与制度,倡导自由、平等、公正、法制等理念,最终实现大学生个人理想追求与社会共同理想的有机融合。

　　此外,建设社会主义核心价值体系,通过社会主义核心价值观引导社会风尚,不仅需要有科学先进的思想理念作为引领,同时要充分结合人们的实际生活。这就要求我们必须以马克思主义认识论与实践论作为出发点,以此为基础正确的认识社会主义核心价值观的培育和践行,在教育过程中必须始终坚持解放思想、实事求是,要寻求最适合我国基本国情和人民实际需求的教育路径。总之,在大学生中开展理想信念教育必须重视与社会主义核心价值观培育与践行的有机结合,要不断创新教育的方式和路径,引导大学生树立科学的理想信念,帮助他们树立正确的价值观。

第七章　跨文化视域下网络技术与高校英语教学的融合

当今社会正处于从"+互联网"向"互联网+"转变的时期,是第五次技术革命时期。随着科技的进步,"互联网+"的领域也在逐渐扩展,范围逐渐扩大,目的在于进一步开发信息资源,实现资源的共享与互通。可见,网络技术的融入使人们的交往更加便捷,并逐渐改变着人们的生活。本章主要研究跨文化视域下网络技术与高校英语教学的融合。

第一节　网络技术的特点与优势

一、网络技术的特点

(一)开放性

随着网络技术的快速发展,人们有了全方位的、四方八达的交往平台。网络技术分散于世界上的各个角落,无论人们处于何地,都可以享受到网络带来的便捷。通过网络技术的应用,人们对自己传统的交往方式进行改变,逐步进入一种全新的非集中化的人际交往模式。随着网络技术在人们生活的方方面面得以渗透,人们的交往方式也突破了时空的限制,任何地域、任何国籍的人们都可以摆脱地域、身份、职业等的限制和制约。通过网络技术,人们可以自由地表达自己的思想和观点,并充分应用广阔的信息资源。

(二)虚拟性

很多人将网络技术定义为一种虚拟空间,因此网络技术具有虚拟性,其有着虚拟的空间环境,也有着虚拟的个人。

第七章　跨文化视域下网络技术与高校英语教学的融合

首先,网络空间环境的存在是一种虚拟无形的状态,是基于现实的空间环境而建立起来的。通过网络技术,人们可以交换信息、交流思想,接触文字、声音、图片等并对其进行加工,最终给人以身临其境之感。因此,网络技术的虚拟性并非无中生有,而是一种客观的事实存在。

其次,人们可以通过网络技术使用虚拟的身份与他人进行交往与沟通,也可以选择自己喜欢的角色进行角色扮演,还可以从自己的喜好出发选择适合自己的交往对象,尝试一种在现实生活中无法体验到的新的生活。

(三)互动性

当人们与他人进行交往时,网络技术的出现为人们提供了一种新的交往形式。以前,传统的通信工具使得信息资源的接受与发送是单向流动,而网络技术的出现使得信息资源的接受与发送呈现互动流通。在虚拟的网络空间中,人们很容易找到他人进行聊天,也可以自主创建微博,与他人分享自己生活的点点滴滴。通过网络技术,他人可以了解自身的想法,自己也可以了解他人的想法,随时随地地发表自己的观点,并对他人的观点进行评论。可见,在网络技术环境下,人们可以更深层次地进行交往,同时具备信息资源的提供者、生产者、消费者与传播者的综合身份。网络技术的互动性使得人们的交往兴趣更为高涨,刺激人们的参与欲望,扩大交往范畴,提高信息的价值。

二、网络技术的优势

(一)提高教学效率

生产技术的改革必然会促进生产效率的提高,在教育领域,技术也具有提高教学效率的作用。所谓教学效率,具体是指一定时间内完成的更多教学任务,或者完成相同教学任务量使用更少的教学时间。网络技术的发展和英语教学的结合可缩短英语教学时间,能更加高效地实现教师和学生在英语教学过程中的知识输出与输入。在网络与英语教学结合的过程中,丰富而先进的网络技术可使学生综合利用多种感官进行学习,使学生充分获取知识。有实验证实,在学习过程中,学生利用的感官越多,越有利于学生对知识的记忆、理解,就越能帮助学生获得较佳的学习效果,进而提高英语教学的效率。

(二)转变师生角色

在网络与英语教学结合的过程中,最大的障碍是教师角色的转变。很多研究者认为,网络环境下的英语教学通过"传递信息"和"吸收内化"过程的转变,教师由知识的传授者转变为学生学习的指导者、服务者;学生由被动的接受者转变为主动的研究者。

(三)扩大教学规模

网络技术能扩大教育规模,加速英语教学的发展。从当前我国的英语教学现状来看,国家正在实施科教兴国战略,充分利用网络技术,开展各种远程教育,客观方面大大节省了师资、校舍和设备,更多的偏远地区的学生受益,并有效促进了英语教学规模的扩大。

(四)更新教学观念

网络技术的创新与应用可使教师对教学过程与教学资源利用有新的思考,进而促进教学观念的更新。传统的英语教学以教师为中心,教师作为传授知识的主体,在英语教学过程中发挥着十分重要的作用,教师是教学技术(黑板、教学教具模型)的绝对使用者,整个教学围绕教师来进行,学生只是被动地参与学习。网络技术的应用为英语教学的发展提供了新思路、新思想、新办法,促进了现代教育观、现代学校观、现代人才观的形成。在现代英语教学中,网络技术在英语教学过程中得到了广泛利用,不仅增加了师生之间的交流与沟通、实现了师生之间的交互的双向教学,教师从单纯地讲授书本知识转变为利用多媒体技术进行教学设计,网络技术在英语教学过程中的应用,学习者从被动地接受知识转变为利用网络技术进行自主学习,学生能更加主动地获取知识,教师也在英语教学过程中逐渐建立起以学习为中心的观念;"应试教育"更加彻底地向"素质教育"转变。

(五)提高教学质量

网络技术的应用极大地提高了英语教学质量。具体来说,英语教学质量的提高表现在英语教学过程真正实现了英语教学目标,促进了学生的德、智、体、美等多方面的发展。网络技术在英语教学过程中的应用对于学生的多方面素质的发展均有较高要求,学习过程中,学生的手、眼、

第七章　跨文化视域下网络技术与高校英语教学的融合

耳、鼻、口各个感官共同应用到英语学习过程中，促进了学生大脑思维的发展，各项知识与技能不断得到提高。网络技术对英语教学质量提高的促进具体分析如下。

首先，网络技术为教学提供技术支持，为现代英语教学提供一个良好的交互环境，给学生提供更自主学习的机会，使学生更加主动地投入到学习中去，更加积极地去收集、处理、加工、反馈各种学习信息，进而增强学习效果，促进学生主动发展、个性化发展，提高个体化英语教学品质。

其次，在新时代，网络技术与英语教学的结合无时间、空间的限制，能更加高效地调动各种英语教学资源，使得优质的英语教学资源得到有效整合，扩大优质的英语教学资源的受益面，创建英语教学的大格局，进而促进英语教学质量的整体提高。

最后，现代化的英语教学强调高素质全面发展的人才培养，强调学生的发展应与社会发展相适应。现代英语教学为提高教学质量和促进英语教学为社会现代化发展服务，新的英语教学观念将会催生新的英语教学质量评估体系和评价方式，并有助于建立信息全面的大数据跟踪与检测，促进每一名学生的全面发展。

（六）促进教学改革

网络技术的发展是英语教学改革与发展的制高点和突破口，引起了英语教学领域的多方面变革，具体分析如下。

1. 英语教学组织形式的变革

在传统的英语教学中，英语教学组织形式是以学校、班级和课堂为主场所，在英语教学过程中，重视学生的个体化发展，提倡个别答疑、分组学习，但是，受多种条件限制，学生的统一化教学仍是主要教学形式，学生的个性化教学难以实现。随着网络技术在英语教学中的应用，学生的小组学习、个别化学习成为可能，例如，网络化的传输功能在各种学科实现实时交互学习。

2. 英语教学手段与方法的变革

网络技术在英语教学实践中的应用，为教师的多样化灵活教学提供了更多的技术支持，丰富了学生的感官体验，有助于提高教师和学生的教与学的积极性与主动性。教育手段多媒化，教学方法多样化，在英语教学实践过程中，教师对多样化的英语教学工具与方法的选择，能为学生的不同英语教学内容的学习提供最佳的教学环境与教学体验。

3. 英语教学模式的变革

在英语教学模式上,传统的英语教学模式限于教室、教师、黑板和教科书。现代教学媒体改变了原有英语教学过程的结构,形成了多种人机结合的教育新模式。网络技术在英语教学中的应用突破了有围墙的学校模式,使教师的"教"与学生的"学"均摆脱了学校、课堂、时间、地域的限制,远距离教学的模式——"网络大学""开放大学""全球学校"得以实现。

(七)匹配学习活动与学习环境

按照学习过程是否需要交流协作或独立思考,可以将学习分为独学和群学。独学以独立思考为特征,如知识传授;群学以协作交流为特征,如知识内化。学习环境也有两类:私环境和公环境。私环境如家里,安静,干扰少,适用于独立思考,适用于独学;公环境如课室、公共场所,适用交流分享、协作探究,适用于群学。网络与英语教学的结合将"在课堂学习知识,在家完成作业"的方式转变为"在家观看视频学习知识,在课堂讨论学习",实现了学习方式与学习环境的完美匹配,即适宜群学的学习内容和与适宜群学的环境相互匹配;适宜独学的学习内容与适宜独学的学习环境达到高度的统一。网络与英语教学结合的最大潜力和最大特色可以认为是实现学习活动与学习环境的完美结合与匹配。

第二节 高校英语网络教学的理论基础与发展现状

一、高校英语网络教学的理论基础

(一)视听教育理论

1. 视听教育理论的核心——"经验之塔"

在教育中,教师会运用到各种视听教学媒体,这些教学媒体发挥着非常重要的作用。视听教育理论是现代教育技术应用的基础理论之一,也是教育技术应用需要遵循的一个基本规律。关于视听教育理论的研究,戴尔(美国教育家)撰写了《教学中的视听方法》(1946年),对当时产生了巨大的影响。其中视听教育理论的核心——"经验之塔"理论就是出自这本书。"经验之塔"理论将人们获得的经验划分为三种类型:做的经

第七章 跨文化视域下网络技术与高校英语教学的融合

验、观察的经验和抽象的经验三种类型,并将经验获取方法分成若干层次。做的经验主要源自如下三个层面:直接有目的的经验、设计的经验、游戏的经验。

其一,直接有目的的经验。在"经验之塔"模型中,位于最底部的是直接有目的的经验,指的是从日常生活的具体事物中获得的知识,这类经验最具体也最丰富,从日常生活中总结而来,学生获得直接经验是形成概念和进行抽象思维的基础。

其二,设计的经验。通过间接材料(如学习模型、学习标本等)获得的经验就是设计的经验。由人工设计、仿制的学习模型和标本与实物是有差异的,如大小差异、结构差异、复杂度差异等,尽管如此,学生利用这些材料可以更好地理解实际事物。

其三,游戏的经验。通过演戏、表演等获得的经验更接近现实。学生要获得关于社会观念、意识形态、历史事件等事物的经验,通过直接实践是行不通的,因此要根据这些事物的特点来设计相应的戏剧活动,让学生在活动中通过角色扮演获得逼真的经验。

上述这三种经验的共同特征是都通过学生的亲自实践而获得,比较具体、丰富。

观察的经验主要源自如下几个层面。

其一,观摩示范。学生先模仿别人,再亲自尝试,以获得直接经验。

其二,广播、录音、照片与幻灯。学生听录音、广播,看幻灯与照片,可获取相关信息,形成视听经验。这些经验来源的真实性不及电视、电影,比较抽象,但和完全抽象的经验相比,还是具有直接性的。

其三,参观展览。学生通过观察展览活动中陈列的实物、图表、模型、照片等事物而获取经验。学生在参观展览中看到的事物缺乏真实性,不具有普遍意义。

其四,电视与电影。学生观看电视与电影获得的经验是间接的。利用电视、电影艺术可以将教学中的难点内容形象表现出来,表现手法有编辑、动画、特技等,采用这些丰富的手法可以生动形象地呈现教学内容,使学生理解起来更方便。电视和电影相比,具有直接功能,学生观看电视获得的经验比观看电影获得的经验相对来说更直接一些。

其五,见习旅行。学生在参观访问、考察等活动中对真实事物进行观察与学习,从而增长见识,获得丰富的经验。在学生的学习过程中,抽象思维伴随着其整个过程,只是在程度上存在某些差异。

随着信息技术的推广与发展,应在这层经验和电视电影之间增加"计算机互联网"这个新的层次经验。以上经验的共同点是都通过学生的"观察"而获得,它们在"经验之塔"中的分布越高,就越抽象。

抽象的经验主要源自言语符号与视觉符号两大类。

其一,言语符号。在"经验之塔"模型中位于最顶端的言语符号的抽象程度是整个模型材料中最高的。言语符号是事物与观念的抽象表示方法,包括口头语、书面语等。言语符号几乎不能单独发挥作用,而要和模型中的其他材料结合起来发挥作用。

其二,视觉符号。学生在示意图、图表等事物中获得的经验都是视觉符号经验。如水的流动方向用箭头代表,铁路用线条代表等。这些符号是真实事物的抽象表示形式,学生在这些视觉符号中无法看到真实事物的形态。和语言文字相比,视觉符号更直观一些,学生要对视觉符号所代表的事物有正确的理解,这样才能学到知识,获得有价值的经验。

2. "经验之塔"理论的要点分析

"经验之塔"理论的基本要点如下。

第一,"经验之塔"模型中最底层的经验是最直接和最具体的学习经验,学生容易掌握,层次越高,经验的抽象程度和间接程度就越强。最抽象的是顶层经验,这一层次的经验便于形成概念,应用起来较为便捷。学生并不是一定要经历从底层到顶层的这个过程才能获得经验;也没有说哪个层次的经验比其他层次的经验更有价值,对经验进行层次划分,只是为了对不同经验的抽象程度有一定的认识。

第二,观察经验在经验值塔中处于中段位置,和抽象经验相比,这类经验相对更形象、具体,更容易被学生理解,有利于对学生的观察能力进行培养,并使其直接经验得到弥补。

第三,获得具体经验并不是学习的目的,要在获得具体经验后过渡到抽象经验,以形成概念,便于应用。在推理中需要用到概念,思维与求知都要以概念为基础,这有利于对实践进行有效的指导。在教育中不能过分重视直接经验和过分追求具体化的教学,而要尽可能使学生达到普遍化的充分理解。

第四,在学校教学中,为了使教学更直观、具体,应充分运用丰富的教学媒体手段,这也是使学生获得更好学习效果的重要手段。

总之,"经验之塔"理论模型对学习经验进行分类,说明各种经验的抽象程度,这与人们的认知规律相符,即从具体到抽象、从感性到理性、从个别到一般。

第七章　跨文化视域下网络技术与高校英语教学的融合

3. 视听教育理论的优劣

视听教育理论的核心是"经验之塔",对现代教育技术起到以下几方面的作用。

第一,经验之塔理论划分出具体学习经验和抽象学习经验两种类型,提出学生的学习规律是从直观到抽象,这与人类的基本认识规律相符,为教学中对视听教材的应用提供了重要的理论依据。

第二,为划分视听教材的类型提供了重要的理论依据,即划分视听教材时,应参考的一个主要依据就是各教材所对应的学习经验的抽象程度,对视听教材的合理分类能够为划分教学媒体的类型和优化选择教学媒体奠定基础。

第三,有机结合视听教材与课程,这是现代教育技术研究与应用的思想基础。

除了上述这些贡献,视听教育理论也具有以下局限性。

第一,只对视听教材本身的作用进行强调,而对设计、开发、制作及管理等一系列环节不够重视。

第二,视听教育理论对媒体在教学中地位与作用的认识不到位,认为视听教材只是教学的辅助手段,这会导致教育改革的不彻底和视听教育的作用得不到充分发挥。

(二)程序教育理论

程序教育的概念源自行为主义学习理论,该理论对关于程序教育的原则进行了总结,随着教学原则的不断完善,程序教育理论也逐渐形成。程序教育理论提出,为了最大化地提高强化的频率,最大程度地降低教育中因出错带来的消极反应,应将教学内容分解为一个个相互关联的教育单元来有序实施。程序教育原则是根据刺激—反应—强化的原理总结而成的。

二、高校英语网络教学的发展现状

(一)教师发展现状

网络技术发展对教师对于教学信息的加工、传播、反馈与收集能力提出了一定的要求。新时期,高校英语教师要胜任网络技术并合理应用于高校英语教学,就必须掌握一定的信息技术知识,并具备现代信息的加工、处理能力。具体分析如下。

网络时代对整个社会有着很大的影响,对人民的生产、生活、学习等产生了较大的改变。在教育层面,也逐渐改变了高校英语教师的角色,传统教学中的教师是教学内容的唯一提供者,但是在信息化时代下,学生除了从教师那里获取知识外,还可以通过很多渠道获取知识,高校英语教师的角色也发生了突变,即成了引导者、辅导者、指导者。

网络技术辅助下的高校英语教学对教师提出了更高的要求。具体来说,教师不再仅仅扮演知识的传授者与引导者的角色,他们的角色更加多元化。因此,高校英语教学与网络技术的融合还要求教师不断提升自己的专业化水平,促进自身的专业化发展,从而适应信息时代对高校英语教师的要求。

随着网络技术融入高校英语课堂教学,学生的学习与高校英语教师的教学都发生了革命式的变革,新兴的课堂教学环境即互联网技术教学环境得以产生,网络技术辅助下的教师角色一部分是基于传统教师角色中的"传道、授业、解惑"者,应积极吸取汲取传统教师角色中的优点,认真履行知识的传授者角色行为,同时应看到传统教师角色不适应教育信息化的发展,如管理者、灌输者等角色的局限,应实现自我角色的转变,处理好传统角色中的教师角色延续,并重视"互联网+教育"下教师角色的转换,不断提升自身的信息素质。

(二)学生发展现状

学生是教学的对象,教师的一切决策都要围绕学生开展,教师应充分考虑到学生群体和学生个体的身心特点与学习、发展需要。教师应关心和尊重学生,为引导学生积极参与教学创设良好环境与情景。

在网络技术背景下,教学活动中学生的主体性地位发生了变化,主要表现在以下几个方面。

(1)对教育对象的自主选择权。学生对教师教学的影响并非无条件地接受,他们要求教师的教学尽量适应学生的发展需求,学生有根据主体意识,积极地或消极地进行选择的权利。

(2)对教学内容的自主选择性。学生主动参与教学内容选择是当代教学思想所提倡的,学生选择教学内容是学生自主性中最活跃的因素。当然,必须强调的是,学生是在教学目标的框架内参与一部分教学内容选择,在课程专家根据社会和教育目标所做的初步筛选后进行。

(3)参与教学活动的积极性和主动性。学生学习活动的主动性、自

第七章　跨文化视域下网络技术与高校英语教学的融合

觉性是学生学习主体性的本质体现,教师的教学活动要建立在学生对学习的自觉的、主动的、自我追求的基础上。学生在学习过程中能积极地参与教学活动,并能以自己已有的知识经验、认知结构主动地认识、理解、吸收新知识。

(三)师生互动现状

在网络技术出现之前,教师与学生交流与沟通的场所主要是教室、操场、学校活动中心。

在教室内上课过程中,教师与学生之间首先要完成本次课的教学任务,然后才能进行课程外学习内容的交流,因此来说,师生在学校各教学场所的交流是十分有限的,主要是教师在讲,学生在听,一节课下来,师生之间的交流与互动往往仅仅有几个点名提问,并没有师生探索、讨论互动。很多教师在完成教学工作后忙于其他事情(如进行科研),也没有时间与学生交流。师生交流缺乏主动。

课堂之外,学校教师在学校除了日常教学还有很多其他工作,学生的校园生活也十分丰富,由于师生的教与学的任务不同,在不同的时间段,他们需要分别在不同的空间场所内开展教与学的工作,这就更加使得师生课堂关系难以在课外继续保持良好的关系和联系。

课上的交流有限,在课外,教师与学生之间的交流更是少之又少,调查发现,很多学生在课外时间难以接触到教师,而且即便是有交流机会,也是"不怎么愉快"的"被动交流"。上述情况充分表明了学校师生存在着交流障碍,这些障碍有主观和客观原因,有教学安排的局限性,也受制于教育技术所限,教师与学生在课外缺乏沟通与交流的平台。

网络技术的发展和教学应用,为师生之间的更加频繁的交流提供了技术支持,教师与学生可以通过通过 QQ、微信、校园网、教学 APP 等实现随时随地的线上交流,但是,由于线上网络课程教学中,师生不是面对面的,学生在教学中对教学内容的投入状态、对教师的回应很大程度上靠自觉,因此,教师很难像在真实课堂教学中那样监督学生,也很难营造出一种紧张、专注、融洽的课堂环境氛围,因此,很多学生在线上课程的学习中都处于沉默、"潜水"状态。

网络技术辅助下的高校英语课程教学中,学生的"线上沉默"有一部分原因是课堂时空环境和氛围造成的,此外,也与教学内容的难易程度、教学内容呈现方式、教师的线上互动方式方法等有密切的关系。

第三节　翻转课堂模式与高校英语教学的融合

一、翻转课堂教学的内涵

关于翻转课堂,大家对其最朴素的解释就是,将传统的课堂学习和课后作业的顺序进行颠倒,即将知识的吸收从课堂上迁移到课外,知识的内化则从课后转移到课堂,学生课前在网络课程资源和线上互动支持下开展个性化自学,课堂上则在教师引导下通过合作探究、练习巩固、反思总结、自主纠错等方式来实现知识内化。

当前,美国富兰克林学院数学与计算科学专业的罗伯特·塔尔伯特(Robert Talbert)教授设计了最初的翻转课堂实施结构模型(图7-1),他在"线性代数"等很多课程中应用了翻转课堂教学并取得了良好的教学效果。

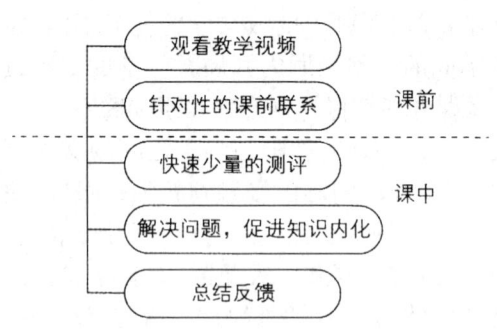

图 7-1　罗伯特·塔尔伯特的翻转课堂教学结构图

(资料来源:孙慧敏、李晓文,2018)

这一模型为后续学者、专家进行教学模式探索提供了基本思路。

随着教学过程的颠倒,教与学的流程、责任主体、师生角色、课内外任务安排、学习地点和备课方式等方面都发生了明显变化。与传统意义上的课堂教学结构相比,翻转课堂颠覆了人们对课堂模式的思维惯性,改变了学生学习流程,从新的角度揭示了课堂的新形式、新含义。有人认为,"翻转课堂"打破了持续几千年的教学结构,颠覆了人们头脑中对课堂的传统性理解,倡导先学后教、以学定教,赋予了学生学习更多的自主性和选择性,强化了师生之间的沟通与交流,实质是学生学习力解放的一次革命。这不仅契合了国家教育信息化发展规划指导思想的核心——创新学

第七章 跨文化视域下网络技术与高校英语教学的融合

习方式和教学模式,它因此被称为是传统教学模式的"破坏式创新",成为信息技术与学习理论深度融合的典范。

二、高校英语翻转课堂教学的意义

翻转课堂教学为高校英语教学提供了新的平台与良好的创新方式,从本质上体现了英语教学改革的深化,促使英语教学突破困境,为学生的英语学习提供便利。下面就具体分析高校英语翻转课堂教学的意义。

(一)使得教学更加直观和简单

在传统的高校英语教学中,教师的教学内容主要是以课本为主,呈现方式也是以板书为主,这种教学方式对于学生来说不仅不够直观,而且不利于理解相关知识。如果仅限于传统的课堂教学模式,根本无法有效培养学生的英语运用能力。翻转课堂通过借助多媒体技术,将相关的图片、音乐、视频等融入教学视频,使得原本晦涩难懂的英语知识变得直观和简单,也使得原本沉闷的课堂教学变得生动活泼。

(二)使教学更具多样性和趣味性

用于翻转课堂的教学视频的制作对教师的专业能力有着很高的要求,要求教师所制作的视频内容简洁、形式多样、幽默丰富等。基于这些要求和特点,翻转课堂有效增添了高校英语教学的趣味性,不仅能创造良好的学习环境,而且能有效激发学生的学习兴趣。此外,很多的翻转课堂教学视频涉及的内容十分广泛,包括英语音乐、英文电影、英语小说等,这些内容与课程教学息息相关,使得教学形式生动形象,更加多样化。

(三)能够提升学生的主动意识

在翻转课堂教学中,师生之间的互动频繁,学生的主观能动性被充分调动,学生掌握着学习的主动权。基于翻转课堂教学模式,学生可以根据教师提供的资源首先进行自主学习,还可以在课堂上与教师展开学习方面的探讨,进一步深化与掌握知识内容,这有效体现了学生的主体地位,而且淡化了对教师的依赖性。

(四)加深了学生之间的互动

翻转课堂改变了传统教学模式中师生之间的相处方式,翻转课堂中,教师与学生之间形成了一对一的交流。如果学生对某一知识点存在质疑，那么教师可以将这些学生集中起来，对他们进行特别指导。另外，在翻转课堂中，教师不再是学生知识的唯一来源，学生与学生之间还可以进行互动学习。

（五）能够使学生反复学习

在传统的高校英语教学中，教师不可能兼顾所有学生的需求和感受，只能按照教学大纲的要求，按步骤统一进行授课，这就会使部分学生跟不上教师的节奏，无法有效掌握课堂教学内容。而翻转课堂教学可以有效解决这一问题，在翻转课堂中，学生可以随时暂停、重放视频，直到自己看懂、理解为止。

三、高校英语翻转课堂教学模式的构建策略

翻转课堂作为一种颠覆传统课堂的教学模式，其教学设计过程当然不同于传统教学设计过程。虽然国内外出现了各种各样的翻转课堂教学，但它们都建立在课程资源、教学活动、教学评价和支撑环境这些要素的基础之上，因而翻转课堂教学的设计也是以此为依据的。

（一）设计英语教学过程

美国创新学习研究所（Innovative Learning Institute，ILI）提出了翻转课堂设计流程。ILI认为，翻转课堂的设计过程主要包括确定学生课外学习目标、选择翻转内容、选择传递方式、准备教学资源、确定课内学习目标、选择评价方式、设计教学活动、辅导学生八个主要环节。

1. 确定学生课外学习目标

英语文化教学中翻转课堂教学过程的设计首先要确定学生的学习目标。翻转课堂使得课内教学和课外教学进行了颠倒，学生总共需要完成两次知识内化过程，第一次知识内化是在课外自主学习新知识，第二次知识内化是在课内完成的。显然，课内和课外对学生的要求是不同的，学生需要在课内外实现不同的学习目标。

2. 选择翻转内容

当确定了翻转课堂的课外学习目标后，就要结合学生本身的认知规律和特点去选择课外自主学习的合适内容。课外学习目标主要是低阶思

第七章 跨文化视域下网络技术与高校英语教学的融合

维的目标。

3. 选择内容传递方式

选择内容传递方式是指确定学生的自主学习内容通过什么媒体工具表现出来。教师要结合持有的接收设备情况、学习者的地理位置、学习内容的形式和资源大小等因素，选择于学生开展个性化学习、传递内容形式丰富、传递速度快、获取方便的内容传递方式。

4. 准备教学资源

在确定了学习内容及其传递方式后，就可以搜集相关的网络学习资源供学生学习，或者开始制作、开发新的相应的学习资源。在该环节中需注意，无论是利用已有的学习资源还是自己开发新的学习资源，均需与先前确定的学习内容保持一致，并且资源的形式、大小等要求也需和传递工具相匹配。

5. 确定学生课内学习目标

第一环节确定的是课外学习目标，是针对低阶思维技能的学习目标；本环节确定的是课内学习目标，是针对分析、评估和创造等高阶思维技能的目标。因为在课外学生能参与的更多是培养其识记、理解和应用等的学习内容，而在课内学生是通过与同伴和教师面对面地交流、讨论和开展协作探究等活动。所以，这一环节的学习目标与第一环节的学习目标有所不同。

6. 选择评价方式

在教学正式进行前，教学中的主体者和主导者，即学生和教师都要对课堂教学活动提前做好充分的准备。对于教师而言，选择一种合适的评价方式非常重要。低风险的评价方式应该是教师的理想选择，它是指不对学生的评价结果进行分数、等级的评比，而仅作为发现学生学习问题的一种教学评测方式。通过低风险的评价方式，教师可以发现学生学习真正的难点，以便教师和学生调整教学计划和学习计划。低风险的评价方式有很多，其中一种就是常用的课前小测验，这些小测验的题目量并不多，一般只有3~4个问题，针对的内容是学生在课外自主学习的内容，其不仅仅是检测学生在课前学习的事实性知识，更重要的是为学生提供一个综合应用所学知识的机会。通过课前小测验，教师能及时地把测验中出现的问题反馈给学生，学生也可以向教师提出自身遇到的问题，并通过与教师交流促进问题的解决。

7. 设计教学活动

如前所述,课外的学习内容和活动主要帮助学生解决识记、理解类的知识,在课内则是帮助学生解决学习难点,并充分应用所学知识,学习更深层次的内容。当通过课前评价了解到学生真正的学习难点后,教师需针对性地设计具有导向性的课堂教学活动,以便更好地培养其分析、评估和创造等高阶能力,可采用如基于项目的学习、基于问题的学习、协作探究学习等形式。

8. 辅导学生

教师作为教学的主导者,在各种形式的教学活动中都要充分发挥自身的主导作用,只有这样才能取得良好的教学效果。具体而言,在学生进行教学活动时,教师需提供相应的脚手架,为学生更好地开展活动提供必要的支持。另外,在必要的时候,教师还应该对理解某些学习内容有困难的学生提供个性化的辅导。在整个学习活动中,教师需给提出疑问的学生给予及时的反馈,在学生汇报学习成果或学习结束后,要进行统一的总结,以促进学生进行知识的内化和升华。

(二)开发英语教学资源

1. 支持信息化教学资源

广义的教学资源是指用于教与学过程的设备和材料,以及人员、预算和设施,包括能帮助个人有效学习和操作的任何东西。而随着信息技术的发展,信息化教学资源的概念就出现了,它是指在以网络和计算机为主要特征的信息技术环境下,为教学目标专门设计的或者能为教育目标服务的各种资源,包括教育环境资源、教育人力资源和教育信息资源。

随着信息化资源的发展与教育应用,翻转课堂教学理念才得以提出。从上述翻转课堂的完整过程可知,支持翻转课堂需要用到的信息化教学资源主要包括教学视频、进阶练习、学习任务单、知识地图和学习管理系统五大类。

翻转课堂教学的实施,不仅需要上述教学资源作为主要资源,还需要借助一定的教学辅助工具软件,该类教学资源几乎贯穿于翻转课堂的全过程,其作用主要是帮助教师进行教学视频的制作、师生间开展交流协作、学生学习成果的展示等。按照作用于翻转课堂教学开展过程中的不同方面,可以将教学辅助工具分为视频制作工具、交流讨论工具、成果展示工具和协作探究工具四类。

第七章　跨文化视域下网络技术与高校英语教学的融合

2.遵循资源选择的基本原则

翻转课堂的资源包括教学视频、进阶练习、学习任务单、知识地图、学习管理系统和各类教学辅助工具等。每一类资源都不是完美的,不存在放之四海而皆准的资源。每类资源都各具特点,并且每类资源可供选择的具体资源种类、载体类型众多,因此教师应根据教学实际需要选择合适的翻转课堂的教学资源。一般而言,翻转课堂教学资源的选择需遵循最优选择原则、具有较强兼容性、多种媒体组合。

最优选择原则是指教师根据教学内容和教学目标的要求,选择存储和传递相应教学信息并能直接介入教学活动过程中的载体,就是选择教学资源。

具有较强兼容性是指当众多便携式的移动智能终端在高校英语教学中广泛应用以后,高校英语教学不仅变得更加高效,也发生了一场变革。在这种情形下,翻转课堂理念变得普及起来,翻转课堂的应用也得以在大范围内开展。翻转课堂实施的普遍现象是,学生利用各类移动设备,如平板电脑、智能手机等进行课外自主学习,课内教师利用移动终端设备进行授课。因此,资源载体的改变,迫使资源的形式也做出相应的改变,要求其必须兼容各类学习终端设备,在各类终端设备中都能流畅运行。

多种媒体组合是指翻转课堂教学真正做到了以学习者为中心,这对后期的教学资源的选择也有着一定的指导作用。在选择教学资源时,教师应该考虑学生的兴趣、生活现实,尽可能选择丰富的教学资源形式,即有机结合文字、图片、声音、视频、动画等多种媒体形式。

(三)设计英语教学活动

根据前面所述的翻转课堂的完整过程,翻转课堂教学活动设计包括课外活动设计和课内活动设计两个部分。

1.设计课外学习活动

翻转课堂的课外学习活动一般属于线上活动,主要包括以下几类。

在线学习。在课外,学生通过阅读相关的电子书籍、资料或观看教师提前准备好的讲授视频,掌握并理解课程中重要的信息。在线学习主要有阅读电子教材和观看教学视频两种形式。有时为了加深学生对信息的理解,在线学习的材料还附加一些引导性问题、反思性问题、注释、小测验等,用于辅助学生进行自主学习。

交流讨论。通过在学习管理系统中开辟一个专门的讨论区,或借助专门的在线交流工具,教师和学生以课外学习内容为主题展开交流和讨论。讨论主题既可以是教师预设的,也可以由学生创设。这样,一种师生在线辅导和学生自组织学习的学习模式就形成了。借助这种学习模式,学生掌握学习内容的速度较快,并且掌握的层次较深,从而为课内的学习活动做好准备。

在线测评。在学生完成了新的学习任务后,可以进行在线测评。在线测评一般采用低风险、形成性的评价方式,不仅检验了学生的学习成果,还为学生提供了一个反馈问题的机会。通过在线测评,教师和学生可以在课内教学活动开展前针对问题提前做好准备。

2. 设计课内学习活动

根据翻转课堂的特点,影响翻转课堂教学效果的最大因素是如何通过课堂活动设计完成知识内化的过程。在设计课堂活动时,关键要看情境、协作、会话等要素是否有利于学生主体性的发挥,从而促进学生达到高阶思维能力的目标。课内学习活动一般可以分为个体学习活动和小组学习活动。

四、SPOC+ 翻转课堂教学模式在高校英语教学中的应用实践

SPOC 最先是由加州大学的福克斯教授提出的,由于教学方法效果较好,因此引入我国成为 21 世纪"互联网+教育"的典型产物。教育信息化是时代发展的趋势,受到了各个国家的关注。SPOC 理念不仅使学生处于线上学习模式,也使所有群众都处在互联网的学习模式中,"人人皆学、处处能学、时时可学"是现在国家提倡的线上学习法。

伴随信息化时代的到来,全球化发展进一步推动我国社会经济快速发展。在高校英语教学方面以海南热带海洋学院为例,学院位于海南自贸港,海南自贸港在"一带一路",尤其是"21 世纪海上丝绸之路"建设中具有重要战略地位,尤其需要培养一批具有跨文化交际能力,懂专业又精通外语的国际化人才,这也为海南热带海洋学院提供了一个很好的机会,使得该院的新闻英语教学得到了前所未有的重视。另外能够"听懂题材熟悉或篇幅较长的英语广播和电视节目,并能读懂英语报刊杂志上的文章"成为考察学生英语应用能力的一个关键指标。而 SPOC 符合现在大学生英语课堂的发展需要,下面将结合大学英语翻转课堂教学模式检验学习成果。

第七章　跨文化视域下网络技术与高校英语教学的融合

（一）"SPOC+小课堂"大学英语翻转课堂教学模式

信息化教学模式不能为了追逐潮流而引进，应该为了改善课堂、促进教学质量的初心进行技术引进，更好地突出"以生为本、以师为导、学以致用"的英语教学理念，只有这样才能真正为课堂提供强有力的支撑。"SPOC+小课堂"大学英语翻转课堂教学模式分为四个模式：线上自主学习、线上协作学习、线下社团学习、移动学习，为大学生的英语课堂融入新的元素。

就目前来看，我国的大学英语教材，如《新视野大学英语》，以及海南热带海洋学院大学英语课程选择的《宜立特大学英语综合教程》等，教材章节虽然经过层层筛选、反复提炼以及编辑撰写，但由于出版的时期以及所选文章的时限性等因素，部分科技文章甚至都是五年或十年之前的文章，均存在不可避免以及难以克服的滞后性问题。因此对于广大学生而言，现有的英语教材尚不足以在人才培养，尤其是在建设面向南海、服务海南自贸港的人才队伍建设中发挥更大作用，不利于培养学生的兴趣以及使用英语了解世界解决问题等综合能力的发展。利用线上线下的教学模式，可以增进了师生的交流，教师可以更好地了解学生的需求以及兴趣，拉近彼此的距离，增进彼此的理解，这方面具有传统大学英语教材无可比拟的优势。

"线上自主学习"和"线上协作学习"是相辅相成的，主要是让学生在课前先自行学习，也是为了给接下来"线下社团学习"做铺垫，只有将这两者预习好，才能让线下的学习顺利进行。而"线下社团学习"又包括了两个成分"小课堂"与"课堂外"，主要是让大学生提升英语语言技巧。所谓"移动学习"是为前三者而产生的一个平台，通过平台及时为学生推送通知或者检验学习成果。

1. 线上自主学习

线上自主学习可以分为六个模块：视频课件资源、视频弹幕提问、板块作业、板块练习、板块监测、补充习题。其中第一大模块的视频课件资源，就是大学教授的授课视频，但是它有别于传统的教学视频，此类的视频是经过优选剪辑后的、知识点明确的短视频，一般不超过20分钟。

"线上自主学习"是让部分学生参与小课堂，将之前学习的知识二次复习，其中添加了语言应用活动，让学生再次训练语言应用能力，也是为了巩固知识点的再次记忆。同时线上自主学习释放了课堂上的时间，也让教师转变了身份，不再依赖课堂，并让学生变成课堂的主体，同时智能化的模式可以为学生"量身定制"学习进度,借助网络这一媒介,帮助学生迅速掌握最新的与其专业领域相关的国内外新闻,是对传统大学英语教材的优化补充,也是对相关阅读的有效拓展。

2. 线上协作学习

"线上协作学习"是以讨论功能为主的一种线上学习平台,学生可以通过创建好的社区进行学习。其中分为三个主题:学生、教授、助教,主要是为学生的英语运用提供帮助,并将以此激发学生的自主学习能力。

学生自主学习(课前)	教师提供资料 / 新闻视频 / 相关课件 钉钉在线交流 / 学生分组合作完成课文导入任务
知识内化深入(课堂)	学生分组汇报相关主题 学生互评相关问题解答 师生互动深入讨论实现知识内化
知识产出(课后)	知识的输出实现

具体来讲是学生在线上学习时,如果遇到难题可以随时在谈论区发布帖子。既可以向教授提问,又可以向同学提问,求助模式比较广泛。此外,还可以将自己的学习心得或者学习技巧发布到评论区以供其他学生参考,这就有效解决了线上学习独立性的问题,论坛的设计让学生加强了交流并提高了学习多元化的发展。

3. 线下社团实践

"社团实践"是20世纪出现的一个社会学习理论,该理论自问世以来就受到了广泛的关注,现应用在"SPOC+ 小课堂"中。虽然在字面上看这两者并没有可以连接的点,但是在实际应用中便可以提升学生的英语应用能力。"社团理论"可以理解为以下三点:(1)学校与学生双方有一个共同的思想——提高英语的语言运用能力;(2)教学双方通过多种方法和互动,对学生在学习中的问题进行改正;(3)教学双方都有学习英语技能的方法,教授或者助教可以通过社团实践进行授课,借助网络新闻英语平台,学生也有了更多的选择,有助于提高学生的英语水平。

4. 移动学习

移动学习是近几年来新兴的一种学习模式,依靠微信平台来推送信息,可以有效地为学生推送视频、图文一体的学习内容,而针对网络新闻英语,教师可以将布置的新闻中的重点难点词汇以及句型录制为 5～8 分钟左右的微视频,学生结合自身时间自主决定观看相关视频。

第七章　跨文化视域下网络技术与高校英语教学的融合

如在英语环境不够理想的情况下，移动学习显得尤其重要，针对当前海南热带海洋学院大部分大一、大二学生英语口语基础相对薄弱的情况，教学团队会积极引导学生在课外通过移动学习方式学习英语新闻，鼓励有较好基础的学生在大学英语课堂中客串"英语新闻发言人"的角色，开展学生根据兴趣自选题材、自主播报相关英语新闻的活动，通过此过程既锻炼了学生演讲与英语口语表达能力，也增强了英语作为广大学生工具学科的应用性和实用性。

（二）"SPOC+小课堂"大学英语翻转课堂教学模式应用

"SPOC+小课堂"的建立并不久，北京科技大学的一位教授根据现在时代教学模式的走向进行改良，将"在线开放课堂"与"翻转课堂"进行改革，这一模式的改革使得"SPOC+小课堂"来到人们的面前。以下面五个板块介绍英语课堂的实施与实际操作。

1. 在线课程与平台介绍

SPOC是依托于MOOC平台运用的，另外又设计了五个方面的学习资源，也是在线课程的五个优点。（1）微课视频。微课视频一般简短且目的鲜明，主要是帮助学生复习功课和巩固知识点，这里的选择主要为重大国际会议或者事件的相关新闻视频；（2）随堂检测。检测的内容是课堂上的疑难点，此部分也会根据具体教师所指导的学生能力以及其层次水平开展；（3）单元作业。一般是针对学生的语言运用能力和翻译能力设计；（4）主题讨论。一般是由教师根据最近新闻时事结合所学单元内容发布一个相关主题，让学习自行讨论；（5）单元检测。一般一个主题为一个单元，在学生学习完毕后进行检测，考查学生的学习情况。

2. 课程团队

课程团队是将学生、教授、助教形成一个团队应用在"SPOC+小课堂"上，可以理解为整体与部分，将整体分解为一个个独立又相连的部分。鉴于目前学生基础弱，课时有限，学生对于基本的词汇和对语法知识掌握尚未达到考试大纲所指定的要求，绝大多数学生在听力理解英语新闻方面存在障碍。本校大学英语教师组建了相关团队对微课视频制作进行统筹，整合不同新闻主题板块，总体分为政治新闻、财经新闻、科技新闻、文教新闻、体育新闻、娱乐新闻、健康新闻、社会新闻八大板块，同时也将相关板块关联词汇以及句子以微课或者电子资料方式分享给学生，学生可以根据自己的时间安排对某一板块进行学习。

3. 学生群体

学生群体是将学校的学生看成一个整体，目前海南热带海洋学院有50多个本科专业，近2万名学生。学生可随时随地利用移动设备或终端进行 SPOC 课程学习，通过数字化资源平台中的学习资源了解自身学习效果，教学时教师可以灵活选择使用网络英语新闻中的新词汇、新闻图片、视频等，为学生群体理解和掌握英语词汇提供具有新鲜感的教学环境，在选取提升学生阅读水平的新闻热点事件时，教师也可以提前对学生喜欢的领域进行问卷调查，保证学生群体选择的内容具有趣味性、真实性、新颖性的特点，进一步增强学生通过网络自主学习的动力；另外学生也可以直接通过互动交流方式与其他同学在线互助学习。

4. 教学反思

"SPOC+小课堂"的应用会改变原有的课堂模式，所以这里将从学生和教师两个方面进行阐述。

本段介绍学生的改变，对于学生来说课前、课上、课下都发生了转变。首先是课前，"SPOC+小课堂"让学生在课前有了更多的预习选择，不再依赖纸面的知识点进行学习。再者是课上，改变了以前传统模式的教学，不再是根据教师言传相教，而是根据多元化的课堂模式进行英语的运用，主要是在探究中学习英语语言运用，学生学习的知识可以用来实践，提高了学生的综合能力。最后是课下，传统的学习模式是课下复习，并没有教师监督复习情况，但是教学模式转变后就改变了这种弊端，逐步实现了教学从静态往动态的转变，适应了新时期的教学改革，而实时更新的新闻英语题材更是极大地提高了学生学习的兴趣。

在海南热带海洋学院推动实践大学新闻英语教学改革伊始，团队各教师需要花费大量时间和精力建设线上课程，这部分可以部分借鉴网络教育资源以及平台，但大学英语主题的灵活多样性决定了教师自己录制的微课往往更能够得到学生更大的认可，只有将既有的线上平台以及资源与教师根据所教授主题的内容加以融合，才会有更佳效果。在通过网络进行英语新闻教学的过程中，不少新闻网站的视频和音频材料也可以用来帮助学生理解新闻内容，帮助学生紧跟时事，尤其海南热带海洋学院地处三亚，紧跟时事可以加强学生对泛南海区域以及对东盟各国风土人情的理解，让学生更好地融入到海南自贸港的建设之中。此外，网络新闻教学不仅可以增加学生的阅读兴趣，也可以帮助老师从重复的讲解之中解脱出来，使其拥有更多精力去关注所教授学生对相关主题学习的预习、设计以及掌握情况。

第七章　跨文化视域下网络技术与高校英语教学的融合

再来讲教师的改变,首先是身份的转变,教师变成了"SPOC+小课堂"的设计者、实施者、检查者,相信随着"SPOC+小课堂"的继续完善,教师的身份还会继续朝着多元化的方向发展,教师的指导作用仍然不可或缺,在整个过程中教师要对学生学习时间、进度进行把控,从线上到线下,立体化全方位对学生进行必要的管理,以提高其学习效果。

在高校大学英语教学中应用网络英语新闻教学,可以帮助学生学习英语的质量,改善大学英语教学的质量,提高学生的学习效率,实现英语学习的国际化与时事化,也是终身学习的一种体现,满足了大数据时代的发展需求。但是由于"SPOC+小课堂"实际应用的时间并不长,研究周期仍需延长,其广泛性与有效性也需要更深入的研究,以便进一步为大学英语教学以及高校教学提供新思路新方案,相信未来的教学应用会随着时间的变化而更加完善。

第四节　"互联网+"背景下微课在高校英语教学中的应用

一、高校英语微课教学的意义

在高校英语教学中运用微课开展教学,可以为学生创造直观而且优良的教学环境,能让学生将全部精力放在英语学习上,对于英语教学而言意义重大。具体而言,微课在高校英语教学中所发挥的作用体现在以下几个方面。

(一)顺应了时代发展要求

互联网技术的发展,使得人们更加方便地获取和接收信息。随着互联网进入微时代,微视频、微信、微博等逐渐兴起,并成为人们日常生活中的重要部分。就教学而言,学生对手机的关注多过对课本的关注,教师传统的对段落和知识点的讲解方式让学生觉得枯燥乏味,对此有些学生甚至不带课本,而是随身携带手机等工具上课。在信息化时代,学生更能接受数字信息化的学习模式,偏向于既简单通俗又富有趣味性的知识信息,而微课作为信息技术发展和教学改革的产物,能有效满足学生的这种学习心理,对于激发学生的学习兴趣发挥着重要作用。

(二)满足不同层次的学习需求

教师在使用微课教学时,会将微视频上传到微信或者QQ等平台上供学生分享,此时那些在课堂上没有记笔记或者存在理解障碍的学生可以根据需要反复观看视频内容,温习所学内容,进而加深和巩固所学内容。

(三)推动了教学模式改革

教育改革的推进深受新型教育模式的影响,高校英语教学改革也在这种模式的推动下不断深化。传统的高校英语教学模式形式陈旧单一,无法满足学生的需求,也无法适应当代社会的需求。通常是一节课中课程讲授量大,往往会超出学生的接受限度,学生多感觉课堂教学无聊乏味,如果使用微信或者QQ发布英语知识点讲解,则会更加受欢迎,因此微课是当代创新性的教学方式,属于知识的传递者,能够满足学生的具体需求。将微课教学运用于高校英语教学,可以加速教学改革,更新教师的教学结构和教学理念,使教师顺应时代的发展和学生的需求,也能让英语教学跟上时代发展。此外,微课推动着高校英语课程内容和体系的改革,微课通过时代信息技术,整合教学资源,可以扩大教学途径,转换学习视角,丰富教学资源,改革课程体系。

(四)培养学生的自主探究能力

培养学生的自主探究能力是高校英语教学的重要任务之一,因此在高校英语教学中,教师应注重培养学生的这一能力。而有效利用网络和微课教学的优势,可显著提高学生的自主探究意识和能力。具体而言,教师在向学生讲解英语课文时,可结合教学中重点内容和课文中出现的不同角色,先播放相关的视频让学生观看,然后对他们进行分组,让学生以小组为单位讨论课文内容,并进行创意表演。通过这一过程,学生不仅积极性被调动,而且能积极自主探究学习内容,加深和巩固对课文的内容理解。

(五)创新新型的师生关系

在高校英语课堂教学中,教师普遍使用多媒体进行教学,就是以书本内容为核心,以PPT的形式讲解课文知识。受课堂时间的限制,教师在

第七章 跨文化视域下网络技术与高校英语教学的融合

讲解过程中语速较快,模式单一,大多数学生未能完全掌握课堂知识,而且对课堂教学缺乏兴趣,因此教学效果往往不佳。而在微课教学中,教师的角色发生了变化,不仅是传授者,也是解惑者和引导者,教师除了向学生提供学习资源,还会指导学生有效学习,满足学生不同层次的个性需求,这有利于改善师生的紧张关系,拉近师生之间的距离。

二、"互联网+"背景下高校英语微课教学的构建策略

从当前的文化教学实践分析,微课教学有着广阔的前景。虽然英语文化教学中微课教学的设计是当前关注的问题,但是也不能忽视英语文化教学中微课教学的实施。

(一)构建微课学习平台

英语文化教学中微课教学主要是基于视频建构起来的,同时需要互动答疑、微练习等辅助的模块,这些在之前的英语微课教学的构成中有详细提及。但是这些模块的构建对于学生文化学习兴趣的提升、教师信息化应用能力的提高等都是十分有帮助的。

(二)开发与共享微课资源

当前的英语文化教学中教学资源设置不平衡现象凸显,而微课教学的出现,使得教学资源可以通过互联网传送到各个地方,便于各个地方及时更新与推进,实现真正地资源共享。

(三)提升微课的录制技术

英语文化教学中微课教学要求录制技术较高,且尽可能保证简单化,使教师便于执行,同时不断提升自身的录制技术。

另外,微课视频研发人员也应该不断对技术进行提升,追求卓越的技术,使得英语文化教学中微课教学的实施得到更大范围的推广。

第五节　基于慕课的混合式教学模式探析

一、慕课教学

（一）慕课教学的内涵

慕课全称是"大规模在线开放课程（Massive Open Online Courses）"，英文简称为 MOOC，这一模式源于美国，在较短时间，被全世界广泛运用。慕课这一模式是具有分享与协作精神的个人组织而成，将优异课程予以上传，让世界各地的人们可以下载与学习。慕课教学与传统模式的比较如图 7-2 所示。

简单从形式上说，慕课教学就是将教学制成数字化的资源，通过互联网为教与学提供一种开放环境。本质上看，慕课教学是一种与传统课堂相对的课堂形式，因为其基于互联网环境而发送数字化资源，实施的是线上教学。学生完成了网上课程学习之后，通过在线测试，可以获得证书或证明。

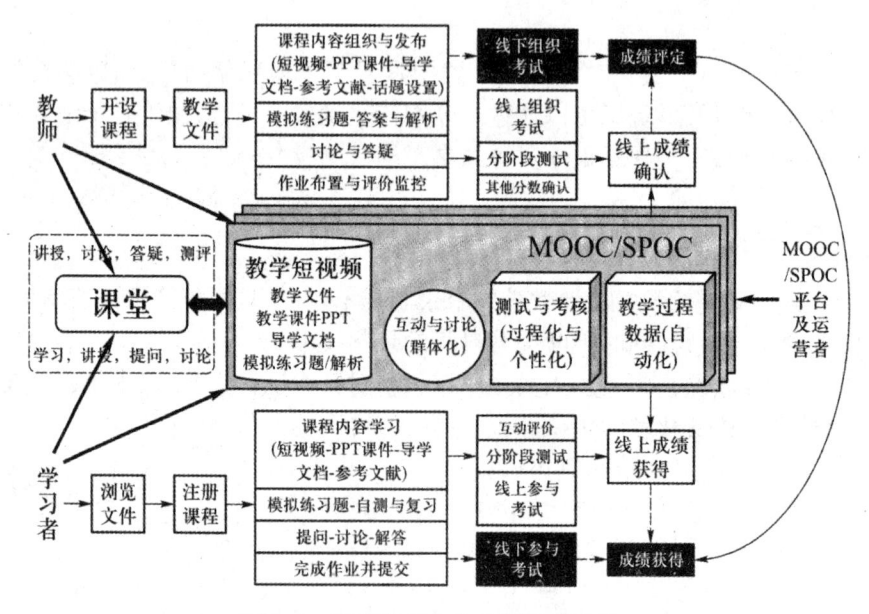

图 7-2　慕课教学与传统课堂的比较

（资料来源：战德臣等，2018）

第七章 跨文化视域下网络技术与高校英语教学的融合

(二)慕课教学的分类

根据蔡先金等人所著的《大数据时代的高校:e课程 e 教学 e 管理》一书,慕课教学模式一般划分为两大类,一种是基于任务的慕课教学模式,另一种是基于内容的慕课教学模式,下面就对这两种模式展开论述。

1. 基于任务的慕课教学模式

基于任务完成为主的慕课教学模式(图7-3)侧重于研究学生完成任务之后对知识与技能的获取情况。学习按照步骤开展,学生可以采用符合自身情况的学习方式,不受时间地点等外在条件的约束和限制,对文本材料或录像材料进行阅读与观看。学生还可以对学习成果予以共享,通过音频、视频设计等将自己的某一项技能展现出来。这种以完成任务为主的慕课教学模式,并不关注学生学习的结果,也不对学生展开评价,而是提供给学生学习案例与设计展现的平台,有助于学习内容的传递。

2. 基于内容的慕课教学模式

基于内容的慕课教学模式(图7-4)主要强调学生对内容的掌握,往往会通过总结性评价、形成性评价等形式,对学生的学习结果进行评价。这一模式构建了很多名校的讲课视频,同时设置了专门的测试平台,学生可以免费学习,并获得证书。

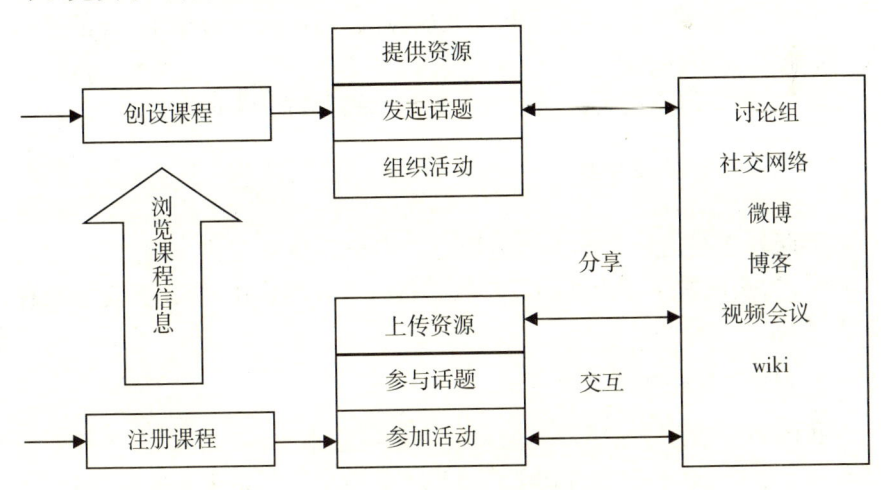

图7-3 基于任务的慕课课程设计开发模式

(资料来源:蔡先金等,2015)

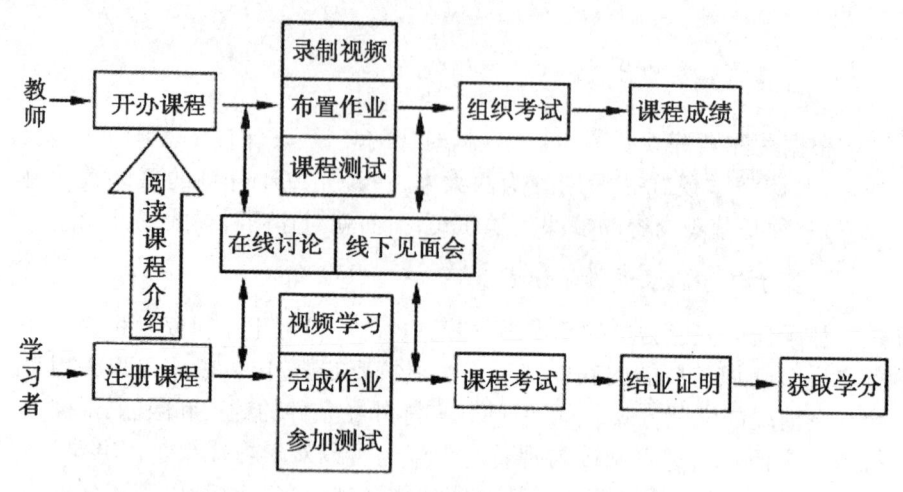

图 7-4　基于内容的慕课课程设计开发模式

（资料来源：蔡先金等，2015）

但综合来说，上述两种模式具有如下几点特征。

其一，慕课课程的设计与组织是基于网络建构的。

其二，慕课课程的设计不仅涉及课程资源、视频等，还涉及学习社区等。

其三，慕课视频一般为 8～15 分钟之内。

其四，学生可以自由选择慕课课程的学习内容。

其五，慕课课程的设计对象是大规模的，面向大多数学生，且设置的学习目标也是多样化的。

其六，慕课课程的设计具有交互性，且是开放的、不断创新的。

（三）慕课教学的优势

慕课教学在高校教学中的运用必然会导致教学方式与理念的变革。这就是说，慕课教学对当前的高校教学具有重大的作用，具体而言主要有如下优势。

1. 为学生提供能力培养平台

我国的高校教学在不断发生变革，但是总体上还是将重心置于基础知识教学层面，这一教学模式必然对当前的教学产生负面影响，即很难帮助学生提升自身的综合能力。受其影响，很多学生并未给予过多关注。慕课教学为学生提供了新的专业动向与视角，便于学生调动自身的积极性，促进他们提升自身专业能力，对自己的教学问题进行专业化解读。

2. 对不同学生的水平进行平衡

如前所述,很多学生来自不同地区,学生的基础水平存在明显的差异,如果教师实行大班课堂,那么部分学生可能很难学到想要学习的知识,进而丧失学习的积极性。慕课教学是一个开放性的平台,为一对一教学提供了平台,便于缓解师生之间教与学的矛盾。同时,慕课教学不受时空的限制,可以让学生在任何地方、任何时间巩固自身的知识,提升自身的水平。

(四)慕课教学的实施

一般来说,在互联网教育模式下,慕课教学往往会通过如下几个步骤来展开。

1. 多层次设置课程

就当前的高校教学而言,慕课教学对传统的高校教学模式的单一状况进行了改革。从教师资源来说,传统的教师资源是非常有限的,很多课程的讲述缺乏针对性。基于这一点,慕课教学从学生的需求与兴趣出发,对文化课程进行设置,大大提升了学生学习的兴趣和积极性,便于学生提高文化学习的质量与效率。

2. 采用多种教学方式

虽然很多学校都推进文化教学改革,上课方式也不再是单一的形式,但是仍旧以知识点讲授为主,即便应用了多媒体,也都是以辅助形式呈现的,只是教师板书的一种替代形式。但是,慕课教学使得教学方式更加多样化,学生即便不在校内,也可以通过 iPad 进行学习,获得知识。

3. 采用多渠道的考核方式

在互联网教育背景下,高校教学中的慕课教学设置了多样化的考核方式,如果仅靠传统的笔试或论文形式,很难检测出学生的能力。在慕课教学模式下,可以实施开放性与个性化考核。多样化的考核可以不断激发学生的学习兴趣与积极性,从而更好地进入下一阶段的学习。

二、基于慕课的混合式教学模式

技术是一把双刃剑,任何事物的发展都有两面性,近几年的研究和实践表明:慕课的出现对全球教育界产生了巨大影响,并因其具有的开放性、资源丰富、不受地域限制等优点吸引了大批学习者,其名校名师资源和新型学习模式更是引发了广大高校学习者的学习热情。但与此同时也出现了一些弊端,如慕课虽然在线注册率高但完成度不高,不利于教学质量控制。高校教师如何利用慕课资源优势,将其转化为可利用的教学资源,并将其融合到课堂教学中来改善和提高教学质量,是高校教师需解决的一个问题。

混合学习是近年来受到教育界广泛关注的一种新型学习方式。

基于慕课的混合式教学能将面对面的课堂教学和网络学习的优势有机结合起来,实现教学效果的最优化。普通高校作为非慕课提供者,如何将顶尖高校的慕课积极而灵活地引入校内本科生和研究生的课程教学中,直接促进本校的课程与国际接轨达到国际水平,又间接促进本校教师教学科研水平以及学校信息化教学的发展,是值得研究的课题。慕课将对现有高校的教学模式提出严峻挑战,深入研究慕课混合式教学模式有助于地方高校制订有针对性的应对方案。

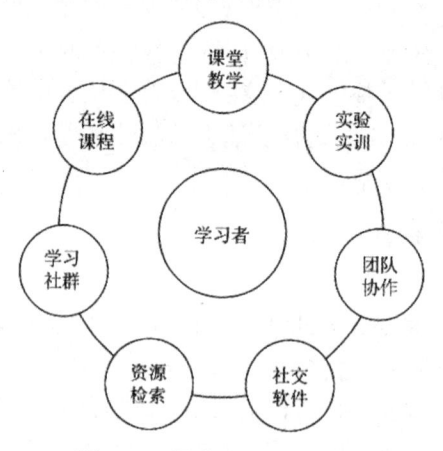

图 7-5 混合式教学的结构

(一)对教学信息化提出的新要求

混合式教学是教学信息化发展的新阶段,它体现出信息技术从教学辅助向与教学深度融合的发展轨迹。信息技术应用于教育教学最早始于计算机辅助教学(Computer Assisted Instruction,CAI),并且衍生出了计算机辅助学习(Computer Assisted Learning,CAL)计算机辅助训练(Computer Assisted Training,CAT)等概念,直到之后互联网时代的网络教学平台(E-Learning)等,这些教学应用的特点都是从属于已有的教学

第七章　跨文化视域下网络技术与高校英语教学的融合

流程,在教学过程中所起的更多是辅助、补充和支持作用。

当前基于慕课的混合学习(Blended Learning),以及从教学角度而言的混合式教学,使信息技术在教学中发挥的作用不再是工具或支撑平台,而是对教学思维、教学元素以及完整教学流程的重构。因此,基于慕课的混合式教学对于教学系统设计中的信息技术环境和条件、教学参与者的信息技术素养、教学管理的信息化水平都提出了更高的要求。

具体而言,在信息化教学环境中,需要有稳定的有线网络和无线网络,慕课平台所在的云计算服务器需要安装在专业的数据中心机房内,教师和学生应该普及智能手机和笔记本电脑等终端,并能够随时随地稳定快速地接入慕课平台;教师和学生对"互联网+"教育教学以及信息化时代教学和学习的新理念、新思维有一定程度的认识和理解,能够适应教学流程重构和翻转对教师和学习者提出的新要求,能够主动调整自己在传统教学和学习模式中的习惯思维和行为,积极融入混合式教学的新模式之中;作为教务管理部门而言,在基于慕课的混合式教学的教务管理过程中必须继续提高管理的信息化水平,努力消灭数据孤岛,跨越数字鸿沟,重构教务管理规则和流程,避免传统教务管理中的一些规定和流程原样照搬到混合式教学的管理之中,造成生搬硬套影响慕课混合式教学开展的不良后果。

另外,混合式教学中的教学绩效考核制度和教学质量评价体系也与传统教学评估的指标和模式存在较大的差异,需要教务管理部门与时俱进,研究制定混合式教学的考核和激励机制,从制度上推动基于慕课的混合式教学在学校教学中的应用普及与深入发展。

(二)制约教学开展的因素

制约基于慕课的混合式教学在高校中推广应用的因素有很多,其中一个突出的问题是当前的高校教学现状导致教师对信息化教学改革的积极性和参与度不高,具体的原因包括:当前高校的职称评定考核以科研学术水平为导向,虽然很多学校也试图通过教师教学能力评比等手段促进教师对教学的重视,但总体而言,当前高校教师对教学的重视程度普遍不足;与公办基础教育对教师从事非职补课进行严格限制相比,高校对教师兼职授课普遍采取默许或鼓励的态度,使得很多高校教师在完成教学本职工作量之外还要到其他学校兼职授课,因此对本校教学的时间精力投入非常有限;部分高校教师的教学内容和教学形式非常固化,课堂教学基本就是通过PPT和投影照本宣科,将课程教学工作量狭隘地等同于课堂教学课时，内心抵触慕课等教学信息化发展带来的教学流程重构，以维持现状作为教学工作的主要诉求，几乎没有任何的教改积极性。

以上这些问题往往会与慕课平台的技术问题、网络问题、教务管理制度问题、师生信息技术素养问题等交织在一起，使得基于慕课的混合式教学在高校推行时面临复杂的问题和挑战，需要高校教务管理部门、教学研究部门、教学单位、信息技术部门等单位紧密合作，形成合力，逐一梳理以最终解决问题。

（三）教学参与者的信息技术素养要求

基于慕课的混合式教学与传统的网络教学辅助平台应用最大的区别是，基于网络平台的教学主干流程替代了传统的以课堂教学为主干的教学流程，网络应用由课外的辅助应用变成了贯穿混合式教学流程始终的主线，因此在基于慕课的教学系统中，对慕课平台和网络环境等技术支撑环境，以及对所有教学参与者的信息技术素养的要求都比以往的传统网络辅助教学提高了一个甚至若干个层次。因为对网络化教与学的应用已经由可选的、弹性的需求变成了必需的、刚性的需求，这对所有教学参与者的信息技术素养都提出了更高的要求，也是所有教学参与者在慕课时代面临的重大挑战。

因此，在实施基于慕课的混合式教学之前有必要对所有教学参与者进行相应的信息技术强化培训，并且建立系统的信息化教学运营支撑体系，在教学过程中持续地为师生提供技术支持服务，从而潜移默化地提升师生的信息技术素养。

基于慕课的混合式教学所必需的信息技术素养至少包括：熟练使用各种终端访问慕课平台，包括学校教学环境中的教室电脑和公共机房电脑，以及个人的笔记本电脑、平板电脑、手机等移动终端；学习并掌握互联网相关的法律法规，具备网络安全意识，在基于网络的学习过程中注意保护个人账号和数据，同时不要在教学和学习过程中发布违反法律法规的内容和信息；掌握一些基本的网络技术，包括各种环境内的网络接入，比如学校的校园网认证上网和 WiFi 接入、家中的宽带接入、VPN 接入、运营商的移动网络接入等，并能够对网络故障进行一些基础的调试，例如，查看操作系统的网络连接属性、查看是否获得了正确的 IP 地址，能够通过网速测试软件判断网络是否畅通、是否稳定等；在自己的个人电脑和移动终端中确保系统安全，坚持使用正版软件并保持更新，避免使用可能包含木马的盗版软件，随时保持操作系统自动更新并定期手动检查，在

第七章　跨文化视域下网络技术与高校英语教学的融合

系统中安装安全防护软件并定期扫描等；理解当前互联网的主流已经从传统基于 PC 网页浏览器的网页全面过渡到基于跨平台、响应式、多终端兼容的移动网页，因此首选的网页浏览器应该是对 HTMIS 和 JavSeript 支持较好的现代浏览器，这些浏览器包括但不限于 Google Chrome、Safari、Firefox、Edge、大部分 Android 和 IOS 智能手机和平板中的 Web 浏览器等等，如果选择其他浏览器时应该了解该浏览器是否兼容 Chrome 或 Webki，避免使用老式的、长期不更新的 IE 浏览器；掌握一些基础的互联网内容和资源开发技术，了解网页的构成元素，清楚适合在互联网中传播的媒体格式，特别是教师除了使用慕课平台中现有的课程视频资源外，建议所有教师都掌握手机录像剪辑和 Catasia 等录屏软件的操作，从而能够个人录制一些微课发布给学生作为慕课课程的补充内容，真正体现混合式教学的意义和价值。

第八章 教育信息化背景下的高校英语跨文化教学新发展

在信息技术快速发展的时代,各高等学校应该充分利用各种信息技术改革旧的教学模式,采用新的教学模式,使高校英语教学可以摆脱时间和地点的束缚。此外,大学生在学习英语的过程中也可以利用当前的科学技术手段转变学习方式,从他主学习转变为自主学习、合作学习。为此,本章主要研究教育信息化背景下高校英语跨文化教学的新发展。

第一节 更新学习方式

一、自主学习

教育的最终目的是让学生成为独立的学习者,当然高校英语课程教学也不例外。近些年,自主学习越来越成为教育界研究的重点。就当前大学生的英语学习效果来看,他们虽然花费了大量的时间在英语学习上,但是收到的效果并不理想,归结原因主要在于学生缺乏自主学习的能力。因此,学生有必要转变自己的学习方式,从被动学习转向自主学习。下面就对自主学习进行分析。

(一)自主学习的定义

对于自主学习,国内外很多学者进行过研究和探讨,并发表了自身关于自主学习的一些文献与书籍。下面就重点来介绍几位有代表性的学者。

国外有两位权威的学者对自主学习进行过论述。一位是亨利·霍里克(Henri Holec),一位是齐莫曼(Zimmerman)。

亨利·霍里克在他的《自主性与外语学习》一书中指出,自主学习能力应该包含对学习目标与内容的确立、对学习技巧与方法的选择、对学习

第八章 教育信息化背景下的高校英语跨文化教学新发展

过程的监控与评估这几大层面,并且指出学生只有做到了这几点,才能真正地对自己的学习负责。①亨利·霍里克认为,学生的自主学习能力并不是与生俱来的,往往是后天形成的,甚至需要专门的训练而成。显然,从亨利·霍里克的论述中可以看出,他的自主学习观实际上挑战了传统的学习模式,因此受到了很多学者的认可与支持。

齐莫曼是一位著名的心理学家,因此他对自主学习的论述主要是从心理层面考虑的。齐莫曼基于前人的研究,指出学生只要在动机、元认知、行为三个层面做到积极参与,那么就可以认为他们的学习是自主学习。②换句话说,齐莫曼指出了自主学习的三个影响因素,即动机、元认知与行为,其中动机指学生从被动学习转向主动求知;元认知指学生能够对不同阶段的学习进行反思;行为指学生能够从自己的意愿出发选择与创设学习环境。

除了国外学者对自主学习进行研究,我国学者也对自主学习进行了激烈的探讨,他们基于国外的研究成果,考虑我国的实际情况,主要围绕自主学习中师生的角色、自主学习的原因与意义、自主学习的实施等层面展开研究。

我国学者庞维国在《自主学习——学与教的原理和策略》一书中,对自主学习的概念进行了明确的界定,这标志着我国关于自主学习的研究取得了突破性进展。在庞维国看来,自主学习是基于能学、想学、会学、坚持学这四个层面基础上的一种学习方式。庞维国还从横向与纵向两个视角来阐释自主学习的概念。就横向角度而言,如果学生能够对自己学习的各个层面进行自觉选择与控制,那么就可以说他们的学习是自主学习;就纵向角度而言,如果学生能够在整个学习过程中挖掘与把握自主学习的实质,那么也可以说他们的学习是自主学习。

虽然国内外学者对于自主学习的界定存在差异,但是大多数学者已经基本达成共识,即自主学习是将学生作为中心,根据学生自身需求进行自主学习规划、自主学习管理、自主学习监控、自主学习评价等。具体而言,自主学习可以划分为如下五个步骤。

(1)学生基于不同需求,分清学习主次,对自己的学习目标进行规划。

(2)学生基于需求选择学习材料,并制订与自己学习风格相符的学习策略。

---

① 严明.大学英语自主学习能力培养模式研究:体验的视角[M].哈尔滨:黑龙江大学出版社,2009:42.
② 同上。

(3)学生对自己的学习进度、学习时间要合理把控。
(4)学生在学习中要不断反思与调整。
(5)学生要对评价标准有明确的把握,从而对自己的学习效果进行衡量。

(二)自主学习的意义

1. 满足信息化社会发展的需要

当今社会是一个科技迅猛发展的社会,信息化时代使人们越来越认识到,学校教育已经远远不能满足学生的知识储备,因此学生需要适应不断变化的环境,满足自身不断变化的职业要求,这仅仅依靠从学校获得的知识是远远不够的。也就是说,学生要想适应信息化社会发展的需要,除了要接受学校教师传授的知识,还需要从各种途径、各种渠道挖掘知识,以便充实自己,这就是自主学习的力量。

2. 体现终身教育体系的需要

随着科技、社会的发展,人们认识到需要建立终身教育体系,这一教育体系打破了传统教育体系的封闭性与终极性,使教育成为一个伴随终身、持续不断的过程。未来的社会是一个持续学习的社会,为了与社会的发展相适应,人们就必需要不断学习、不断发展。因此,这也是对学生的要求,通过自主学习,学生能够适应不断变化的社会、不断变化的职业要求,从而不断提升自我质量与自我价值。

3. 符合学生自我发展的需要

相较于其他国家,我国对英语课程教学的投入是巨大的,但不得不说,虽然投入巨大,但效果不甚理想。出现这种情况的主要原因就在于我国的英语课程教学模式过于单一,即只注重教,而不注重学,简单来说就是严重忽视了学生的主体地位。

众所周知,不同的学生的学习存在明显差异,这些差异的形成有先天原因,也有后天原因。而在这些原因中,先天原因无法改变,但后天原因是可以弥补与改变的,如学习风格、学习动机等,这恰好是自主学习的要求。

(三)自主学习的实施

1. 营造自主学习的氛围

现代信息技术在英语课程教学中迅速普及,并且为学生的自主学习

第八章　教育信息化背景下的高校英语跨文化教学新发展

提供了便利。教师可以运用网络为学生创造自主学习的氛围,激发学生英语学习的欲望与积极性,增强学生学习的效果。例如,学生可以利用电脑进行语言专项训练、与他人交流、浏览英语文献资料等。教师也可以为学生介绍一些优秀的学习网站,让学生自主学习,以扩充自己的知识储备。

2. 训练学生自主学习的技能

自主学习需要一定的技能,这些技能并不是先天的,而是经过一定的训练和实践获得的。因此,在高校英语课程教学中,教师应该注意训练学生自主学习的技能,从学生个体的需求出发,制订符合学生的自主学习计划,帮助他们掌握适合自己的自主学习技能。

在学生的自主学习过程中,教师的责任就是指导学生掌握学习策略,并且学会运用学习策略。教师可以为学生推荐一些阅读材料,并且给学生介绍一些阅读技巧,指导学生写读书笔记,从而不断提高学生的自主学习能力。

3. 激发学生自主学习的兴趣

兴趣是学生学习的动力与源泉。设计出与学生学习兴趣相符的活动有助于开发学生潜能,促进学生的自主学习。在传统的高校英语课程教学中,学生是被动的接受者,教师常常忽视学生的兴趣,但在自主学习中,学生居于学习的主体,是主动的学习者,因此学生学习的兴趣也会被激发出来。为了激发学生的自主学习兴趣,高校英语教师可以从如下几点着眼。

(1)对学生展开需求分析。高校英语教师要首先对学生进行需求分析,然后从不同学生的需求出发,帮助学生制订学习计划。当然,教师为了更好地与学生的学习计划相适应,要不断调整与改进自己的教学策略。

(2)尊重学生的个性差异。不同学生,他们的学习风格、学习水平等必然存在差异,因此高校英语教师要考虑学生的这些差异,让学生对学习内容、学习步骤进行自主学习,以提高不同学生的自主学习能力。

(3)关注学生的反应。在学生的自主学习中,高校英语教师要观察学生的反应,包含自主学习目标的建立、自主学习的适应情况等,从而根据学生的反应调整与改进教学计划,并帮助学生解答自主学习过程中遇到的问题。

4. 培养学生自主学习的习惯

良好的学习习惯对于学生的自主学习是非常重要的。在自主学习中,高校英语教师应该努力培养学生的自主学习习惯,使学生努力克服自主学习中的不适感,发挥自身优势,从而完成学习目标。

二、探究性学习

(一)探究性学习的含义

美国国家科学教育标准中对探究的定义是探究是多层面的活动,包括:观察;提出问题;通过浏览书籍和其他信息资源发现什么是已经知道的结论;制订调查研究计划;根据实验证据对已有的结论做出评价;用工具收集、分析、解释数据;提出解答、解释和预测;交流结果;探究要求确定假设,进行批判的和逻辑的思考,并且考虑其他可以替代的解释。

相对于学生而言,探究作为一种学习方式,是指学生在学习情景中观察、阅读,发现问题,收集数据,形成解释,获得答案,并进行交流,研究学习。

探究性学习等同于"探究学习"。作为一种学习方式,课堂中的探究,即探究学习与探究教学,具有开放性、探究性、实践性的特点,体现了以下四种关系。

(1)参与、探索。在探究学习的过程中,所有学生都需要积极参与,将自己视作"科学家",通过各种探索来得出结论,这可以有效培养学生的钻研以及实践能力。在教学过程中,教师不可将结论直接告诉学生,尽量让学生通过探究自己得出结论。

(2)平等、合作。在探究学习的过程中,学生取得成功的机会是均等的,而且还需要彼此合作,取得最终的学习成果。另外,师生之间的关系同样是平等的,教师可以作为学生的朋友参与其中。换言之,探究学习其实是一种学生彼此之间通力合作的过程,并不是竞争或者对立的关系。

(3)鼓励、创新。在探究学习的过程中,教师应该尽可能鼓励学生通过想象提出自己的看法、预见、假设等,教师应该充分尊重学生的观点,让学生大胆去创新,从而培养他们的创新精神。

(4)自主、能动。探究学习的另一重要特点是自主性。在整个学习活动中,学生自选课题、自定工作方案,虽然最后评鉴是经教师提议进行的,但怎么做还是由学生自己决定,整个过程教师不直接干预。

第八章　教育信息化背景下的高校英语跨文化教学新发展

（二）探究性学习实施的具体方式

1. 情景引导式

探究式教学模式的展开离不开课程中的知识点。教师通过一定情景引入某一个知识点，这个知识点不是由学生来选择和确定的，也不是由社会生活中的某个现实问题而产生的，而是教师根据教学目标、教学进度来合理选取的。一旦确定了教学知识点，教师就可以针对这个知识点扩展开来，设置一系列问题、任务等，利用合适的教学手段创设相关的学习情景，引导学生进入这个目标中展开学习。

2. 启迪切入式

确定了学习对象之后，教师在布置给学生之前需要向他们提出一系列富有启发性的问题，让学生进行深入思考，同时结合需要学习的对象，将问题切入到学习对象上，这个环节是确保探究式学习取得成效的关键环节。教师所提出的问题是否具有启发性，是否能够引起学生的深入思考，是探究性学习的关键要点。

3. 自主探究式

教师在教学时一定要注意调动学生对自主学习、探究学习的积极性，进而安排学生进行小组合作学习。在课堂上，教学目标的实现主要依赖于学生的自主学习、合作学习、探究学习来完成，因此这一环节对于教学效果的好坏而言同样至关重要。

在具体的操作过程中，教师需要处理好学生之间、师生之间、技术之间的关系。其中，教师的作用主要是支持与引导，学生则需要充分发挥主动性、积极性，利用网络、多媒体等技术来达到自主探究的目的。

4. 交流协作式

交流协作与上述几个环节紧密相关。学生在自主探究、积极思考之后，就可以进入更高质量的协作交流阶段。换言之，协作交流的进行必须要建立在自主探究的基础上，如此学生的交流思路、观点碰撞、成果分享才能顺利进行。在这一过程中，教师需要起到合理的组织、引导、协调作用。

第二节 完善教学模式

新的英语教学应该注重调动师生双方的积极性,尤其是确立学生的主体地位。新的教学模式包括分级教学模式、交际教学模式、个性化教学模式和任务型教学模式。各高等学校应该根据自身的环境和条件,选择适合自己的教学模式。

一、分级教学模式

分级教学也称为"分组教学""分班教学"或"分层教学"。国外的分层教学诞生于1868年,包括班内分层和走班式分层两种形式,前者是指在一个班级范围内对不同能力的学生进行不同的教学,后者是指根据知识水平、兴趣等将学生分到不同的班级,表现为"不变的教室、变化的学生"。分级教学就是根据学生不同的认知水平、性格、兴趣、志向等,进行不同层次的教学,给予不同的教学评估,使每个学生都能最大限度地完成学习目标。高校英语分级教学根据学生不同的英语水平,制订不同的英语学习方案,从而满足了不同层次的学生的英语学习需求。

(一)分级教学模式的发展

1. 国内分级教学模式的发展

我国分级教学的雏形最早出现在古代。孔子首次强调,教育要尊重学生的个体差异,这样才能提高学习质量。20世纪初,现代分级教育理念进入我国,我国对此也进行了许多试验,这些试验后因战争以及国内政治形势等原因暂停。改革开放后,分级教学回归人们的视野。一直以来,教育界一直在寻找先进的英语教学法,然而没有哪一种教学方法是放之四海而皆准的。因此,分级教学模式的提出就有着重要的理论和现实意义。

高校英语分级教学的理论依据包括国内的教育思想以及国外的教育理论,国内比较典型的理论依据是孔子提出的"因材施教"理念,国外的理论依据是认知迁移理论、建构主义理论、掌握学习理论、人本主义理论、需要层次理论、多元智能理论以及二语习得理论等。

第八章　教育信息化背景下的高校英语跨文化教学新发展

就课程设置而言,有的院校为所有级别的学生开设相同的英语课程,也有的院校在不同时期为不同级别的学生分别设置完全不同的英语课程。相对应地,在教材方面,有的院校的所有级别的学生均使用同一套教材,低级班的同学可能从第一册学起,而高级班的同学可能从第三册学起;有的院校的不同级别的学生则使用完全不同的教材。从分级教学的实施效果来看,大部分高等学校的各个级别的学生都获得了相应的进步。

2. 国外分级教学模式的发展

在西方,分级教学大致经历了以下四个阶段。

(1)起步阶段

从19世纪后半世纪至20世纪30年代初,正是资本主义义务教育盛行的时期,学生的水平参差不齐。美国和德国开始重视"弹性进度制"和能力分班(组)分级教学形式。1920年左右,美国掀起了一场进步主义教育运动,要求重视学生的个性差异,使得个别化分级教学形式得以产生,较有影响的是文纳特卡制和道尔顿制。文纳特卡制和道尔顿制的共性在于倡导自主学习。二者的差异性主要体现在具体操作上,文纳特卡制将课程分成两部分,一部分通过个别教学按学科进行,如读、写、算和历史、地理等,另一部分通过团体活动进行,如艺术、运动等。而道尔顿制则将每一学科的全部学习内容,分月安排,然后学生按照自己的兴趣自由支配时间进行学习,完全是一种"个人独进"的教学方式。

(2)衰落阶段

从20世纪30年代中后期至二战期间,由于世界经济危机以及二战的爆发,各国无暇顾及教育。文纳特卡制和道尔顿制由于走向极端,彻底否定了课堂教学和教师的价值,因此以失败告终。美国尝试的一些特殊班或特殊学校也归于失败。

(3)复苏阶段

从二战后至20世纪50年代中后期,各国大力发展科技和经济,因此也开始酝酿新的分级教学实验。尤其是美国,对分级教学极为重视,极力批判"平庸"而追求"优异"。1958年《国防教育法》的颁布就证明了这一点。美国不但恢复了小学阶段的普遍的能力分班(组)分级教学形式,而且将其扩展到了中学,同时研制出了许多新的分级教学形式,如"不分级制""分科选修制""学科分层"等。

(4)繁荣阶段

20世纪六七十年代以来,各种教育理论纷纷出现,进一步促进了分级教学的盛行。美国经过几个阶段的探索和研究后,涌现了一批有国际影响的个别化分级教学理论与模式。"掌握学习"这种分级教学模式是目前美国中小学里最常用的一种分级教学方法之一。受美国影响,英、法、德、韩、澳等国家在分级教学实践上也呈现出繁荣与多样化态势。

(二)分级教学模式的构建

1.A级班教学模式

A级班的学生具有较高的英语水平,掌握了一定的英语学习方法,学习能力较强,能顺利地和教师进行英语交流。基于A级班学生的这一特点,教师应该将大一的两个学期定位为基础入门阶段,旨在引导学生形成良好的英语学习习惯,将大二的两个学期定位为拓展深化阶段,致力于提高学生的英语综合应用能力。具体来讲,在大一第一学期英语课开展课前演讲活动,侧重于口语训练,充分调动学生的英语学习兴趣,使得学生慢慢形成英语思维。在大一第二学期,教学重点是提高学生的阅读理解力和听力能力,扩大词汇量,培养学生的自主学习能力。大二第一学期以英语语言的输出为主,教学重点在于培养学生的语言交际能力和综合运用能力,要为学生提供更多的口语表达机会。

2.B级班教学模式

学生主要集中在B级班,所以B级班通常是大班授课。B级班学生的英语水平一般,对英语学习方法有一些浅显的认识,学习效率和学习兴趣有待提高,理解能力也一般。基于B级班的这一特点,级班教学仍然依托于教材,遵循循序渐进的教学原则,注重以学习小组为单位的合作学习,将课内知识与课外知识、应试技巧与素质技能有效结合起来。

3.C级班教学模式

C级班学生的英语功底较为薄弱,理解能力不足,学习兴趣和学习效率低,听力和口语水平低,词汇量少,对英语学习缺少自信。鉴于此,C级班教学仍然需要由浅到深进行,保持每个学期之间的连贯,将巩固高中英语基础知识与提高高校英语学习能力有效结合,注重师生之间的感情交流以及师生之间友好关系的建立,调动学生学习英语的积极性。俗话说"冰冻三尺非一日之寒",教师必须从学生的英语基础抓起,要有耐心。

第八章　教育信息化背景下的高校英语跨文化教学新发展

二、交际教学模式

（一）交际教学法的含义

形成于 20 世纪六七十年代的交际教学法，目前在教学领域使用频率较高。语言是人们进行交际的工具，因此人们只有掌握了一门语言才能顺利地进行交际。A.P.R. 豪厄特（A.P.R. Howatt）认为，交际教学法有强弱之分。有"弱"当然就有"强"。"弱"的说法将交际视为教学的重点，"强"的说法侧重于把教学的重点放在交际过程的需要上面。假设把"弱"的说法定义为"为学习而学习英语"，那么与之相反的"强"的说法就是为运用而学习英语。

语言的获得与语言的教学不是一回事。语言的获得指的是学习者在自然状态下通过交际活动而间接掌握语言；而语言的教学则是教师直接向学生传授语言知识，然后学生通过在生活中运用知识而最终掌握它。这两者的共性在于学生最终都掌握了语言结构，但差异性在于交际能力所达到的程度是不一样的。假设一个学习者是通过语言的教学来掌握英语，那么他的语言交际能力就比不上那些在交际活动中获得知识的人。

（二）交际教学法的特点

1. 以交际为目的

教学是一个师生之间双向互动的过程。在这个过程中，教师和学生之间进行思想、感情、信息的交流。为了师生能够更好地交流，课堂气氛和活跃度应该达到一定的要求。教师应该为学生创造更多与教师互动的机会，充分调动学生的积极性，从而提高他们的口语交际能力。在师生课堂交际的过程中，教师只是课堂中的引导者，学生是课堂的主导者。要衡量英语课堂教学的质量，首先应该看师生之间口语交际的双向互动，注重学生在课堂中用英语进行交际的次数和频率。只有在课堂中加入双向互动的环节，交际教学法才实现了原有的价值。

2. 发挥学生的主体性

在交际教学法的课堂中，教师应该突出学生的主体地位，围绕学生来进行教学设计，尽量把教学任务和学生的生活实际结合在一起，提高学生参与学习的热情和积极性，从而获得更多口语交际的机会。

学生一旦成为知识的主体，就会在学习过程中掌握主动权，积极地学习英语知识。只有学生处于这一状态,他们才能在大量的口语交际中获得知识,提高能力,从而在未来阶段的学习中不断达到更高的要求。

3. 照顾学生的个体差异

由于基因遗传以及后天的影响,学生在性格、兴趣、思维、记忆等方面都表现出很大的差异,因此在学习一门非母语的语言时难免会达到不一样的学习效果。所以,教师应该根据不同学生的不同特征对教学方法和内容进行适当的调整。在交际教学法中,教师就可以较好地照顾到每个学生的水平和特征,从而给予每个学生适合的教学内容和方式。

(三)交际教学法的实施

1. 创设良好的课堂气氛

传统的教学方法比较单一、机械,教学过程枯燥乏味,学生学起来没有任何兴趣可言。交际教学法要求教师把知识的讲解和激发学生的兴趣有机结合。一方面,教师可以准备更加丰富多彩的词汇教学资源,吸引学生的注意力;另一方面,教师可以利用信息技术使教学资源的呈现方式更加有趣,如和图片、视频、动画等结合起来以提高教学的趣味性。

在教学过程中教师一定要鼓励学生用英语思维去表达自我,从而进一步激发他们学习英语的热情。英语教学最终的目的也是为了使学习者能够学以致用,在之后日常交际中能够充分地表达自己,所以在课堂中,教师应该尽可能地为学生提供这样的机会,从英语听、说、读、写几个方面同时入手,达到全面提高的目的。

随着学生语言输出能力的提高,他们运用英语进行日常交际的信心就增加了,从而增加了学习英语的兴趣。教师也可以通过词汇抢答游戏和PK比赛等来检测学生的课前学习情况,帮助学生记忆词汇知识,从而既避免了学生"浑水摸鱼"又活跃了课堂气氛,最终达到提高学生学习兴趣的目的。

2. 呈现交际多样性

在课内,教师可以通过在英语课堂教学中融入角色扮演、情景模拟等方式,为学生创造更多口语交际的机会,充分尊重学生的教学主导地位,让他们在亲身参与中不断提高口语交际能力和英语运用水平。情境创设是教师将教学目标加以外化,形成一个学生能够接受的情境。但是,很多教师在创设情境时,往往忽视了其基本的教学目标,导致教学中很多情境与教学目标无关,让学生对教学目标难以把握,因此教师在创设情境的时

第八章　教育信息化背景下的高校英语跨文化教学新发展

候,必须对教材进行认真研究,理解每一单元教学的重难点,然后紧扣教学目标,创设情境。简单来说,创设的情境要与教材的特点相符,凸显重难点,从而促进大学生的英语学习。

在课外,教师可以通过在学习管理系统中开辟一个专门的讨论区的方式,或借助专门的在线交流工具,和学生以课外学习内容为主题展开交流和讨论。讨论主题既可以是教师预设的,也可以由学生创设。这样,一种师生在线辅导和学生自组织学习的学习模式就形成了。借助这种学习模式,学生和教师之间可以进行深度的交流,从而提高自己的口语交际能力以及参与课堂的积极性。

三、个性化教学模式

(一)个性的内涵

"个性"一词源于希腊文 persona,是指演员演戏时所用的面具。从不同的角度,可以对"个性"给予不同的界定。

从心理学的视角看,个性是指"个体精神面貌的总体概括,是个体基于自身的生活经历而形成的稳定特征"。换句话说,心理学将个性界定为个体特有的行为倾向和心理内部表征。可见,个性是一种心理现象,同时也外显为一定的言行。

从哲学的角度来看,个性首先侧重于人的世界观,进而反映人的本质以及在社会体系中的地位。

从教育学的角度来看,个性是个体多种素质的综合体,包括尊严、人格、价值观和创造性思维等。个性表现为整体性与个别性。从整体性的角度来看,个性是个体许多素质的总和;从个别性的角度来看,个性是区别于他人的本质所在。

(二)个性化教学的内涵

学生具有个性和需要的差异,个性化教学就是教师在个性化的教学中满足学生个性化的学的需要,使学生的知识、能力、情感得以健康的发展。个性化教学要求教师在教学中尊重每一个个体的尊严和个别差异。除了学生,教师也是教学中的主体,所以个性化教学不仅要满足学生的需要,也要满足教师的精神和物质需求。总结起来,个性化教学可以从以下两个方面来理解。

1. 旨在彰显师生个性

个性化教学的目的在于彰显师生个性,这包括以下三个方面的内涵。

(1)个性化教学不等于个别化教学。个别化强调少数的、单独的,因此个别化教学的对象是少数学生,而个性化教学强调的是学生的个性需求。显然,个性化教学不同于个别化教学。

(2)个性化教学不等于个体化教学。个体化强调的是事物的单一性、独立性,因此个体化教学更强调的是一对一的教学。

(3)个性化教学不反对集体教学。个性化教学强调的是所有学生的个性化发展,因此和集体教学并非背道而驰。只要教学满足了学生的个性需求,无论是个体化教学还是集体教学,都可以称为个性化教学。

2. 个性化的教和个性化的学

教师和学生都是教学的主体,因此个性化教学就是个性化的教和个性化的学的统一。这可以从以下三个方面来解读。

(1)个性化教学是教师教和学生学的统一活动。个性化教学可能因为教学条件的变化而产生一些形式上的变化,但在个性化教学中,教师和学生仍是互相依存的必要主体。个性化教学的终极目标依然是学生的健康发展。特别是对于学生的个性培养,个性化教学发挥着重要作用。在世界课程改革的潮流下,教学开始指向人的自由与解放,注重凸显出每个学生的个性发展以及创造性表现。个性化教学不仅帮助学生实现在童年期、青春期个性的发展,更帮助学生形成以利于其终身学习的稳定的个性。

(2)教师的个性是教师的个性化教的基础。个性化教学如何实现,是每个学校都在思考的问题。有学者明确指出,教师的个性解放是实现个性化教学的前提和基础。而教师教育观念的更新、教师科研的促进和个性品质的引导又是解放教师个性的条件。个性化教学要求教师具备全面和系统的教学观念,并且随着时代的发展更新自身的教学观念。教师的个性品质对学生的精神世界产生着巨大的影响,它是由认知、思维、价值观、兴趣、情感、态度和需要等构成的复合体,是教师教学效果出现差异的重要原因之一。

(3)学生的学建立在学生自身个性的基础上。个性化学习要求学生具有一定的个性品质,从而发挥学习者的最大潜能。在个性化学习中,学生自定学习目标,自选学习内容,自己安排学习进度。总之,个性化学习的实现需要学生"会学""乐学"和"创造性地学",而这些都要求学生具备独特的个性、创造性的思维,敢于迎接挑战。

第八章　教育信息化背景下的高校英语跨文化教学新发展

（三）高校英语个性化教学的内涵

高校英语个性化教学就是基于学生不同的英语水平和个性，提高学生学习英语的积极性，培养学生独立思考和学习的能力，提高学生的英语交际能力。在高校英语个性化教学中，教师需要尊重每一位学生的价值，使学生最大限度地发挥自己的潜力，让学生能够顺利地用英语进行交流。高校英语是必修课程，高校英语课程的学生来自各个专业，这就给高校英语教师把握学生的整体英语水平带来了障碍。因此，高校英语教学需要掌握一定的教育理论和方法来应对和解读这些问题。英语教学是一种语言文化的素质教育，与其他教学有着不同的特征。高校英语个性化教学大致具有以下四种特征。

1. 差异性

不同学生本身就存在很大的差异，教师不能忽视这些差异，而要根据不同学生的特点施教，尽可能地使学生发挥内在的潜力，使教学形成差异，这就是个性化教学。个性化教学应该是理解差异、形成差异和解决差异的教学。高校英语个性化教学的差异性主要表现为三个方面。

（1）教学所针对的教学对象具有鲜明差异。众所周知，每一名学生自身的英语基础与其他学生是不一样的，对英语的学习期望也是不同的，这就导致不同学生对英语所产生的兴趣强度是不同的。另外，高校英语的教学对象不仅包括本专业的学生，而且还包括其他专业的学生，不同的专业特性导致学生所接触的英语学习内容也是存在差异的。

（2）英语教师的教学风格存在鲜明差异。教师个人的经历、教育、年龄、生活、习惯等不同，导致了他们会形成不同的教学风格，而这一点往往是个性化教学得以实现的基本条件。

（3）师生的人格平等。师生在人格上的平等，是学生发展独立人格的基础，也是教师开展教学活动的根本性前提。师生的人格平等还体现在教师充分尊重学生的个性差异，让每个学生都能得到应有的个性发展。

2. 多样性

高校英语个性化教学的多样性主要体现在两个方面。

（1）教和学的多样性。既然高校英语个性化教学尊重每个学生的个体差异，那么高校英语教学就不能仅仅遵循某一种教学模式，不能仅仅使用某一种教学方法、测试方式，不能仅仅追求一种规范的教学大纲，而应该按照不同学生的不同需求进行多样化设计。

（2）英语技能的多样性。高校英语教学不仅要求学生获得一定的英语知识，更要培养大学生的跨文化交际能力，如听、说、读、写、译等方面的能力。值得强调的是，每个大学生在每一种能力的发展程度上是不均等的，在特长方面具有不同的侧重点。

3. 针对性

在高校英语个性化教学中，教师需要根据学生的个性化需求进行针对性的指导和帮助，这不仅反映了高校英语教学在满足学生个性化需求方面的基本事实，能更好地发挥这部分学生的个性特长，也能整体提高教学质量。具体来讲，高校英语教师应该善于通过教学诊断发现学生的个性化需求，在备课和上课时充分利用教学机制，从而进行有针对性的教学。高校英语个性化教学的针对性具体包括以下几个方面。

（1）高校英语个性化教学的针对性源于受教育者的差异性。学生具有不同的学习起点、智力水平和需求。高校英语个性化教学的针对性是指教学目标、内容、手段等都要符合学生的需求，能够深入学生的内心。

（2）高校英语个性化教学的针对性否定一刀切原则。教师要根据学生的能力、个性、文化背景选择适合的教学内容、教学方法和评估方式，把学生和教学活动进行细致的划分。

（3）高校英语个性化教学的针对性还要求教师根据不同学习风格进行施教。学生的生理因素、情感和社会环境都会影响着学习风格。学生不同的学习风格体现在学生对信息的采集和加工上。教师要根据不同学生的不同学习风格制定个性化的教学方案，提高学生的学习效率。另外，教师还需要协助学生剖析自身的风格特征，引导他们利用自己的特长来开拓学习方式，补充以往的风格存在的缺陷。

4. 交际性

人们交往的关键工具就是语言，语言最根本的性质就在于交际性。语言承载着文化，文化体现在语言上。在高校英语教学当中，语言和文化是不可分的。因此，高校英语课堂教学富含浓厚的文化韵味。高校英语课程不单单是语言基础知识课，更是熟悉世界文化的素质教育课。高校英语教学的重点内容是跨文化交际，教师需要思考对学生文化素养的培育以及世界文化知识的传输。文化知识和适应能力是交往能力的关键构成，语言交往能力本质上是更深层次地获取文化知识的基础。

第八章　教育信息化背景下的高校英语跨文化教学新发展

（四）高校英语个性化教学的系统设计

1. 高校英语个性化教学的目标设计

教学目标是教学主体，即教师和学生事先计划所要达到的教学结果。高校英语教学的主要目标就是提高学生的英语综合应用能力，使其在社会中利用英语顺利地交流，并让学生具备一定的文化视野。随着高等教育从精英化走向大众化，高等教育的理念、功能、目标和模式都会发生变化。

2. 高校英语个性化教学的方法设计

个性化的教学方法，要注重实现以往传授为主的教学向以指导为主的教学转变，注重学生在职业和生活中英语综合应用能力的培养。教学方法要灵活多样，适应不同学生的个体差异。

（1）情境教学法

情境教学法要求教师从学生的特点、教学内容出发，将具体情境融入教学，以帮助学生更好地发现与解决问题。情境教学法主要分为三个步骤，如表8-1所示。

表8-1　情境教学法的具体实施步骤

主要步骤	目的	要点
情境创设	将问题加以呈现	教师通过运用多种媒体与手段，对特定情境加以创设，向学生提出问题
语言训练	对问题进行分析与准备	通过图书、动画等，教师将问题所需要的语言知识呈现出来，并设计与特定情境相关的语言训练，为学生完成学习目标做准备
情境运用	对问题加以解决	教师重新呈现开始的情境，而学生在具体的情境中运用语言，对问题加以解决，教师对学生的表现予以观察，并给予评价

（资料来源：陈冬花，2015）

如何创设与运用情境，也是决定教师的情境教学法运用能否成功的关键。

首先，紧扣教学目标，创设情境。情境创设是教师将教学目标加以外化，形成一个学生能够接受的情境。但是，很多教师在创设情境时，往往忽视了其基本的教学目标，导致教学中很多情境与教学目标无关，让学生对教学目标难以把握，因此教师在创设情境的时候，必须对教材进行认真研究,理解每一单元教学的重难点,然后紧扣教学目标,创设情境。简单来说,创设的情境要与教材的特点相符,凸显重难点。

其次,建立情境之间的联系。教师设计的情境要能够在高校英语教学中自由伸缩,即随着教学活动的展开,情境之间必然是需要具有关联性的,不能是孤立的。因此,教师需要对整节课的重点加以把握,设计一个大的情境,然后将各个小情境加以串联,从而各个环节紧密结合。可见,教师在创设情境时,需要把握情境之间的连续性,使教学过程随着学生的情感活动不断变化与推进,从而进一步得到深化。

(2)多媒体教学法

多媒体是信息的多种媒体的综合,也就是声音、文字、图形、视频、动画、影像等的结合体。将多媒体这一高端技术引入教学中,就产生了多媒体教学,是一种先进的教学模式。运用多媒体展开教学,并不是简单地将各种多媒体资料加以拼凑,而是教师根据教学目标、教学内容、教学对象等将声音、文本、图像、动画等不同形式的信息有机结合在一起,与传统的教学手段相结合参与教学过程,从而使教学效果达到最优化。教师在运用多媒体教学法时,需要把握以下几点。

第一,选择恰当的教学媒体。即便教学媒体相同,但作用于不同的教学内容时,教学效果也是不一样的。反过来,不同的教学媒体作用于同一教学内容,教学效果也是不同的。所以,在教学中要讲究多种教学媒体的协调使用。具体而言,在教学过程中,教师要将教学挂图、课堂板书、模型、演示等教学媒体协调穿插在教学过程中,这样才能让它们发挥各自的作用,从而提高教学效果。安德森的教学媒体选择流程图为教师选择合适的媒体提供了思路,如图8-1所示。

第二,抓住最佳展示作用点和作用时间。多媒体技术在教学中的运用,可以将教学内容中的声、像、色、光完美整合,形成令人印象深刻的视听效果,使枯燥的教学变得直观生动。但是教师在设计多媒体课件时,过于注重吸引学生的视听注意力,而忽视了教学内容,进而偏离教材,喧宾夺主。对此,在多媒体教学中应抓住多媒体的最佳作用点和作用时间,从而将多媒体教学独有的魅力彻底释放出来。

第三,善于利用故事。好的故事可以成为教师和学生良好的话题切入点。在选择故事时,教师要充分考虑学生的生活实际。故事教学可以使复杂的语言教学变得简单易懂。在开展故事教学时,教师要对故事的背景进行简要讲解,减少学生学习的障碍。在具体讲解时,教师可以利用多媒体进行播放,通过画面的展示让学生了解其中的时间、地点等因素,帮助学生更好地理解故事,并强化学生的听力能力。此外,教师可以向学生提问,让学生讨论和猜测某些情节,充分发挥学生的主体作用。教师还可以鼓励学生对故事进行复述和翻译,从而厘清故事的发展顺序,掌握其中的知识点。要想知道学生对故事教学的接受程度如何,可以通过故事表演来加以检测。对于学习有困难的学生,教师可以让他们富有感情地朗读故事;对于学习能力较强的学生,教师可以让他们背诵并表演。此外,教师还可以让学生改编故事,学生可以大胆地想象,并通过多媒体进行展示,这能有效提高学生的表达能力和创造能力。

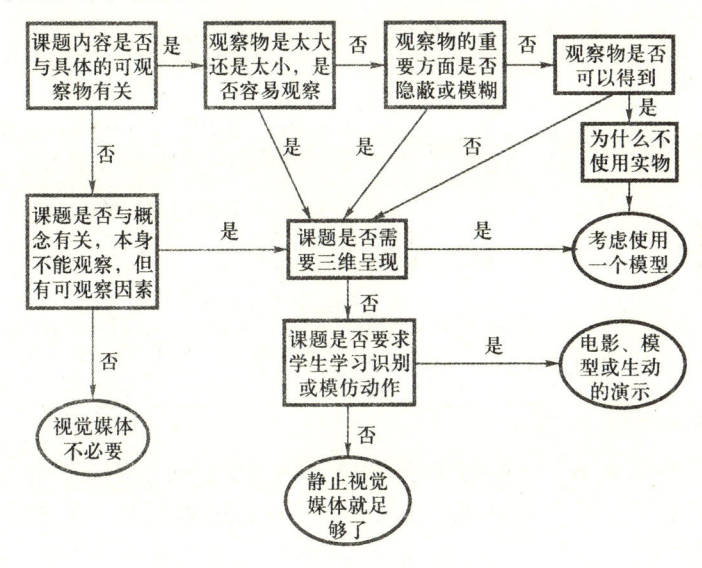

图 8-1 教学媒体选择流程

(资料来源:陈冬花,2015)

四、任务型教学模式

任务型教学法又称作"任务型教学途径",是一种基于任务展开的教学方法与形态。在高校英语课堂教学中,任务型教学法非常常见,是教师预设任务并引导学生利用所学知识来完成任务的一种教学形态,是提升学生语言运用能力的一种重要手段。从学生学习英语的目的与特点出发,我国高校英语课堂教学倡导采用任务型教学法,让学生基于教师的指导,通过体验、感知、参与、实践等,实现任务的目标,在做中学。

(一)任务型教学法的基本步骤

任务型教学法将任务的完成作为主要教学活动,让学生通过完成任务来习得语言。一般来说,任务型教学法具有如下几个特点。

其一,任务主要包含的是真实的语言运用过程。

其二,学生要自主地完成教师要求的任务,并对任务的交际性结果予以明确。

其三,强调学生要通过自主学习、合作学习等途径来完成任务。

在实际的操作中,任务型教学法一般包含三个步骤,具体如表8-2所示。

表8-2 任务型教学法的具体实施步骤

主要步骤	目的	要点
任务前	任务呈现与准备	教师将任务情境引入,向学生明确任务要求,为学生提供完成任务的基本语言知识
执行任务	任务完成的整个过程	学生运用语言对问题加以解决,这些问题涉及计划的制订、实施与完成;教师在其中扮演着监督、组织、促进与伙伴等角色,辅助学生对任务加以完成
任务后	任务展示、评价与提升	学生将结果进行展示与汇报;教师对任务完成情况进行评价,并指出优劣之处

(资料来源:陈冬花,2015)

三个步骤给出了明确的任务,教师首先为学生布置任务,并提供具体的条件;指导并辅助学生解决在任务执行过程中遇到的一系列问题;组织学生对任务加以展示与汇报,最后给予评价,并布置新的任务。通过这些任务的完成,学生可以不断体验到语言学习的快乐,并真正地习得语言知识与技能。

(二)任务型教学法的设计方式

任务型教学法将语言任务作为学生学习的目标,对任务完成的过程就是学生学习语言的过程。任务型教学法设计的核心在于:将人们在生活中运用语言来从事的各项活动,引入到具体的课堂中,进而帮助学生实现语言学习与日常生活的结合。因此,如何对任务进行设计是任务教学法能否实施的关键层面。

简单来说,教师在设计任务时应该着重考虑学生的"学",让学生具有明确、清晰的学习目标。具体来说,主要从如下几个层面着眼。

1.设计真实意义的任务

所谓真实意义的任务,即与现实生活贴近的任务。在教学中,教师所

第八章　教育信息化背景下的高校英语跨文化教学新发展

设计的任务应该是对现实生活的演练与模拟,学生通过对这些任务加以完成,不仅能够掌握具体的语言知识与技能,还能够将这些能力运用于具体的生活中。

2. 设计符合学生兴趣的任务

大学阶段是学生发挥兴趣与特长的重要阶段与关键时期,因此教师在设计具体的教学任务时,应该从他们的心理与年龄特征出发,设计出与他们的兴趣相符的任务,且内容也要具有新颖性。例如,以师生互动、学生之间互动的形式进行角色扮演或开展演讲等都是比较好的形式。

3. 设计能够输出的任务

教师设计的任务应该是真实的,与学生的语言水平相符的输出活动。也就是说,任务需要以"说、写、译"这些"语言输出"的形式进行呈现。

教师在设计任务时,最重要的一点是需要考虑学生在任务完成的整个过程中能否自然地运用英语。当然,完成任务并不是任务型教学法的主要目的,而是要求学生在完成任务的过程中习得英语。英语课程就是要让学生逐步在运用中内化知识,这就需要教师在设计任务时,应该让学生通过完成任务,自然地掌握英语知识,内化英语知识,习得英语技能。

(三)任务型教学法设计的基本要求

任务型教学法在设计时应该注重以学生作为中心,以学生作为主体。一般来说,需要做到如下三点。

1. 分清"任务"与"练习"的区别

当前,很多教师在设计任务型教学课程时,由于未分清楚"任务"与"练习"的区别,导致很多任务型教学课程还是课堂练习。事实上,任务型活动与课堂练习有着本质上的区别,任务型教学活动不是对语言进行机械的训练,而是侧重于学生在完成任务的过程中学生自主能力与学习策略的培养,重视学生在任务完成过程中获得的经验。表8-3对二者的区别进行了总结。

表8-3 "任务"与"练习"的区别

区分项目	任务	练习
侧重点	侧重于意义	侧重于形式
活动目的	实现交际目的,解决问题,传达信息	对知识的掌握情况进行检验,对英语知识加以操作与巩固

续表

区分项目	任务	练习
活动情境	创设现实生活情境	不需要情境
活动内容	有语境的语言材料,需要综合运用多项英语知识与技能	脱离语境的语言材料,需要的也是单个的英语知识与技能
活动方式	分析、讨论,很多时候需要小组完成	选择、填空、翻译等往往自己独立完成
语言控制	自由	严格控制
教师纠错	通过对学生进行观察,然后分析产生这些错误的原因再纠错	立即纠错
信息流向	双向或者多向流动	单向流动
活动结果	语言形式或者非语言形式结果	一般都是语言形式的结果
结果评估	评估学生是否完成了任务	评估语言形式是否使用正确

(资料来源:陈冬花,2015)

从表 8-3 中可知,只有通过真实的任务,才能保证学生获得有意义的语言输出,才能让学生真正地学会获取、使用信息,用英语与他人展开交流与合作。

2. 准确把握任务的度与量

任务的难易度与数量要与学生的英语水平相符合,因此教师在设计任务时,应该根据"最近发展区"的原理,既不能对教学要求予以降低,也不能超过学生的英语能力与水平。

教师在进行教学活动之前必须要确定学生发展的"两个水平"。第一种水平是学生现有的发展水平,是学生通过先天性或者偶然性自然成长所形成的稳定的内部心理机能,在独立解决问题时会表现出来。第二种水平是学生潜在的发展水平,是还在发展的内部心理机能,也是儿童在成人的指导下或与同伴合作的情况下所表现出来的解决问题的能力。最近发展区就是这两个水平之间的差距,是学生可能的发展区域。

该理论指出,教育从事者必须要准确了解学习者目前的能力水平,并且为学生找到潜在发展水平,确定最近发展区,设计教学过程,引导学生走向更高的潜在发展区。该理论确立了教学在学生成长过程中不可替代的先导性作用。学生的最近发展区是一个动态变化的区域,向第三个区域——未来发展区不断移动,如图 8-2 所示。

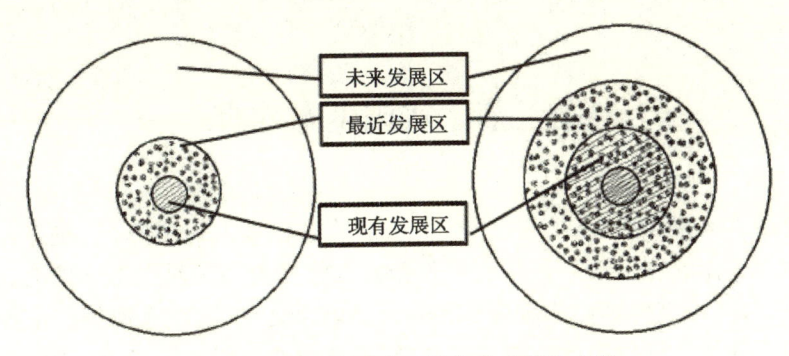

第八章　教育信息化背景下的高校英语跨文化教学新发展

图 8-2　学生发展水平转化生成的动态性

（资料来源：张炬，2018）

3. 注重教师的多重任务

虽然英语课堂强调以学生作为主体，但是在实施中，教师的作用也不能忽视。也就是说，教师在教学中也需要发挥主导作用。一般来说，在任务型教学法中，教师需要承担如下几项任务。

其一，设计与学生水平相符合的真实的任务。

其二，为学生提供完成任务的材料，并从旁辅助学生。

其三，对学生的输出提供帮助。

其四，对学生的输出结果给予反馈意见。

任务型教学以学生使用英语完成任务作为中心，学生是任务的沟通者，也是语言的交际者。教师不仅是组织者、参与者、帮助者，参与到学生的任务之中，还需要对课堂加以控制，并对结果给予评价。如果教师将任务交给学生之后，就作为一个旁观者，那么这样的教学效果是不容乐观的。总而言之，教师在任务型教学中要发挥好自己的多重责任。

需要指出的是，任务型教学在当前的高校英语教学中广泛应用，但是由于受各个因素的影响，如任务难度难以把握、英语环境常常缺失、大班教学现象、师资力量不足等情况，导致当前的任务型教学仍旧存在明显的问题。因此，在以后的高校英语教学中，教师应该不断积极学习与研究，认真开发与利用，争取让任务型教学法在高校英语教学中发挥出更大的作用。

第三节 实施生态教育

21世纪被认为是生态世纪,生态学的思想被人们所熟知,成为人们生活与工作的新方法。很多教育工作者也将视角转向对生态学理论成果的研究,并将这些理论成果用于高校英语教学之中,这就是所谓的高校英语生态教学。谈到高校英语生态教学,首先来谈一谈生态课堂,进而分析高校英语生态教学的本质与生态课程的构建。

一、生态课堂

随着环境问题的日益严峻,生态化已成为人类生存和发展的一种趋势。生态学已经在各个领域都有所渗透,且"生态"一词涉猎的范围也非常广泛,人们常用其对美好的事物加以描述与界定。

当然,文化背景不同,人们对"生态"的定义也不一样,多元世界的存在要求多元文化的融入,正如"生态"追求物种多样性的理念一样,以此保证生态的平衡性。

"课堂"从广义上说是进行各种教学活动的场所,其在教师、学生、环境之间形成一种多功能综合体,是一个充满意义与生机的整体,是焕发出生命活力的复杂系统。

(一)生态课堂的定义

生态课堂是从生态学的视角出发,对生态状态下的课堂加以研究的学科,其强调教师、学生、教学信息与组织、教学环境、教学平等等环节要实现和谐统一,是对师生关系、课程结构等进行的新型建构,是一种各个环节之间彼此联系与和谐共生的教学形态。

(二)生态课堂的主要观点

生态课堂的第一要义是可持续发展,核心在于以人为本,因此教学中教师应将学生作为主体,教师处于主导地位,促进学生的全面发展,基本方法是保持课堂中各个要素之间的平衡。生态课堂的本质就是焕发生命的活力,激发生命的潜能,提升生命的品质,实现生命的价值。

教育要以人为本,高校英语生态教学也应该这样。人的生命发展具

第八章　教育信息化背景下的高校英语跨文化教学新发展

有多元性,而学生个体的发展具有多样化,这包含他们身心和谐的发展、个人的求知欲、与他人和谐相处的能力等。

但是,学生个体的发展不能牺牲他人,因为教育面向的是全体学生,因此要兼容并包,对其他学生予以尊重。因此,高校英语生态教学的本质就在于通过生态课堂,让学生逐渐汲取成长所需的营养,同时通过物质、能量等转换对生态课堂产生影响,为他人的成长创造条件。可见,高校英语生态课堂本身是一个良性循环的过程,是物质、能量与信息的转换,不仅促进学生学习成长,还促进了社会的可持续发展。

二、高校英语生态教学的理念

无论对于教师还是学生而言,高校英语生态课堂都是一个全新的教育观念,需要每一位教师付出自己的心血来经营和追求。要想构建一个完整的高校英语生态课程系统,这个过程是十分困难的,包含创设课堂环境、和谐师生关系、加强课堂互动、构建多元评价机制等。下面就来具体分析这几项内容。

(一)创设和谐生态课堂环境

对于师生而言,课堂是他们演绎生命意义的舞台。创设一个和谐的课堂环境,是师生完整生命能够自由成长的基础与前提。生态课堂创设,不仅涉及物理环境的创设,还涉及文化环境与心理环境的创设。

1. 物理环境创设

高校英语生态教学中生态课堂的物理环境,是由自然环境和一些教学设备构成的,自然环境包含照明、光线、噪音等,教学设备包含教室布置、书桌布置等。这些在课堂教学互动中发挥着不同的生态意义与功能。

(1)适当的光线和照明

在课堂中,适当的光线和照明对于教师和学生都有重要作用,尤其是对学生的健康与心理等。例如,如果光线太弱,那么学生在学习中就会感到视觉疲劳,甚至产生厌倦心理;如果光线太强,那么学生就会受到过度的刺激,导致对健康产生影响等。

(2)降低噪音

噪音会对人的生理机能产生影响,这是不容置疑的,而且会让人感觉到非常不舒服,也会影响学生的心理,如使他们感到焦虑,记忆力下降,甚至思维变得迟钝等。在教室中,噪声大小与教室位置、班级学生密度有关,与位于城市的位置有关。也就是说,班级人数多,那么噪声就偏大;离城区越近,噪声就越大。

另外,学生对噪声的承受能力会因为个性、性别等产生差异。因此,要想构建一个高校英语生态课堂,在位置上要远离城市中心或者比较喧嚣的地方。其次,对于班级的规模也应该予以控制。一般来说,公共英语的班级较大,教师应该根据具体的情况,对不同形式的教学活动进行安排,从而减少噪音。

(3)布置教室

作为课堂活动的场所,教室的教学设备、内部构架等都需要精心的设计与安排。教室内课桌的摆放以及墙壁等的布置,是否整洁干净等,都会让师生感觉到精神上的舒适感与愉悦感。

形状不同的教室,其有着不同的优点。一般来说,梯形的教室适合讲座,长方形的教室适合课堂讲授,因为这样的教室便于安排座位;圆形的教室适合小组交流与讨论,这样座位的布置也是圆形的。

另外,教师站立的位置与座位编排会对师生之间的互动产生影响。

因此,教室的布置应该具体问题具体分析,考虑课堂活动的要求和内容,一般需要考虑:是否对师生的课堂互动有利,是否对学生之间的讨论与交流有利,是否对开展小组学习与自主学习有利等。

(4)编排座位

传统课堂中的学生座位一般是采用"秧田式"的编排方式,即横成行、纵成列,学生面向教师讲台。此外,还有"圆桌式""半圆形""马蹄形"和"客厅式"等座位编排方式。

在课堂环境中,座位编排也是非常重要的,其对学生的态度、情感、行为等都会产生影响。根据研究,一般依赖教师较强的学生往往学习积极性都较高,并习惯坐在最前排;对教师依赖性差、喜欢开小差的学生往往学习积极性不高,习惯于坐在后排;而那些希望引起教师注意的学生则往往会选择中间的位置;比较胆怯的喜欢挨着墙坐。

但是,由于教学活动的类型与形式多样,学生的个性特征也呈现了鲜明的特色,因此并没有固定的座位编排,甚至每一堂课、每一个教室,学生都会变换位置,这就要求高校英语生态课堂的座位安排应该考虑教学活动,同时兼顾学生的自由与健康,保证每一位学生都有一个舒适的学习环境。

2.文化环境创设

在高校英语生态课堂中,文化环境包含物质文化环境与精神文化环

第八章 教育信息化背景下的高校英语跨文化教学新发展

境两类。前者指的是符号化与物化的结果,属于一种表层的文化环境;后者指的是态度、情感等,属于一种深层的文化环境。

在高校英语生态课堂中,物质文化包含课本、教室、教学设备等这些硬性文化,或者可以称为显性文化,这些文化会对人的行为产生不知不觉的影响,因此在创设生态课堂文化时,能够调动各种物质文化的积极性,如班训、班报等,这样可以使课堂更富有气息等。

生态课堂中的精神文化环境包含学生个体的思想与个性发展、学生群体的精神风貌与其他学生之间的关系、师生关系等,这种文化是隐性的,属于一种软文化。对生态课堂中精神文化环境的创设需要将课堂中各个力量凝聚起来,形成具有特色、集体观念的生动课堂。

3. 心理环境创设

在高校英语传统课堂中,很多学生受学业压力的影响,存在一定的心理问题。因此,为了减轻学生的压力,教师需要考虑学生的健康情况,为学生创设一个自由、轻松的环境。

首先,家长要转变教育观念,对孩子的期待也要有一个限度,不能给孩子施加过多的压力,这样才能让孩子成为一个健全的人,而不仅仅是一名"好学生"。

其次,教师要做到以德育人、以理服人、以知教人,做到与学生和谐共处,平等相待。

最后,学校应该设立心理辅导课,发现学生的各种心理问题,并给予恰当的解决方法。

(二)确立民主平等师生关系

在开展有效教学的过程中,民主平等的师生关系是基本的前提。生态课堂中的民主指的是师生关系的民主,平等是师生地位的平等。在高校英语生态课堂中,每一位学生都有平等参与课堂活动的机会,且教师应该扮演每一位学生的激励者与合作者的角色。

在高校英语生态课堂中,要保证师生关系的民主与平等,可以考虑从如下两点着手。

就教师层面来说,应该充分考虑学生的实际需求,对每一位学生的问题都要认真对待,发挥学生的主动性与积极性,尊重每一位学生的人格与个性发展,并多与每一位学生交流,真正地了解每一位学生的情况。

就学生层面来说,应该充分尊重教师,并接受教师的指导与帮助,在日常学习中也要积极地配合教师。

总之，师生之间应该建立一种平等对话的关系，彰显课堂的活力，彼此之间没有压力与猜疑，共同探讨与研究，学生可以畅所欲言，从而使课堂呈现一种和谐之美。

（三）构建师生互动课堂交往

对于任何课堂而言，教与学都是其活动的中心，当然高校英语生态课堂也不例外，而师生之间的良好互动是课堂活动能够顺利开展的主要形式。

与传统课堂相比，高校英语生态课堂中的教学能够保障师生之间的平等交往。这种平等交往式的教学能够使师生之间有效对话与互动，而不是机械地教授与被动地学习。

在平等的师生互动下，必然会产生有效的课堂，即学生处于主体地位，也呈现了课堂的真实性。在这种互动状态下，师生都是一种教学资源，虽然他们有着不同的内涵，但是他们的地位是平等的，共同处于课堂双向互动的状态之中，共同实现知识信息的共享。

三、高校英语生态教学的模式

高校英语教学是植根于中国社会文化语言生态环境之下，学生需要将英语语言知识作为载体，英语教师充当引导者的身份，帮助学生在对英语语言文化了解与接受的基础上，对语言概念体系加以构建，从而培养学生语言与思维"天人合一"的思维方式，促进他们形成和谐、统一、动态的交往模式。

高校英语生态教学模式下的教学环境不仅涉及课堂教学环境，还包含学校环境、社会语言学习环境等，但是课堂教学环境占据主要位置。

高校英语生态教学是集合整体性、系统性、动态性、协调性为一体的一种教学模式，其从多个视角对教师、学生、语言、语言环境的作用进行分析和研究，并探讨了这些层面对语言习得的影响。因此，采用突现理论对语言生成进行整体的认识，采用多维时空的流变性对语言学习过程进行研究，采用符担性对语言学习与环境之间的关系加以探讨，这样才能对高校英语生态教学与研究有着全面的认识，也才能更好地指导高校英语生态教学。下面就从这几个层面入手进行分析。

第八章　教育信息化背景下的高校英语跨文化教学新发展

(一)生态语言生成观——突现论

近些年,"突现"已经成为语言学研究、复杂性科学研究热点话题。美国圣菲研究所最著名的就是对复杂性科学的研究,在他们的研究中,他们提出:复杂性实际上就是一门与突现有关的科学。2006年12月,国际权威期刊《应用语言学》(*Applied Linguistics*)出版了一个突现理论专刊,这就意味着这一理论开始进入语言学研究的范畴。但是,当前对于"突现"的概念还没有一个明确的解释。

语言是一个复杂性、动态的系统突现出的特征的集合,语言学习是特征突现的表现。语言这一系统在人与世界的交往互动中生态地形成,并且其是一个在不同集合、不同层次、不同时间相互影响、相互作用、相互适应的复杂系统。其中不同的集合包含网络、个体、团体等,不同层次包含人的大脑、身体、神经等,不同时间包含新生、进化、发育等。

那么,语言是如何实现突现的呢?著名学者迈克温尼(B.Mac Whinney)指出,对于语言突现这一问题,现在的描述还不够完善,但是不得不说的是突现论已经对很多语言现象进行了分析和描述。例如,人的发音过程主要依靠喉头、舌头等多个器官的协同作用,同时成人发音会对儿童产生影响等,因此音系结构就是对声道的生理制约而突现出来的。

史密斯(Smith)通过自己的研究证明,儿童学习新词是经过一段时间的学习之后,采用某种特殊的学习机制学到的。之后,斯密斯又进行了许多实验,其研究结果证实了,在语言学习的初期阶段,儿童遇到新词时往往是瞎猜来理解词义,等到他们具备了一定的语言知识之后,他们往往会理性猜测,当儿童的猜测能力逐渐突现之后,他们就能使用语言框架对词汇加以准确的猜测。

贝特和古德曼(E.Bates & J.C.Goodman)采用与史密斯同样的方式进行研究,他们发现儿童在对句法形式进行学习时,依然是在词汇学习过程中加以突现的,不过这一观点之后引起了质疑。

20世纪80年代,厄尔曼(J.L.Elman)和迈克温尼等学者提出语言学习突现论。这一理论提出,语言表达是人类大脑深入到社会的各个层面而发生突现产生的。当人类在语言材料中出现时,简单的学习机制就会从感知、肌肉运动再到人类对语言材料的认知系统中展开。这就可以使得复杂语言表达得以突现。

（二）生态语言学习过程观——多维时空的流变性

一般来说，空间包含长、宽、高三个维度，时间包含过去、现在和将来三个部分。对于空间维度，人们是非常熟悉和了解的，但是对于时间维度，还未引起人们的重视，因为人们常常使用自然时间对人文时间、心理时间进行遮蔽，实际上，无论是人文角度，还是心理角度，都能够体验到现在、过去和将来，也能够对三者的区别与联系加以确认。

如果离开了过去、现在和将来，那么时间流程和时间观念就没必要提及了。从人文时间中的历史时间来说，可以划分为古代、近代、现代、当代，有些人也将当代称为后现代，但是后现代并不是时间概念，而是一种价值取向。人文社会科学不仅涉及过去与现在，还会谈论到未来，如人类学、历史学等都是对人类文化、历史等的未来进行预测与预期，而新兴学科"未来学"更是以未来作为时间坐标。

就心理时间来说，现在往往与目前、当下、此刻等有着密切的关系，过去往往与回顾、回忆等心理活动有关；未来往往与期望、预测等心理活动有关。

普通语言学的研究一直都以时空语言研究为重点，但是自从索绪尔提出历时语言学与共时语言学之后，语言学对时空的理解都存在一定程度的偏差，因此有学者将时空观念引入语言学研究之中，便于人们从时间与空间视角对语言系统进行整体性理解。在时空观念之中，时间与空间被认为是概念的存在，而这一概念只能从语言系统整体性生态存在中获知与体现。

通过这一观念对语言加以认识，可以帮助人们追溯语言及其语言流变，进而将语言时空结构统摄下的语言特点揭示出来，以语言流变所展现的时空特征对其过程状态加以解析，从而理解与探析语言整体状态。

高校英语生态教学观从时空观的视角出发指出，语言学习在时间上的流变性较为明显，如现时语言学习模式必定是以前学习模式的复制与改造，同时对语言形成的经验与思维加以学习，构建以后语言学习的经验与思维。这样，以后的心智结构投射能力必然是与当前的经验与思维相关。

（三）生态语言学习者与环境关系观——符担性

著名心理学家吉布森（Gibson）在对环境与特定动物间的对应关系加以描述的时候，用"afford"一词作为例子进行分析。众所周知，"afford"

第八章 教育信息化背景下的高校英语跨文化教学新发展

的含义是买得起、花费时间与金钱等,但是该词只能表达能力,而不能传达意愿。吉布森在对自然界中生物的知觉行为加以探索的过程中,发现动物与栖息环境的共存关系,当然这是从生态心理学角度出发考虑的,企图解释动物如何通过知觉判断供给它们生存的食物、环境与水源,并能够根据这种知觉判断采取一定的行动,实现真正的繁衍生息。

但是,对于环境与特定动物之间的特定关系,并没有专有的名词去阐释它,因此吉布森提出了"符担性"这一名词。之后,很多学者对符担性进行了研究和探讨。

故此,凡·里尔(V. Lier,2000)在他的一篇文章中指出,现代语言教学应该从对语言输入的强调转向对语言符担性的注重。因为从语言输入的理论考虑,语言仅被视作固定的语码,而学习仅仅被认为是记忆的过程,从而将学习者对语言符担性的生态理解予以忽视。

韩礼德(M.A.K.Halliday)从语言习得视角出发指出,符担性的内涵即所谓的潜在意义。他指出,意义并不是在潜在行动中隐藏的,而是行动与行动者对环境的理解与感知的基础上突现出来的,这可以从图 8-3 中体现出来。

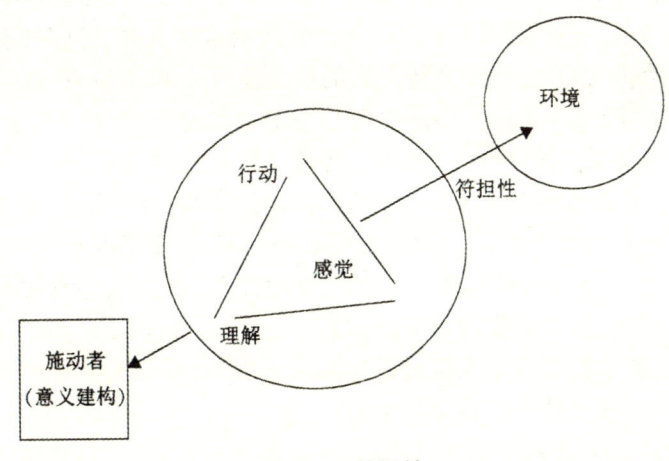

图 8-3 符担性

(资料来源:徐淑娟,2016)

从 8-3 中可知,可以这样定义符担性,即学习行为者从自身理解方式出发,对环境进行感觉,尤其是自然环境,其潜在意义在于使语言教学设计更为合理,使语言教学实施更具有针对性,使语言教学反馈更加及时,并为对学生的发展进行审视提供参照。

四、高校英语生态教学的优化

（一）高校英语生态教学的优化原则

高校英语生态教学的优化需要按照一定的原则展开，从而保证优化目标的明确。具体来说，需要坚持如下几项原则。

1. 稳定兼容原则

所谓稳定兼容，即对教学结构进行稳定，对教学要素加以兼容。就生态学角度而言，稳定与平衡有着密切的关系，兼容与和谐有着密切的关系，其中稳定是目标，兼容是实现目标的方法。

高校英语生态教学中必定包含很多要素，如教学要求、教学目标、多媒体等，这些要素在高校英语教学中起着十分重要的作用。一旦某个要素消失，整个教学结构就会呈现不稳定性，因此教学稳定的必要条件就是教学要素之间的兼容。

随着信息技术逐渐融入高校英语生态教学之中，必然会对一些教学环境产生干扰，进而影响系统内部各个教学要素的关系。这时候，本身兼容的各个要素之间也会因为新要素的引入呈现不和谐现象，这时候就要求教师、管理人员、学生等都需要进行一定程度的改变，从而促进信息技术与各个要素之间的融合与发展。就教学管理层面而言，要改变传统的管理模式，给予教师充分的知识，优化教学的环境，从而使信息技术与各个要素更好地融合与发展。就教师层面而言，教师要不断转变自身角色，不能仅作为分析者与讲解者。就学生层面而言，学生也应该发挥自身的主动性与积极性，从而主动探究知识。

可见，各个要素置于在自己的生态位上发挥应用的作用，才能实现兼容，才能保证教学结构的稳定与平衡。

2. 制约促进原则

所谓制约促进原则，即对教学运转形成制约作用，促进个体的进步与发展。就生态学教学而言，教学中各个要素都有着特定的时空位置与功能，它们在自身的生态位上发挥自身的作用。但是，每个要素功能的发挥要遵循一定的原则，不能无限发挥，而制约就是这样的一种约束手段，促进是为了使高校英语生态教学环境更为优化。

信息技术的介入使学生能够自主学习、个性学习。实际上，在教学中出现很明显的信息技术误用情况，如对信息技术的过度使用、滥用使用、

第八章　教育信息化背景下的高校英语跨文化教学新发展

低值使用等,这些误用对学生的个体发展是极其不利的,导致我国高校生的自主学习能力与应用能力下降。信息技术的使用要考虑具体的教学目标,以学生为中心,运用恰当的方法,不可过度使用,也不能不使用,从而促进学生的发展,保证各个要素都能在各自的生态位上发挥作用,并且彼此之间相互依存。当然,功能的发挥需要设定在一定的范围内,不能随意扩大,也不能丧失他们的作用,要综合看待各个要素的功能,从全局出发进行把握,也不能失去微观意识。

总而言之,制约是为了更好地促进,促进又是合理制约的结果。这样高校英语生态教学才能更自然的进步与发展。

3. 可持续发展原则

可持续发展是 21 世纪教育的根本。1992 年,巴西里约热内卢召开的"联合国环境与发展大会"上提出了《二十一世界议程》,其中明确应该面向可持续发展对教育进行重建,从而将这一理念融入教育之中。

高校英语系统是高等教育的一个生态系统,要求应该坚持可持续发展原则。而社会的可持续发展主要归结于人的可持续发展,因此高校英语生态教学的发展也必然依赖师生的这些教学主体的可持续发展。就学生而言,要想培养学生的可持续发展能力,在这一观念下,教学的目标不仅在于知识的传授。

现代教育包含四大支柱:教会学生认知、做事、共同生活、生存。学生的能力也是随着这些理念逐渐发展起来的。高校英语教学改革的目的在于提升学生的英语学习可持续发展能力。这种能力指的是高校生在高校阶段及以后的学习和生活中,应该具有不断完善自我,不断学习发展的能力。

从学科性质上说,这种能力指的是学生自主学习与自觉学习的能力。教师应该对学生的个性特点予以尊重,发挥学生学习的积极性与主动性,培养他们的探索意识与自身潜能,完成教学实践。

从教师层面上来说,要想实现教育的国际化,教师也需要遵循可持续发展原则,即如果仅仅是一些传统的教学理念,显然不能满足当前教学的要求,因此教师应该考虑国际化的形式,努力拓展自己的视野,拓宽自己的知识领域,培养自身的学术能力与思辨能力。

但是需要指出的是,教师、学生与其他生态因子都是教学生态系统可持续发展的重要组成成分,因此这些因子之间不能损害各自的利益,任何一个因子的缺失都会影响其他因子的发展,影响稳定性与和谐性。

(二)高校英语生态教学的优化策略

高校英语生态教学系统的优化需要在坚持上述原则的基础上,结合各个生态因子之间的关系,采用恰当的优化策略。当然,这是一个复杂的过程,在这一过程中,需要以教师作为突破,因为教师在高校英语生态教学中的作用非常关键,教师教学的态度、理念等如果发生改变,那么就会影响具体的教学情况。因此,只有保证教师的生态化发展,才能保证教学的优化。具体来说,需要从如下几点做起。

1.促进教师的生态化发展

教师是国家大计,只有拥有好的教师,才能搞好教育。因此,要努力打造一支技术精湛、道德高尚的教师队伍,这是当前教育改革与发展的重要目标。

就教育生态学上而言,教育生态系统主要由教师、学生、环境等构成,在这一系统中,教师是一个完整的生态主体,其对整个生态系统起着非常重要的作用。教师与其他环境之间要多进行能量与物质上的转换,因此其生存、发展必然是周围环境相互作用的结果。同样,高校英语教师在整个生态教学系统中也发挥着巨大的功能,教师的行为、理念等会对学生、教学等其他因子产生巨大影响。当然,要促进教师的生态化发展,需要做到如下两点。

(1)优化教师的生态位

在教育生态系统中,各生物主体之间与环境间是直接、间接的关系,这种关系可能是竞争关系,也可能是共生关系,他们共同对系统中的资源进行消耗。在系统中,每一个生物主体的位置都是特定的,这就是所谓的生态位。在生态环境中,教师要服从学校中的各种要求与规则,从而保障生态系统的稳定,同时还需要不断发展自我,不断适应变化的环境。显然,教师几乎与系统中的各个部分都有着密不可分的练习,生态位在这之中起着中介的作用。

在高校英语生态教学中,教师需要明确自己的地位,以学生作为中心与出发点。在信息技术背景下,教师需要有强大的适应能力。可见,教师是信息技术与高校英语生态教学整合的关键层面,对高校英语生态教学的发展起着十分重要的作用,并且随着环境的改变而不断完善与发展。

(2)提高教师的专业素质

一名合格的高校英语教师需要具备如下素质。

第一,专业知识扎实,专业技能充足,即词汇、语法知识与听、说、读、

第八章　教育信息化背景下的高校英语跨文化教学新发展

写、译能力。

第二，人品修养与个人性格较高，即好学、谦虚等品质。

第三，现代语言知识具有系统性，也就是高校英语教师要系统了解语言的本质与规律，并能够用语用知识对教学进行指导。

第四，外语习得理论知识要把握清楚，尤其是要了解外语习得与外语教学的特殊性质。

第五，掌握一定的教学法知识，将教学法的优劣把握清楚，并取长补短。

当然，进入21世纪，除了具备上述素质外，教师还需要具备信息技术知识，不断转变自己的观念，提升自己的专业素质，从而向生态化方向发展。从内部来说，教师需要培养自身的反思精神，从外部来说，教师需要创建外在生态学习网络，通过参与与分享，不但提升自己的科研意识与水平，实现英语知识结构的更新，促进个人生态的进步与发展。

2. 建立和谐的师生关系

高校英语生态教学系统是相互联系的整体，在这一整体中，师生之间通过不断的交互，构成一个整体。在高校英语生态教学中，师生无疑是最重要的关系，是一种和谐共生的关系，他们通过交流与对话达成一致，教师以特殊的方式对自己的灵魂进行塑造，学生在教师的心理留下印记。

美国人本主义心理学家逻辑思维指出师生关系的三个要素。

第一，真实，即真诚，要求师生之间在交往时应该坦诚相待，诚实表达自己的观点与看法，教师不能将自己的意愿强加给学生。

第二，接受，即教师要相信学生能够进行学习，接受学生遇到问题时的那种犹豫和恐惧，同时要接受学生的冷漠。

第三，移情性理解，即教师要对学生的内心世界、生活环境等有所了解与把握，从学生的角度看待问题，真心地为学生着想。

可见，师生之间的交往活动不能仅依靠教师的话语来实现，还要与学生紧密相连，如果没有学生的发展，教学的价值荡然无存。高校英语生态教学不仅是为了传输知识，还是师生之间情感的互动，而要想实现教学目标，这样的互动是分不开的。

高校英语生态教学属于一种人文教学，即培养素质与人格的过程。就语言学习层面来说，学是首要的任务，而不是教，因为学习的过程就是在教师的指导下传递情感与信息的过程。师生之间要建立和谐的关系，需要做到如下几点。

首先，师生之前的地位要平等。这是开展课堂教学的前提条件，也是高校英语生态课堂的基本特征与心理环境,能够保证课堂生态系统的平衡,激发学生学习的动力与积极性。在高校英语生态教学中,师生这两大教学主体是有思想、有感情的人,彼此作为独立的生态因子,应处于平等的地位。

其次,师生之间要不断增进交往,拉近彼此之间的距离。由于中国学生谦虚、不张扬的性格使得他们很少与教师展开交流。尤其是当学生进入高校之后,教师上课来下课走的情况更使得彼此之间交流甚少,师生之间比较淡漠,缺乏互相了解,这让教学活动很难真正地展开。既然学生的性格不能主动找教师,那么教师就需要多和学生接触,努力创造了解每一位学生的机会和时间,使学生对教师产生依赖感与信任感,或者他们可以通过邮件或者 QQ、微信等通信工具进行交谈,这样避免了面对面的交谈,也使得学生减少一些尴尬。

3. 转变教学环境中的限制因子

教育生态学中的限制因子定律具有自身的特殊性。在教育生态学中,所有的生态因子都可能被认为是限制因子,如果某些生态因子的量比临界线低时,就可能出现限制作用,但是如果某些生态因子的量比临界线多时,也可能会产生限制作用。教育生态系统中的有机体不仅对限制因子的作用具有适应性的作用,而且能够采用恰当的方法,创造条件对限制因子进行转换,成为非限制因子。这一定律对于高校英语生态教学是非常适用的,即在高校英语生态教学之中,每一个生态因子都可以进行转换,限制因子也同样可以转换成非限制因子。

教学生态系统即将复杂人际关系包含在内的系统,是一个集合智力、非智力等因素的系统,也是一个复杂的信息管理系统。要想对高校英语生态教学过程中的失衡现象加以调节,不断提升高校英语生态教学的质量,就需要明确这些限制因子,并将它们找出来加以改善,只有找准这些因子,才能对其进行转化。当然,要想找到这些限制因子,首先就需要进行观察,要认识到这些限制因子的限制界限,以及这些限制因子是如何阻碍教学发展的。

就目前的高校英语生态教学而言,教师需要从当前形势出发,使用信息技术展开教学,当然使用信息技术并不是说过多使用信息技术,要把握好使用的度。实际上,信息技术就是一种限制因子,因为如果学生不能进行网络自主学习,也同样对其自身发展不利。

当然,只找到限制因子还不充足,还需要将这些限制因子转变成非限制因子,这样才能将这一复杂过程进行简化,发挥师生的主观能动作用,

第八章 教育信息化背景下的高校英语跨文化教学新发展

加强交流与合作,创造有利条件,消除限制因子的不利方面,推动高校英语生态教学健康、和谐的发展。

4. 构建开放和谐,多维互动的语言环境

在生态系统中,生物并不是孤立的成分,而是与其环境有着紧密的联系。环境对生物产生影响,生物也会对环境产生影响。受生物影响发生变化的环境又可以对环境产生反作用,二者是不断的协同进化的过程。因此,在高校英语生态教学中,要对自然、社会中的物质环境、人文环境展开分析和探讨。

课堂是教学的主体,是教师、学生与环境组成的基本系统。高校英语生态课堂的物质环境不仅对师生的身心健康产生影响,还会对学生自主学习能力的发展产生影响。因此,课堂良好的物质环境能够使课堂更有活力。高校英语生态教学的课堂可以被认为是一个小的自然生态系统,其不仅需要广阔的场地,还需要光线、温度等因素,还不能有噪声的影响。只有这些物理环境达到标准,才能实现彼此之间的协调。同样,教室内座位的编排也是非常重要的,因为在课堂这一系统中,都需要时时刻刻的交互活动,这样才能保证课堂的动态性。

构建开放互动的语言环境,还需要为语言学习营造氛围。在高校英语生态课堂上,只有愉快、和谐的氛围才能让学生在学习的过程中得到解放,才能将自己生命的活力展现出来。在具体的教学过程中,教师应该考虑英语学习的特点,通过演讲、小组活动等,为学生创设语言交际的情境。

语言学习并不是将知识机械地传输给学生,而是多种因素综合的结果和行为。用语言展开交际是语言学习的目的,其需要语言来参与其中,因此教师需要从教材出发,做到将教材中的教学情境真实化,这样才能让知识的教授更加生动。当然,在高校英语生态教学中,还需要为学生创设轻松的心理环境,这样有助于师生之间的交往,促进班级的和谐,教师要为学生营造一个有助于互动的班风,从而打造有助于多维互动的心理环境。

参考文献

[1] 包惠南,包昂. 中国文化与汉英翻译 [M]. 北京:外文出版社,2004.

[2] 程晓堂,孙晓慧. 英语教材分析与设计 [M]. 北京:外语教学与研究出版社,2011.

[3] 崔刚,孔宪遂. 英语教学十六讲 [M]. 北京:清华大学出版社,2009.

[4] 何广铿. 英语教学法教程:理论与实践 [M]. 广州:暨南大学出版社,2011.

[5] 何少庆. 英语教学策略理论与实践应用 [M]. 杭州:浙江大学出版社,2010.

[6] 何自然,冉永平. 新编语用学概论 [M]. 北京:北京大学出版社,2009.

[7] 胡春洞. 英语教学法 [M]. 北京:高等教育出版社,1990.

[8] 胡文仲. 跨文化交际学概论 [M]. 北京:外语教学与研究出版社,1999.

[9] 胡文仲. 英美文化辞典 [M]. 北京:外语教学与研究出版社,1995.

[10] 胡壮麟,朱永生,张德禄,李战子. 系统功能语言学概论(修订版)[M]. 北京:北京大学出版社,2008.

[11] 黄国文,辛志英. 系统功能语言学研究现状和发展趋势 [M]. 北京:外语教学与研究出版社,2012.

[12] 黄勇. 英汉语言文化比较 [M]. 西安:西北工业大学出版社,2007.

[13] 金惠康. 跨文化交际翻译续编 [M]. 北京:中国对外翻译出版公司,2004.

[14] 康莉. 跨文化视角下的大学英语教学:困境与突破 [J]. 北京:中国社会科学出版社,2014.

[15] 克利福德·格尔茨著,韩莉译. 文化的解释 [M]. 上海:上海译林

出版社,1999.

[16] 李成洪.英语教学与跨文化传播[M].沈阳：东北大学出版社,2013.

[17] 李成学,罗茂全.教师的素质与形象[M].四川：四川教育出版社,2001.

[18] 李建军.文化翻译论[M].上海：复旦大学出版社,2010.

[19] 李庭芗.英语教学法[M].北京：高等教育出版社,1983.

[20] 李雁冰.课程评价论[M].上海：上海教育出版社,2002.

[21] 李正栓,郝惠珍.中国语境下英语教师教育与发展研究[M].保定：河北大学出版社,2009.

[22] 利奇著,李瑞华,王彤福,杨自俭,穆国豪译.语义学[M].上海：上海外语教育出版社,1987.

[23] 连淑能.英汉对比研究（增订本）[M].北京：高等教育出版社,2010.

[24] 林大津.跨文化交际研究[M].福州：福建人民出版社,1996.

[25] 刘宓庆.文化翻译论纲[M].武汉：湖北教育出版社,1999.

[26] 刘颖.计算语言学[M].北京：清华大学出版社,2014.

[27] 鲁子问,康淑敏.英语教学方法与策略[M].上海：华东师范大学出版社,2008.

[28] 鲁子问,王笃勤.新编英语教学论[M].武汉：华中师范大学出版社,2006.

[29] 鲁子问.英语教学论（第2版）[M].上海：华东师范大学出版社,2009.

[30] 罗少茜.英语课堂教学形成性评估研究[M].北京：外语教学与研究出版社,2003.

[31] 孟丽华,武书敬.网络环境下大学英语教师专业素质发展研究[M].北京：外语教学与研究出版社,2015.

[32] 穆雷.中国翻译教学研究[M].上海：上海外语教育出版社,1999.

[33] 普罗瑟著,何道宽译.文化对话：跨文化传播导论[M].北京：北京大学出版社,2013.

[34] 沈银珍.多元文化与当代英语教学[M].杭州：浙江大学出版社,2006.

[35] 束定芳,庄智象.现代外语教学：理论、实践与方法[M].上海：上海外语教育出版社,2008.

[36] 苏新春.文化语言学教程[M].北京:外语教学与研究出版社,2006.

[37] 孙英春.跨文化传播学导论[M].北京:北京大学出版社,2008.

[38] 王斌华.口译:理论·技巧·实践[M].武汉:武汉大学出版社,2006.

[39] 王笃勤.英语教学策略论[M].北京:外语教学与研究出版社,2002.

[40] 王凡,王金宝,赵慧敏.跨文化交际与当代英语教学[M].长春:吉林大学出版社,2015.

[41] 王芬.高职高专英语词汇教学研究[M].上海:上海交通大学出版社,2012.

[42] 王宏印.英汉翻译综合教程[M].大连:辽宁师范大学出版社,2002.

[43] 威尔斯著,祝珏,周智谟译.翻译学——问题与方法[M].北京:中国对外翻译出版社,1988.

[44] 魏朝夕.大学英语文化主题教学探索与实践[M].北京:中国农业科学技术出版社,2010.

[45] 许钧.翻译概论[M].北京:外语教学与研究出版社,2009.

[46] 许智坚.计算机辅助英语教学[M].厦门:厦门大学出版社,2015.

[47] 严明.高校英语自主学习能力培养模式研究:体验的视角[M].哈尔滨:黑龙江大学出版社,2009.

[48] 张红玲.跨文化外语教学[M].上海:上海外语教育出版社,2007.

[49] 章兼中.英语课程与教学论[M].福州:福建教育出版社,2016.

[50] 周文娟.大数据时代外语教育理念与方法的探索与发现[M].上海:上海交通大学出版社,2014.

[51] 金鑫.汉英语序对比与对外汉语教学[D].长春:东北师范大学,2011.

[52] 马苹惠.高中英语阅读课中文化教学的研究——以图式理论为基础[D].福州:福建师范大学,2016.

[53] 王海枫.浅析英语否定句的翻译方法——以《我们这个时代的美国》的汉译为例[D].北京:北京外国语大学,2017.

[54] 肖敏.大学英语教学中的跨文化教育[D].长沙:湖南师范大学,2009.

[55] 孟银连.高中英语阅读教学中文化知识教学调查研究[D].重庆:重庆师范大学,2018

[56] 张晨晟.情境教学法在初中英语语法教学中的应用[D].上海:上海师范大学,2019.

[57] 蔡静.浅析中西价值观差异[J].辽宁行政学院学报,2014,(4).

[58] 蔡新乐.翻译哲学真的没用吗?——从皮姆的《哲学与翻译》看翻译的概念化及西方翻译思想史的重构[J].外语教学,2014,(6).

[59] 曹滢,韩家慧."新时代"从哪里来?[J].理论导报,2017(10).

[60] 陈鹤.全球化背景下对外汉语教学中留学生跨文化交际能力的培养路径[J].林区教学,2020（06）.

[61] 陈雪.浅析英汉翻译中的词汇和句法对比[J].长春教育学院学报,2013,（11）.

[62] 陈颖.新媒体传播环境下英语跨文化交际能力提升——评《新媒体传播学概论》[J].新闻与写作,2020（06）.

[63] 陈静."课程思政"理念下的高职英语课程建设[J].海外英语,2020(20).

[64] 程鸣.丝绸之路经济带下的陕西高校学生跨文化交际能力培养策略[J].海外英语,2020（10）.

[65] 邓芳.文化教学与大学英语教学的有机融合[J].安徽电子信息职业技术学院学报,2015,（1）.

[66] 丁念亮.谈高级英语教学中的文化教学实践[J].时代文化,2010,（4）.

[67] 段满福.从英汉语言语态上的差异看英汉被动句的翻译[J].内蒙古农业大学学报(社会科学版),2004,（4）.

[68] 傅静玲.英汉思维差异与语态选择[J].安徽文学(下半月),2008,（10）.

[69] 高素艳.浅谈文化因素对大学英语写作教学的重要性[J].才智,2011,（7）.

[70] 顾煜彤.跨文化交际背景下的语用失误及对外汉语教学中的策略应对[J].汉字文化,2020（10）.

[71] 何克抗.教学设计理论与方法研究评论[J].电化教育研究,1998,（2）.

[72] 何震.从英汉语态中看中西文化差异[J].学周刊,2016,（9）.

[73] 洪鸳肖.基于《跨文化商务交际》的参与式课堂模式研究[J].现代商贸工业,2020,41（16）.

[74] 黄元龙.浅议高职英语写作教学的循序渐进原则[J].开封教育学院学报,2017,(2).

[75] 黄志成,魏晓明.跨文化教育——国际教育新思潮[J].全球教育展望,2007,(11).

[76] 贾宁宁.英汉语逻辑连接对比与翻译[J].海外英语,2016,(7).

[77] 靳淑梅.多元文化主义的困境及对教育的启示[J].教育评论,2009,(1).

[78] 李俊卿,刘纯盛.应用技术背景下的大学英语课堂[J].中外企业家,2020(17).

[79] 李瑞芳.大学英语翻译教学中文化的导入[J].亚太教育,2016,(30).

[80] 梁静.大学英语听力教学的跨文化思辨能力培养[J].海外英语,2020(10).

[81] 刘卉.英语文化教学中阅读圈教学模式的构建与探索[J].教育现代化,2018,(45).

[82] 刘梦雪.通过自我评估训练促进自主式英语学习的实证研究[J].疯狂英语(教师版),2009,(4).

[83] 刘妍.跨文化交际中中美文化价值观差异[J].文学教育(下),2020(05).

[84] 罗晨瑞雪,李阳,吴映梅."课程思政"背景下的大学英语课程建设[J].湖北开放职业学院学报,2021,34(01).

[85] 毛莉.英汉词汇对比与翻译[J].陕西教育(高教版),2008,(10).

[86] 彭兵转,朱戈,鹿晶.主观性视角下基于现代信息技术的跨文化交际能力评测实证研究[J].黑龙江教育(理论与实践),2020(06).

[87] 沙德玉.英汉词汇的对比研究及其翻译初探[J].零陵学院学报(教育科学),2004,(6).

[88] 谭载喜.翻译比喻中西探微[J].外国语,2006,(4).

[89] 陶卫红.大学英语教学中的合作原则[J].西安外国语学院学报,2004,(4).

[90] 王桂灵.英汉缩略词对比[J].产业与科技论坛,2013,(11).

[91] 王建始.前重心与后重心——英汉句子比较[J].中国翻译,1987,(3).

[92] 王利梅.试论需求分析与英语教学[J].上海工程技术大学教育研究,2008,(3).

[93] 魏亚琴.新课程下学生评价方式的变革——浅谈表现性评价[J].

辽宁教育行政学院学报,2004,(110).

[94] 文舒,王有铠.礼貌原则在对外汉语教学中的应用[J].科技风,2020(16).

[95] 武会芳.CBI范式下体验式跨文化交际能力培养模式构建[J].西北成人教育学院学报,2020(03).

[96] 武学慧.本土文化认同视角下的跨文化能力培养研究文献述评[J].经济研究导刊,2020(15).

[97] 肖川.补一补方法论的课[J].青年教师,2008,(2).

[98] 肖旭.怎样利用多媒体教学方式上好西方文化入门课———以Bible and Christianity为例[J].前沿,2013,(3).

[99] 杨仕章.翻译界说新探[J].外语教学,2015,(6).

[100] 张福群.大学英语翻译教学中文化的导入与教学方法分析[J].现代经济信息,2018,(10).

[101] 张军燕.浅析英汉词汇翻译技巧[J].外语教研,2008,(14).

[102] 张林.浅析大学英语阅读教学的原则与方法[J].英语教学,2009,(12).

[103] 张义桂.中西方传统思维方式的差异及成因[J].文史博览(理论),2016,(6).

[104] 周树江.论英语教学中的真实性原则[J].黑龙江高教研究,2007,(6).

[105] 朱莹.论高职旅游英语教学中跨文化交际能力的培养[J].海外英语,2020(10).

[106] 庄国卫.英汉语篇对比与翻译教学[J].林区教学,2007,(8).

[107] 于翠红,张拥政.中国学习者在线加工英语运动事件表达中的启动效应与认知机制研究[J].外语教学与研究,2017(05).

[108]B. Tuckman. *Evaluating Instructional Programs*[M]. Boston：Allyn & Bason Inc.,1979.

[109]Catford, J. C. *A Linguistic Theory of Translation*[M]. London：Oxford University Press,1965.

[110]Cook, S. & Burns, A. Integrating Grammar in Adult TESOL Classroom[J]. *Applied Linguistics*,2008,(3).

[111]Harmer, J. *The Practice of English Language Teaching*[M]. London：Longman,1990.

[112]K. Montgomery. *Authentic Assessment：A Guide for Elementary Teachers*[M]. Beijing：China Light Industry Press,2004.

[113]Katharina Barkley. Does one size fit all? The applicability of situational crisis communication theory in the Japanese context[J]. *Elsevier Inc.*,2020.

[114]Larsen-Freeman, D. *Teaching Language: From Grammar to Grammaring*[M]. Beijing: Foreign Language Teaching and Research Press,2005.

[115]Lewis,M. *Second Language Vocabulary Acquisition*[M]. Cambridge University Press,1997.

[116]Marcel Pikhart. The Use of Mobile Devices in International Management Communication: Current Situation and Future Trends of Managerial Communication[J]. *Elsevier B.V.*,2020,171.

[117]Mark A. Levand. Consent as Cross-Cultural Communication: Navigating Consent in a Multicultural World[J]. *Springer US*,2020,24(4).

[118]Newmark, P. *About Translation*[M]. Beijing: Foreign Language Teaching and Research Press,2006.

[119]Nida, E. A. & Taber, C. R. *The Theory and Practice of Translation*[M]. Shanghai: Shanghai Foreign Language Education Press,2004.

[120]Ning Liu,Yan Bing Zhang. Warranting theory, stereotypes, and intercultural communication: U.S. Americans' perceptions of a target Chinese on Facebook[J]. *Elsevier Ltd*,2020,77.

[121]Richards, J. C. & R. Schmidt. *Longman Dictionary of Language Teaching and Applied Linguistics*[M]. London, UK: Longman,2002.

[122]Rubin, J. An Overview to "A Guide for the Teaching of Second Language Listening" [A]. *A Guide for the Teaching of Second Language Listening*[C]. D. Mendelsohn & J. Rubin. San Diego, CA: Dominie Press, 1995.

[123]Ur, P. *Grammmar Practice Activities: A Practical Guide for Teachers*[M]. Beijing: Foreign Language Teaching and Research Press, 2009.

[124]Williams, Jenny & Chesterman Andrew. *The Map: A Beginner's Guide to Doing Research in Translation Studies*[M]. Shanghai: Shanghai Foreign Language Education Press,2004.